NOAM CHOMSKY

KEINE CHANCE FÜR FRIEDEN

EUROPA
VERLAG

Aus dem Amerikanischen von Michael Haupt

NOAM CHOMSKY

KEINE CHANCE FÜR FRIEDEN

Warum mit Israel und den USA
kein Palästinenserstaat zu machen ist

Europa Verlag
Hamburg · Leipzig · Wien

Die Deutsche Bibliothek – CIP Einheitsaufnahme
Ein Titeldatensatz für diese Publikation ist bei der
Deutschen Bibliothek erhältlich.

Originalausgaben:
Vorwort
»The Death of Yasser Arafat«,
Z magazine 17, Nr. 12, Dez. 2004
© 2004 by Noam Chomsky

Einleitung sowie Kapitel I bis III
»Fateful Triangle. The United States, Israel and the Palestinians«
first published in the United States by South End Press,
7 Brookline Street 1, Cambridge, MA 02139-4146, USA
www.southendpress.org
© 1999 Noam Chomsky
For rights, contact: southend@igc.org

Kapitel IV
»World Orders Old and New«,
The American University of Cairo Press, Kairo
© Noam Chomsky 1994

© für die deutsche Ausgabe:
Europa Verlag GmbH Leipzig, März 2005
Umschlaggestaltung: Frauke Weise, Hamburg
Satz: Paxmann/Teutsch Buchprojekte, München
Druck und Bindung: C. H. Beck, Nördlingen
ISBN 3-203-76005-3

Informationen über unser Programm erhalten Sie beim Europa Verlag,
Neuer Wall 10, 20354 Hamburg oder unter www.europaverlag.de

INHALT

Vorwort: Zum Tod von Jassir Arafat — 7

Einleitung: Öl ins Feuer — 21

I Die Ursprünge der »Sonderbeziehung« zwischen Israel und den USA — 29

II Verweigerung und Verständigung — 53

III Der Weg nach Armageddon — 97

IV Öl vs. Frieden? — 123

Anmerkungen — 217

Editorische Nachbemerkung — 247

Kurze Chronologie des Nahostkonflikts — 249

Vorwort:
Zum Tod von Jassir Arafat

Der Tod von Jassir Arafat ist ein angemessener Anlaß, einige Betrachtungen darüber anzustellen, wie und zu welchem Ende man in den USA mit der Geschichtsschreibung – auch und gerade der des Nahostkonflikts – Schlitten fährt.

Grundlegend ist zunächst, daß »wir« – verstanden als Staat, dem zu dienen ist – die Guten sind und nur nach bestem Wissen und Gewissen handeln, auch wenn es in der Praxis hier und da zu Irrtümern kommen kann. Typisch dafür ist der Umgang mit dem Vietnamkrieg, der, so die linksliberalen Meinungsbildner in den USA, mit »fehlerhaften Bemühungen, Gutes zu tun« begann, aber 1969 zur »Katastrophe« (Anthony Lewis) geraten war. Zu diesem Zeitpunkt jedoch – sieben Jahre nach den unter Kennedy lancierten ersten Angriffen auf Südvietnam – hatte sich die Geschäftswelt bereits gegen den von ihr als zu kostspielig deklarierten Krieg gewandt, den 70 Prozent der Bevölkerung für »grundsätzlich falsch und unmoralisch« hielten. Und bereits 1967 hatte der hoch geachtete Vietnam-Spezialist und Militärhistoriker Bernard Fall warnend darauf hingewiesen, daß »Vietnam als kulturelle und geschichtliche Einheit ... durch die Schläge der umfangreichsten Militärmaschinerie der Welt, die jemals in einem Gebiet dieser Größe operiert hat ... von Auslöschung bedroht ist«. 1969 hatten die Terroroperationen der USA – Flächenbombardierungen, chemische Kriegführung, Massenmorde – ihren Höhepunkt erreicht und für eines der bemerkenswertesten Staatsverbrechen des 20. Jahrhunderts gesorgt. Doch davon ist nicht die Rede; vielmehr erörtern seriöse Expertenrunden »Amerikas Vietnam-Obsession«, die den Wahlkampf von 2004 beherrscht habe. Der tatsächliche Krieg allerdings spielte keine Rolle, nur sein für die Geschichtsschreibung retuschiertes Bild.

Nicht nur »wir« sind gut, sondern auch, wenngleich in geringerem Maße, unsere Vasallen, die, insoweit sie unseren Forderungen gehorchen, »gesunden Pragmatismus« an den Tag legen. Hinwiederum sind unsere Feinde äußerst böse, wobei das Ausmaß ihrer Bösartigkeit davon abhängt, wie intensiv wir sie angreifen oder bereit sind, es zu tun. Dabei kann sich die Bewertung sehr schnell ändern. Solange Saddam Hussein nur lediglich Giftgas gegen die Kurden einsetzte, Dissidenten foltern ließ oder eine schiitische Rebellion niederwarf, ansonsten aber für »Stabilität« sorgte und US-Exporten aufgeschlossen gegenüberstand, wurde er von den nämlichen Politikern hofiert, die ihn 2003 als das Böse schlechthin betrachteten und ihn unter dem Banner des Guten bekriegten, um aus dem Irak eine »Demokratie« zu machen, d. h., einen Staat, der »uns« gehorcht und wieder zur »Stabilität«, nämlich der Sicherung »unserer« Vorherrschaft beiträgt.

Diese Grundsätze sind leicht faßlich und werden von all jenen, die in die Kreise der Mächtigen aufgenommen werden wollen, beherzigt. Für totalitäre Staaten ist dergleichen selbstverständlich, in freien Gesellschaften aber, in denen man keine Verfolgung zu befürchten hat, ein höchst lehrreiches Phänomen.

*

Die Nachrufe auf Jassir Arafat sind weitere Beispiele für den an diesen Grundsätzen ausgerichteten Umgang mit Politik und Geschichte. Ich halte mich im folgenden an die *New York Times*, die wichtigste Zeitung der Welt, und den *Boston Globe*, der immer noch *die* Lokalzeitung der liberalen Bildungselite ist.

In einem Artikel auf der Titelseite der *New York Times* vom 12. November heißt es u. a., Arafat sei »das Symbol der Hoffnung der Palästinenser auf einen lebensfähigen, unabhängigen Staat und zugleich das größte Hindernis für dessen Verwirklichung« gewesen. Einen Tag später wird, unter Berufung auf den israelischen Philosophen und früheren Regierungsvertreter Schlomo Avineri, ausgeführt, Arafat habe niemals die Statur des ägyptischen Präsidenten Anwar as-Sadat erreichen können, denn dieser sei in der Lage gewesen, den Israelis die Hand auszustrecken und ihre Sorgen und Hoffnungen zu verstehen, weshalb er auch die Sinaihalbinsel durch einen Friedensvertrag mit Israel zurückgewinnen konnte.

Zwar war Arafat bei weitem nicht das einzige oder gar das größte Hindernis auf dem Weg zu einem Palästinenserstaat, und auch die Wahrheit über Sadat sieht, wie Avineri zweifellos weiß, etwas anders aus, aber an der offiziellen Geschichtsschreibung darf nicht gerüttelt werden. Wie sieht die inoffizielle aus?

Seit Mitte der siebziger Jahre, als die Frage eines palästinensischen Staats auf die diplomatische Agenda geriet, sind unzweideutig die USA das Haupthindernis für dessen Entstehung gewesen, eifrig sekundiert von der *New York Times*. Im Januar 1976 brachte Syrien im UN-Sicherheitsrat eine Resolution ein, die auf der Grundlage der allseits akzeptierten UN-Resolution 242 eine Zwei-Staaten-Regelung forderte, bei der Israel alle im internationalen System üblichen Rechte eingeräumt wurden und ein Palästinenserstaat in den von Israel 1967 eroberten Gebieten errichtet werden sollte. Gegen die von den führenden arabischen Staaten unterstützte Resolution legten die USA ihr Veto ein, was die PLO verurteilte.

Mittlerweile galt eine den syrischen Vorschlägen entsprechende Zwei-Staaten-Regelung nahezu allen UNO Mitgliedsländern mit Ausnahme Israels und der USA als akzeptabel. Demgemäß wurden entsprechende Resolutionen im Sicherheitsrat und in der Generalversammlung mit den üblichen zwei Nein-Stimmen (es konnten manchmal auch drei sein) abgeschmettert. Ebenso blockierten die USA europäische und arabische Initiativen.

Unterdessen lehnte die *New York Times* es ab – Ablehnung ist das treffende Wort –, über die Tatsache zu berichten, daß

Arafat während der achtziger Jahre Verhandlungen mit Israel forderte, was von israelischer Seite jedoch zurückgewiesen wurde, weil, so Schimon Peres, die PLO »kein Verhandlungspartner« sein könne. In der israelischen Presse wurde darüber ausführlich berichtet, während Thomas Friedman, Jerusalem-Korrespondent der *New York Times* und Pulitzer-Preisträger, der die hebräischsprachige Presse zweifellos lesen konnte, in seinen Artikeln beklagte, daß die israelischen Friedenskräfte »keinen Verhandlungspartner« auf palästinensischer Seite fänden, und mit Peres das Fehlen einer arabischen Friedensbewegung bedauerte. Unterschlagen wurden dabei alle Offerten der PLO, in Verhandlungen zu einer gemeinsamen Anerkennung zu gelangen. Dennoch gilt Peres bei uns als »gesunder Pragmatiker«.

Auch mit und nach Clinton blieben die USA bei ihrer Verweigerungshaltung. Jüngstes Beispiel sind die Genfer Verhandlungen vom Dezember 2002: »Zu den Regierungen, die Grußbotschaften schickten, gehörten auffälligerweise nicht die der Vereinigten Staaten«, heißt es in einem eher abfällig gehaltenen Artikel der *New York Times* vom 2. Dezember.

✶

Nicht viel besser ist es um das Beispiel mit Sadat bestellt, der den Sinai zurückgewonnen haben soll, weil er, im Gegensatz zu Arafat, friedensfähig war. Unterschlagen wird dabei, daß der ägyptische Präsident bereits im Februar 1971 – in Übereinstimmung mit der damals noch gültigen US-Politik – Israel ein umfassendes Friedensangebot machte, wobei er das Problem eines Palästinenserstaats weitgehend ausklammerte. Jordanien folgte mit ähnlichen Vorschlägen. Die israelische Regierung unter Golda Meir erkannte die sich bietende Chance sehr wohl, schlug sie aber aus, um weiter expandieren zu können. Im Nordosten der Sinaihalbinsel wurden dann Tausende von Beduinen in die Wüste getrieben, ihre Dörfer, Moscheen,

Friedhöfe und Häuser zerstört, damit die ausschließlich von Juden bewohnte Stadt Jamit errichtet werden konnte.

Die entscheidende Frage war wieder einmal, wie die USA reagieren würden. Bei den internen Auseinandersetzungen trug Kissinger den Sieg davon und konnte nun *seine* Nahostpolitik verfolgen, die nicht auf Verhandlungen, sondern auf Gewalt setzte. Sadats Bemühungen um eine diplomatische Lösung wurden ignoriert und die israelische Expansionspolitik unterstützt, was schließlich zum Krieg von 1973 führte, der Israel an den Rand einer Niederlage und die Supermächte in die Nähe der Konfrontation brachte. Kissinger begriff jetzt, daß Ägypten nicht leichtfertig abgetan werden konnte und begann seine »Reisediplomatie«, die zu den Treffen von Camp David führte, bei denen die USA und Israel Sadats Angebot von 1971 annahmen – allerdings zu aus ihrer Sicht sehr viel schlechteren Bedingungen, denn nun standen auch für Sadat die nationalen Rechte der Palästinenser auf der Agenda.

In der offiziellen US-Geschichtsschreibung, an der die Medien fleißig mitstricken, sind diese Vorgänge ein Triumph der amerikanischen Diplomatie, die den Arabern unseren Friedenswillen aufzwang. Tatsächlich verhielt es sich genau entgegengesetzt, denn die Verweigerung diplomatischer Lösungen hatte zum Jom-Kippur-Krieg von 1973 geführt.

In seinen Memoiren weist General Schlomo Gazit, der von 1967 bis 1974 die Truppen in den besetzten Gebieten befehligte, darauf hin, daß die von der Arbeiterpartei geführten Regierungen der siebziger Jahren nicht nur auf »substantiellen Grenzverschiebungen« bestanden, sondern auch Vorschläge des Militärs und der Geheimdienste bezüglich einer wie auch immer begrenzten palästinensischen Selbstverwaltung zurückwiesen und somit beträchtliche Verantwortung für den späteren Aufstieg der fanatischen Siedlerbewegung Gusch Emunim und den palästinensischen Widerstand, die Intifada, tragen.

✳

Judith Millers Nachruf auf Arafat im Innenteil der *New York Times* schlägt in dieselbe Kerbe wie der Beitrag auf der Titelseite. Ihrer Meinung nach hat Arafat »bis 1988 wiederholt die Anerkennung Israels verweigert, auf dem bewaffneten Kampf und Terrorfeldzügen bestanden. Erst nach seiner Annäherung an den irakischen Präsidenten Saddam Hussein während des Golfkriegs von 1991 war er bereit, diplomatische Lösungen zu erwägen.«

Auch das ist eine korrekte Wiedergabe der offiziellen Geschichtsschreibung. Tatsächlich aber hatte Arafat wiederholt Verhandlungen mit dem Ziel gegenseitiger Anerkennung angeboten, doch waren diese Initiativen zurückgewiesen worden. 1989 einigten sich die Koalitionspartner, Arbeiterpartei und Likud, auf einen Friedensplan, der »einen zusätzlichen palästinensischen Staat zwischen Israel und Jordanien« kategorisch ausschloß (weil Jordanien bereits ein »palästinensischer Staat« war) und zudem das zukünftige Schicksal der besetzten Gebiete »in Übereinstimmung mit den grundlegenden Leitlinien« der israelischen Regierung regeln wollte. Die USA akzeptierten den Entwurf und machten ihn im Dezember 1989 zum »Baker-Plan«. Entgegen Millers Darstellung war Washington erst nach dem Golfkrieg von 1991 zu Verhandlungen bereit, weil es sich nun in der Lage sah, seine Vorstellungen unilateral durchsetzen zu können.

So kam es zur Konferenz von Madrid, an der auch eine echte palästinensische Delegation teilnahm. Angeführt wurde sie von Haidar Abdul Schafi, einem aufrechten Nationalisten und dem vielleicht geachtetsten Politiker in den besetzten Gebieten. Doch gerieten die Verhandlungen ins Stocken, weil Abdul Schafi sich dem israelischen Ansinnen, wertvolle Teile des Westjordanlands mittels Siedlungs- und Infrastrukturprogrammen zu übernehmen, verschloß. Aber die »tunesischen Palästinenser« um Arafat sprangen in die Bresche und führten

Separatverhandlungen, die im September 1993 zu den »Osloer Verträgen« führten.

Die glichen jedoch von palästinensischer Seite einem Ausverkauf, denn die »Grundsatzerklärung« sah wiederum für die nationalen Rechte der Palästinenser und eine Zwei-Staaten-Regelung nichts Konkretes vor. Der Wortlaut der Dokumente verdeutlichte, daß die Osloer Verträge kaum mehr waren als ein Mandat für die weitere israelische Besiedlung der besetzten Gebiete, weshalb Abdul Schafi sich auch weigerte, an den Feierlichkeiten teilzunehmen. Arafat sollte, wie Rabin verdeutlichte, in den besetzten Gebieten die Rolle des Polizisten spielen, was ihm natürlich angesichts der israelischen Politik in den besetzten Gebieten nicht gelingen konnte. Die Palästinenser wehrten sich weiterhin, und demzufolge wurde Arafat für Israel und die USA erneut zum Bösewicht, der den Weg zum Frieden blockierte.

So schleppte sich der »Friedensprozeß« durch die neunziger Jahre. 1998 erklärte Schlomo ben-Ami, der bald darauf Ehud Baraks Hauptunterhändler werden sollte, in einer akademischen Studie, der »Osloer Friedensprozeß« solle die besetzten Gebiete zu einer »dauerhaften neokolonialen Dependenz« machen, in der es eine gewisse Form lokaler Autonomie geben werde. Unterdessen setzte Israel mit amerikanischer Unterstützung seine Politik der Besiedlung und Integration fort, die ihren Höhepunkt im letzten Jahr von Clintons (und Baraks) Amtszeit erreichte, was die Hoffnung auf eine diplomatische Lösung erneut in weite Ferne rückte.

*

Judith Miller hält sich indes an die offizielle Version der Ereignisse: »Im November 1988 akzeptierte die PLO auf beträchtlichen amerikanischen Druck hin die Resolution der Vereinten Nationen, die die Anerkennung Israels und die Abkehr vom Terrorismus forderte.« Tatsächlich waren die USA zu diesem Zeitpunkt bereits zur Zielscheibe internationalen Gespötts geworden, weil sie sich weigerten, Arafats Bemühungen um eine diplomatische Lösung zur Kenntnis zu nehmen. Schließlich aber mußte die Regierung Reagan der offenkundigen Wahrheit ins Auge sehen und nach anderen Möglichkeiten der Friedensverhinderung suchen. Zwar trat sie in Verhandlungen mit der PLO auf niederer Ebene ein, doch dienten diese, wie Rabin führenden Vertretern der israelischen Friedensbewegung versicherte, nur dem Zeitgewinn, damit Israel »harten wirtschaftlichen und militärischen Druck« ausüben und die Gegenseite zur Annahme der israelischen Bedingungen zwingen könne.

In Camp David, setzt Miller die Standardversion fort, habe sich Arafat dann von dem großzügigen Friedensangebot, das Clinton und Barak unterbreiteten, »abgekehrt« und sich auch geweigert, die von Clinton im Dezember 2000 verkündeten »Parameter« zu akzeptieren und damit gezeigt, daß er weiterhin auf Gewalt setzte. Tatsächlich jedoch hätten die Vorschläge von Camp David das Westjordanland in praktisch voneinander getrennte Kantone aufgeteilt, was kein palästinensischer Führer akzeptieren konnte. Um das zu erkennen, genügt ein Blick auf die entsprechenden Landkarten, die, vielleicht aus just diesem Grund, weder in der *New York Times* noch in den US-Mainstream-Medien auftauchten. Nach dem Scheitern der Verhandlungen erkannte Clinton, daß Arafats Zurückhaltung keiner Willkür entsprang, und verkündete die berühmten »Parameter«, die zwar schwammig formuliert waren, jedoch sehr viel stärker als die anderen Vorschläge eine diplomatische Regelung avisierten. Clinton äußerte sich zur Reaktion auf seine »Parameter« in einem Vortrag vor dem israelischen Politikforum am 7. Januar 2001: »Sowohl Premierminister Barak als auch der Vorsitzende Arafat haben diese Parameter mittlerweile als Grundlage für weitere Bemühungen akzeptiert und zugleich einige Einwände geltend gemacht.«

Nachlesen kann man solche und andere Tatsachen in der nicht völlig unbekannten Zeitschrift *International Security* vom Herbst 2003, wo auch vermerkt ist, daß »die palästinensische

Darstellung der Friedensgespräche von 2000/2001 in vielfacher Hinsicht genauer ist als die israelische Darstellung« – und somit auch genauer als die der *New York Times*.

Auf der Grundlage von Clintons Parametern kam es im Januar 2001 zu weiteren Verhandlungen in Taba. Die dort ins Auge gefaßten Vereinbarungen konnten natürlich viele Probleme nicht ausräumen, waren aber vielversprechender als alle vorherigen Abkommen. Da jedoch Barak die Verhandlungen abbrach, läßt sich nicht sagen, wie sie ausgegegangen wären. Ein detaillierter Bericht des EU-Gesandten Miguel Moratinos wurden von beiden Seiten akzeptiert und von den israelischen Medien umfassend erörtert. In den USA war darüber, soweit ich weiß, kaum etwas zu erfahren.

Judith Millers Version dieser Ereignisse beruht auf einem vielgepriesenen Buch von Dennis Ross, der Clintons Hauptunterhändler im Nahen Osten war. Als Dokument ist es jedoch nahezu wertlos, da es sich vor allem in Lobeshymnen über des Autors und seines Präsidenten Bemühungen um eine Friedensregelung ergeht, ohne die israelische Siedlungspolitik näher zu beleuchten oder die Weigerung von Schimon und Peres, einen Palästinenserstaat auch nur in Erwägung zu ziehen, in seine Darstellung einfließen zu lassen. Jedem Journalisten mußte klar sein, daß es hier um die äußerst subjektive Perspektive eines Teilnehmers ging, der vieles nicht zur Kenntnis nahm.

So entging ihm z. B. die Einschätzung der israelischen Geheimdienste betreffend Arafat. Amos Malka, Chef des militärischen Geheimdienstes, General Ami Ajalon, Ex-Chef des Sicherheitsdienstes Schin Bet, Matti Steinberg, Sonderberater und rechte Hand des Chefs von Schin Bet sowie Leutnant Efraim Lavie, Leiter der Palästina-Abteilung, waren sich, wie Malka mitteilte, einig in der Annahme, »daß Arafat ein diplomatisches Vorgehen befürwortet und alles dafür tut, es erfolgreich abzuschließen. Gewalt wird er nur dann anwenden, wenn dieser Prozeß in die Sackgasse gerät, doch zielt der Gewalteinsatz darauf, ihn aus der Sackgasse herauszubringen und internationalen Druck zu erzeugen.« Zudem erhebt Malka den Vorwurf, daß diese Einschätzung die politische Führung des Landes nur in verfälschter Form erreicht habe und auch im Ausland in dieser Form wahrgenommen worden sei.

✱

Wenden wir uns dem liberalen *Boston Globe* zu, der, obwohl er insgesamt jenen Prinzipien folgt, die auch die Berichterstattung der *New York Times* prägen, einräumt, es sei »nicht allein Arafats Schuld«, daß es noch immer keinen palästinensischen Staat gibt. Auch »die politische Führung Israels ... hat dabei eine Rolle gespielt«. Der Anteil der USA bleibt natürlich erneut unerwähnt.

In einem Beitrag auf der Titelseite des *Boston Globe* vom 11. November lesen wir, daß Arafat zu jener »symbolträchtigen Gruppe charismatischer, autoritärer Führer gehört – von Mao Tse-tung über Fidel Castro bis zu Saddam Hussein –, die den antikolonialen Bewegungen nach dem Zweiten Weltkrieg das Gepräge verliehen«.

Eine interessante Verbindung, die noch einmal den Haß der USA auf Castro reflektiert, der sich, wie der US-Geheimdienst schon früh erkannte, aus seinem »erfolgreichem Trotz« gegen die amerikanische Politik, insbesondere die Monroe-Doktrin speiste. Allerdings steckt in dieser Zuordnung ein Körnchen Wahrheit, so als hätte der *Boston Globe* den mittlerweile in den Himmel gehobenen Reagan zu jener symbolträchtigen Gruppe von Massenmördern gezählt, die – von Hitler über Idi Amin bis zu Peres – ihre zügellosen Untaten mit starker Unterstützung seitens der Medien und der Intellektuellen verübten. Wer diese Analogie nicht begreift, sollte noch ein paar Lehrstunden in Geschichte nachholen.

Sodann zählt der *Boston Globe* Arafats Verbrechen auf. Der Palästinenserführer habe, nachdem er die Kontrolle über den Südlibanon erlangte, »von dort aus einen Angriff nach dem anderen gegen Israel lanciert. Israel reagierte darauf mit der Besetzung des Libanon, um, so das erklärte Ziel, die Palästinenser aus der Grenzregion zu vertreiben. Doch unter dem damaligen General und Verteidigungsminister Scharon stießen die Streitkräfte bis nach Beirut vor, wo Scharon seinen Verbündeten, den christlichen Milizen, gestattete, das berüchtigte Massaker an den Palästinensern in den Flüchtlingslagern Sabra und Schatila zu begehen. Außerdem gelang es ihm, Arafat und die palästinensische Führung nach Tunis ins Exil zu treiben.«

Soweit die offizielle Version. Tatsächlich aber hielt sich die PLO in dem Jahr vor dem israelischen Einmarsch in den Libanon an ein von den USA ausgehandeltes Waffenstillstandsabkommen, während Israel im Südlibanon mörderische Angriffe durchführte, um eine Reaktion zu erzielen, die als Vorwand für die geplante Invasion dienen konnte. Als das nichts fruchtete, wurde ein Vorwand erfunden. Bei den darauffolgenden Kampfhandlungen kamen an die 20 000 Palästinenser und Libanesen um, während die USA Resolutionen des UN-Sicherheitsrats, die einen Waffenstillstand und den Rückzug der israelischen Armee forderten, mit dem üblichen Veto blockierten. Das Massaker von Sabra und Schatila war nur eine Fußnote am Schluß. Erklärtes Ziel der militärischen und politischen Führung Israels war es, wie auch israelische Analysen bestätigten, den Initiativen Arafats für eine diplomatische Regelung ein Ende zu bereiten und Israel die weitere Kontrolle über die besetzten Gebiete zu sichern.

✱

Lehrreich sind auch weniger spektakuläre Elemente in den Kommentaren. In der *New York Times* heißt es, Arafats mögliche Nachfolger – die von Washington bevorzugten »gemäßigten Kräfte« – hätten ein Problem: ihnen fehle der »Rückhalt der Straße« (*street credibility*). Das ist der konventionelle Ausdruck für die öffentliche Meinung in der arabischen Welt. Bei politischen

Führungspersönlichkeiten des Westens ist von einem »Rückhalt der Straße« nicht die Rede; Straßen werden vornehmlich von Menschen niederen Ranges bevölkert. Dazu paßt vielleicht, daß der Politiker, der bei den Palästinensern den größten »Rückhalt der Straße« genießt, von Israel für längere Zeit ins Gefängnis gesteckt worden ist, während George W. Bush seine Leidenschaft für die Demokratie dadurch bewies, daß er seinem Freund Scharon dabei half, den einzigen demokratisch gewählten Führer in der arabischen Welt praktisch einzusperren und statt dessen Machmud Abbas zu unterstützen, dem aber, wie Washington einräumte, der »Rückhalt der Straße« fehlt. Soviel zu Bushs »messianischer Version« einer Demokratisierung des Nahen Ostens.

Auf ihrer Meinungsseite brachte die *New York Times* einen großen Beitrag zum Tod von Arafat, aus der Feder des israelischen Historikers Benny Morris. Der Artikel hätte eine genauere Untersuchung verdient, doch will ich hier nur auf eine – im Tenor typische – Bemerkung eingehen. Arafat sei, so Morris, ein Betrüger gewesen, der über Frieden und die Beendigung der Besatzung gesprochen, tatsächlich jedoch das Ziel verfolgt habe, »Palästina zu erlösen«.

Morris zeigt damit nicht nur seine (profunde) Verachtung für die Araber, sondern auch für die Leser der *New York Times*. Offenbar nimmt er an, daß sie die Herkunft des Ausdrucks aus der zionistischen Ideologie nicht bemerken. Dem Zionismus war es seit über einem Jahrhundert darum zu tun, »das Land Israel zu erlösen«, und Morris weiß natürlich, was sich dahinter verbirgt: die Idee eines »Transfers« der einheimischen Bevölkerung, d. h. ihre Vertreibung, damit das »Land Israel« seinen wahren Besitzern zurückerstattet und in diesem Sinne »erlöst« werden kann.

Morris ist, wie die *New York Times* richtig vermerkt, Autor eines vor kurzem erschienenen Buches, in dem er sich erneut mit der Entstehung des palästinensischen Flüchtlingsproblems beschäftigt (*The Birth of the Palestinian Refugee Problem Re-*

visited). Er hat auch höchst intensiv die israelischen Archive durchforscht und mit beträchtlichem Detailwissen die Grausamkeiten der israelischen Operationen von 1948/49 aufgezeigt, die zum »Transfer« der Bevölkerungsmehrheit aus dem heutigen israelischen Territorium führten. Morris steht diesen »ethnischen Säuberungen« (genauer übersetzt: »ethnischen Reinigungen« *[purifications]*) insofern kritisch gegenüber, als sie ihm nicht weit genug gingen. Ben-Gurions großer, vielleicht gar »fataler« Irrtum bestand, so Morris, darin, nicht »das ganze Land gesäubert zu haben – das ganze Land Israel bis hin zum Jordan«.

In Israel sind seine Ansichten mit großer Entschiedenheit verurteilt worden. Hier jedoch gilt er als angemessener Autor für einen Kommentar zum Tod des verhaßten Feinds.

Dezember 2004

Einleitung: Öl ins Feuer

Im Krieg der Worte, der seit dem 6. Juni 1982, dem Beginn des israelischen Einmarsches in den Libanon, geführt worden ist, sind Kritiker der Palästina-Politik Israels häufig der Heuchelei bezichtigt worden. Während die Begründungen für diesen Vorwurf fadenscheinig sind,[1] läßt er selbst sich nicht ohne weiteres von der Hand weisen. Es ist sicher heuchlerisch, Israel für die Errichtung von Siedlungen in den besetzten Gebieten zu verurteilen, während die USA dafür bezahlen. Das gilt auch für den israelischen Einsatz von Cluster- und Phosphorbomben mit dem Ziel, »pro Treffer eine maximale Anzahl von Opfern zu erzielen«,[2] wenn wir die Waffen gratis oder zu Niedrigstpreisen liefern, wobei wir wissen, welchem Zweck sie dienen.[3] Und es ist natürlich auch heuchlerisch, Israels »wahllose« Bombardierung dichtbesiedelter Wohngebiete oder andere militärische Abenteuer[4] anzuprangern, während wir zugleich darüber erfreut sind, daß Israel uns dabei behilflich ist, neu entwickelte Waffen im realen Einsatz und dazu noch unter günstigen Bedingungen – gegen einen völlig unterlegenen Feind und an weitgehend ungeschützten Zielen – zu testen. Insgesamt ist es also pure Heuchelei, daß wir Israels militärische Machtausübung kritisieren, während wir dafür dankbar sind, daß die Israelis uns dabei helfen, mögliche Bedrohungsfaktoren unserer Vorherrschaft im Nahen Osten aus dem Weg zu räumen.

Solange die Vereinigten Staaten das Kriegsgerät liefern, wird Israel es im Sinne seiner Absichten nutzen. Diese Absichten von den beiden politischen Gruppierungen in Israel sind heute klarer erkennbar als je zuvor: Es geht darum, möglichst viel von den besetzten Gebieten israelischem Territorium einzuverleiben und dabei zugleich die arabische Bevölkerung auf die eine oder andere Weise zu dezimieren, die Flüchtlinge zu vertreiben, jede Regung eines palästinensischen Nationalbewußtseins politischer oder kultureller Provenienz im Keim zu ersticken[5] und die Kontrolle über den Südlibanon zu erlangen. Da die USA mit ihrer großzügigen Militärhilfe sowie durch ideologische (d. h. die historischen Tatsachen verfälschende) und diplomatische Unterstützung entscheidend zur Verwirklichung dieser Absichten beitragen, besteht kein Anlaß, Israel dafür zu verurteilen, daß es seine Stellung als regionale Vormacht zur Festigung und Erweiterung seiner Position entsprechend nutzt. Zwar gibt es gelegentlich milde Kritik aus Washington oder in den US-Medien, doch hat, selbst wenn sie ernstgemeint ist, noch keine israelische Regierung Grund gehabt, sich darum zu kümmern, konnte sie doch letztlich darauf vertrauen, daß die politischen Führungsschichten und die meinungsbildenden Medien in den USA hinter ihr stehen, egal, was sie tut und ungeachtet genauer und korrekter Berichterstattung über ihre Taten und Untaten.

Worauf es ankommt, ist leicht zu begreifen und liegt für Beobachter außerhalb der USA, auch für israelische, auf der Hand. Ein kritisch eingestellter israelischer Journalist bemerkt: »Die Selbsttäuschung, der Israel unterliegt, indem es sich für eine imperiale Macht hält, würde sofort verfliegen, wenn die Vereinigten Staaten ... aus Verärgerung über eine besonders exzessive Torheit den Hahn zudrehten.«[6]
Ähnlich kommentiert der Londoner *Economist*:
»Die Lieferung neuer Waffensysteme auszusetzen, gehört zu den traditionellen Maßnahmen, mit denen Amerika Israel zu größerer Zurückhaltung mahnt. Aber ein Embargo ist nur wirksam, wenn es sich über einen längeren Zeitraum erstreckt ... Effektiv wäre eine solche Politik, wenn Israel merkt, daß der amerikanische Präsident willens ist, an ihr festzuhalten und zugleich das Ausmaß der Militärhilfe zu überdenken.«[7]

Noch vor wenigen Jahren wäre es in der Tat einfach gewesen, eine solche Politik zu betreiben, um Israel zu motivieren, sich dem Konsens der internationalen Staatengemeinschaft anzuschließen, den auch die großen arabischen Staaten, die Bevölkerung in den besetzten Gebieten und die Mehrheitsfraktion der PLO befürworteten, nämlich eine politische Regelung, die zwei Staaten, anerkannte Grenzen, Sicherheitsgarantien und die Aussicht auf eine langfristige friedliche Regelung des Konflikts vorsah. Vorbedingung wäre natürlich gewesen, daß auch die USA selbst diese Lösung unterstützten, nicht aber die Verweigerungshaltung der Arbeiterpartei und, danach, des von Menachem Begin geführten Likud-Blocks. Diese Interpretation der jüngsten Geschichte des Nahostkonflikts entspricht zwar nicht der in den USA verbreiteten Standardversion, ist aber im Ausland geläufig und hat dazu noch den Vorteil, den Tatsachen zu entsprechen.[8]

Was vor wenigen Jahren noch einfach gewesen wäre, ist heute erheblich schwieriger und vielschichtiger geworden, denn mittlerweile ist überhaupt nicht mehr klar, was geschehen würde, sollten die Vereinigten Staaten beschließen, ihr Engagement für ein Groß-Israel, das die Region im Interesse der amerikanischen Macht beherrscht, ebenso zu beenden wie ihre gegen den internationalen Konsens gerichtete militärische und ideologische Schützenhilfe. Die Frage ist von großer Bedeutung, und ich werde mich im folgenden mit dem geschichtlichen Hintergrund, den entscheidenden Problemen und den augenblicklichen Zukunftsaussichten beschäftigen.

Dabei geht es mir nicht um eine umfassende Darstellung der vielfältigen Beziehungen zwischen den Vereinigten Staaten, Israel und den Palästinensern, sondern, bescheidener, um den Nachweis bestimmter Elemente der »Sonderbeziehung« zwischen den USA und Israel und das Verhältnis der beiden Staaten zu den ursprünglichen Bewohnern der Region namens »Palästina«. Diese Relationen sind, wie ich meine, bisher unzureichend analysiert und oftmals falsch dargestellt worden, was zu einer Politik führte, die nicht nur verabscheuungswürdig, sondern auch äußerst gefährlich ist.

Meine Bemerkungen befassen sich kritisch mit einer israelischen Politik, die der einheimischen Bevölkerung seit Jahren das Recht auf nationale Selbstbestimmung verwehrt, sie vielmehr unterdrückt und terrorisiert und deren Propagandabemühungen in den USA höchst erfolgreich waren, Israel selbst jedoch zum Nachteil gereicht haben. Zweierlei möchte ich in diesem Zusammenhang vorab betonen. Zum einen unternehme ich nicht den Versuch einer allgemeinen Geschichtsschreibung, sondern richte mein Augenmerk auf das, was meiner Meinung nach falsch gelaufen ist und geändert werden sollte, nicht aber auf das, was positiv hervorzuheben wäre.[9] Zum anderen soll meine Beschäftigung mit der israelischen Politik nicht verbergen, daß die Hauptverantwortung bei den USA liegt, deren Regierungen diese Politik geduldet, wo nicht gefördert haben. Bei uns wird die öffentliche Meinung in einem bemerkenswerten Ausmaß von Personen beherrscht, die sich als »Unterstützer Israels« bezeichnen. Diesen Ausdruck will auch ich verwenden, wenngleich mir scheint, man solle sie besser »Unterstützer des moralischen Verfalls und der drohenden Zerstörung Israels« nennen. Angesichts dieses ideologischen Klimas und der dadurch ermöglichten konkreten Maßnahmen unserer Regierungen konnte sich die israelische Politik auf vorhersehbare Weise entwickeln. Sollte sich an den Grundzügen dieser Verhältnisse und Beziehungen nichts ändern, dürfte die Zukunft nicht allzu rosig aussehen.

Die Grundzüge des US-amerikanischen Beitrags zur israelischen Expansionspolitik wurden auf brutale Weise im September 1982 deutlich, als das Massaker in den Palästinenserlagern von Sabra und Schatila weltweite Proteste hervorrief. Der israelische Einmarsch in den Libanon war in den USA insgesamt gutgeheißen und nur dort, wo er zu weit zu gehen und amerikanische Interessen zu bedrohen schien oder zu viele zivile Opfer kostete, mit einigen Fragezeichen versehen worden. Vieles erinnerte an den amerikanischen Angriff auf Südvietnam 1962, dem einige Jahre später der Krieg gegen Indochina folgte;

ein Ereignis, das laut US-offizieller Geschichtsschreibung nicht stattgefunden hat.

Auch als Israel am 15. September West-Beirut besetzte, rührte sich bei uns noch nichts; erst das Massaker von Sabra und Schatila führte zu heftigen Verurteilungen, die sich in erster Linie an die christlichen Falange-Milizen, die eigentlichen Urheber des Verbrechens, in zweiter Linie an die israelische Regierung richeten, der es nicht gelungen sei, die Bewohner des Lagers zu schützen. In einer wahren Flut von Briefen und Artikeln wurde Begin wegen seiner gewalttätigen Maßnahmen, seiner Täuschungsmanöver und seiner anfänglichen Ablehnung einer offiziellen Untersuchung gegeißelt und der vorbildlichen Haltung der Arbeitspartei kontrastiert, die das »schöne«, das »bessere« Israel von einst repräsentierte, das Begin und Scharon jetzt zugrundezurichten drohten.

Hauptmann Eli Geva, der aus der israelischen Armee entlassen worden war, weil er sich geweigert hatte, seine Truppen auf West-Beirut marschieren zu lassen, wurde mit den Worten zitiert:

»Hier herrscht das Gefühl, daß das Haus in Flammen steht. Unser Land ist in einer Art Erdrutsch begriffen, und jeder, der noch an dieses Land glaubt, muß dazu beitragen, den Erdrutsch aufzuhalten.«[10]

Viele stimmten dem zu, darunter auch eine ganze Anzahlder bereits erwähnten »Unterstützer Israels«, die in Begin den eigentlichen Verursacher dieses Erdrutsches sahen.

In Israel selbst rief das Massaker von Beirut Zorn und Entsetzen hervor. Es gab zahlreiche Proteste gegen die Regierungspolitik und eine Großdemonstration, die von der oppositionellen Arbeitspartei unterstützt wurde. Insgesamt jedoch genossen Begin und seine Koalition weiterhin das Vertrauen der Bevölkerungsmehrheit, die schon den Einmarsch in den Libanon leidenschaftlich unterstützt hatte.

Sehr interessant war die Reaktion in den Vereinigten Staaten. Nach anfänglicher scharfer Verurteilung war man sich bald schon mehrheitlich einig, daß der israelische Umgang mit den blutigen Ereignissen die hohen moralischen Maßstäbe dieses Landes zeige. Ein Leitartikel in der *New York Times* sah im Zorn der Israelis »die angemessene Antwort einer Gesellschaft, in der moralische Sensibilität zu den Prinzipien des politischen Lebens gehört«. Ähnlich äußerten sich auch Zeitschriften, denen sonst eine eher kritische Haltung zu Israel nachgesagt wird. So entdeckte *Time* in den Protesten von Angehörigen der israelischen Streitkräfte »den gleichen aufrichtigen, hochmoralischen Zorn, der Israel durch seine an Tumulten reiche Geschichte geleitet hat«. Als einige Monate nach dem Massaker der Bericht der israelischen Untersuchungskommission erschien, wollten die Lobeshymnen über diesen erhabenen Triumph von Demokratie und Moral kein Ende nehmen.[11]

Dergleichen feierliche Beschwörungsformeln würden in bezug auf einen anderen Staat als peinliche Entgleisung empfunden werden, in den USA jedoch sind sie, was Israel angeht, gang und gäbe. Das genaue Gegenbild geben dann die Palästinenser und ihre Organisationen sowie die Araber im allgemeinen ab: Sie stehen mit Terror, Gewalt und Irrationalität im Bunde und weigern sich, die Existenz Israels oder auch nur die Normen zivilisierten Verhaltens zu akzeptieren. Diese Verteilung von Licht und Schatten findet sich nicht nur in der Berichterstattung, sondern auch in Fernsehspielfilmen, wo es unmöglich wäre, einem Israeli die Rolle des arabischen Schurken zukommen zu lassen.

Eli Geva hat sicherlich recht, wenn er von einem Erdrutsch spricht, aber wann hat er begonnen, und was hat die Arbeitspartei, die Israel von der Staatsgründung bis 1977 regierte, damit zu tun? Die historischen Fakten, so meine ich, zeigen deutlich, daß der »Erdrutsch« nicht erst mit Begin und dem Likud begonnen hat. Das Haus stand schon lange vorher in Flammen, und die Unterstützer Israels haben, wie viele wahrhaft friedliebende Israelis immer wieder bedauernd feststellen mußten, Öl ins Feuer gegossen. All jene, die dem Erdrutsch stillschweigend zuschauten oder ihm nachhalfen oder ihn apologetisch verschleierten oder gar die Palästinenser dafür verantwortlich machten, haben das ihre dazu getan, den Brand zu entfachen und die Flammen zu nähren, die sich schließlich bis nach Sabra und Shatila durchfraßen.

Es wäre also heilsam, die Heuchelei aufzugeben. Entweder unterstützen wir die Entwicklung zu einem Groß-Israel und unterlassen es, die schwerwiegenden Folgen dieser Entscheidung zu beklagen, oder wir hören auf, die Mittel für dieses Projekt bereitzustellen und sorgen statt dessen dafür, daß die berechtigten Forderungen der Palästinenser und Israels erfüllt werden. Noch ist es dafür nicht zu spät, auch wenn die Möglichkeiten Jahr für Jahr geringer werden, während Israel wächst und seine Militärmacht – jetzt wohl an vierter Stelle hinter den USA, der Sowjetunion und China – stärker wird.[12] Schon bald mag eine Umkehr unmöglich sein, worunter dann nicht nur der Nahe Osten, sondern die ganze Welt zu leiden hätte.

ID
I Die Ursprünge der »Sonderbeziehung« zwischen Israel und den USA

1. Die Unterstützung Israels durch die USA

Weltpolitisch und vor dem Hintergrund der amerikanischen Kultur ist die Beziehung zwischen Israel und den Vereinigten Staaten seit langem ein Kuriosum, dessen Einzigartigkeit auch im Abstimmungsverhalten bei den Vereinten Nationen sichtbar wird. So votierten die USA am 26. Juni 1982 allein gegen eine Resolution des UN-Sicherheitsrats, die den gleichzeitigen Rückzug palästinensischer und israelischer Streitkräfte aus Beirut forderte. Begründet wurde das Veto mit der Behauptung, dieser Plan sei »ein durchsichtiger Versuch, die PLO als politische Kraft am Leben zu erhalten«, was die amerikanische Regierung offenbar für eine unerträgliche Vorstellung hielt.[13] Einige Stunden später stimmten die USA und Israel als einzige gegen eine Resolution der UN-Generalversammlung, die für die Beendigung der Feindseligkeiten im Libanon und an der israelisch-libanesischen Grenze eintrat, und bereits zuvor war Washington zu einer ansonsten einmütigen Resolution des Sicherheitsrats, die Israel verurteilte, weil es die Forderung nach dem Abzug seiner Truppen unbeachtet gelassen hatte, auf Distanz gegangen.[14] Dieses Verhaltensmuster ist von bemerkenswerter Festigkeit.

Konkreteren Ausdruck findet die Sonderbeziehung in der langjährigen Militär- und Wirtschaftshilfe, die Israel von seinem transatlantischen Gönner gewährt wird. Der genaue Umfang ist unbekannt, weil er auf vielerlei Weise verschleiert wird. Bereits vor 1967, also noch ehe die »Sonderbeziehung« in ihr

Reifestadium trat, übertrafen die Zuwendungen, prozentual auf die Bevölkerung berechnet, alles, was anderen Ländern gewährt wurde. In diesem Zusammenhang weist der Nahost-Spezialist Nadav Safran von der Harvard-Universität darauf hin, daß ein substantieller Teil dieser Unterstützung auf den umfangreichen Kapitaltransfer von ausländischen Quellen zurückzuführen ist, der praktisch die gesamten in Israel getätigten Investitionen umfaßt. Auch deshalb kann Israels Wirtschaftswachstum kein Modell für unterentwickelte Länder abgeben.[15] Wenn man alle Faktoren in Rechnung stellt, belaufen sich die Hilfsleistungen auf jährlich etwa 1000 Dollar für jeden israelischen Bürger. Schon die öffentlich bekanntgegebenen Ziffern sind erstaunlich hoch. Von 1978 bis 1982 gingen 48 Prozent der gesamten US-Militärhilfe und 35 Prozent der Wirtschaftshilfe an Israel. Für das Haushaltsjahr 1983 zweigte die Regierung Reagan von dem 8,1 Milliarden Dollar umfassenden Budget für Entwicklungshilfe 2,5 Milliarden für Israel ab. Dazu gehörten 500 Millionen Dollar in Form von Krediten und 1,2 Milliarden Dollar in Form von zinsgünstigen Darlehen.[16] Hinzu kommen indirekte Finanzhilfen, wie erhebliche Preisnachlässe für Waffenkäufe und andere Methoden, zu denen auch steuerabzugsfähige »gemeinnützige« Spenden gehören (die letztlich den amerikanischen Steuerzahler belasten), über deren Verwendung noch zu reden sein wird.[17] Damit aber war einer der prominentesten liberalen Demokraten, Senator Alan Cranston aus Kalifornien, noch nicht zufrieden. Er »schlug einen Zusatz zum Entwicklungshilfegesetz vor, in dem festgelegt werden sollte, daß die amerikanische Wirtschaftshilfe für Israel nicht niedriger sein sollte als der Schuldbetrag, den Israel an die Vereinigten Staaten zurückzahlen muß«. Das lief, wie Senator Charles Percy bemerkte, auf die Verpflichtung hinaus, »alle gegenwärtigen und zukünftigen israelischen Schulden zu decken«.[18]

Das war vor dem Libanonkrieg, der den Süden des Landes verwüstete, die gnadenlose Belagerung und Bombardierung Beiruts mit sich brachte und – als Reaktion auf Präsident Reagans Aufforderung, die weitere Besiedlung des Westjordanlandes gemäß seinen Vorschlägen für eine Friedensregelung auszusetzen – die Ausweitung dieser Besiedlung. Daraufhin stellte sich für den US-Kongreß die Frage, ob man Israel bestrafen müsse, indem man »knallhart« nur die von Reagan vorgesehene, substantielle Erhöhung der Hilfsleistungen bewilligen[19] oder aber milder verfahren und über die Vorschläge Reagans hinausgehen solle, was der Senat und die meisten liberalen Abgeordneten verlangten. Glücklicherweise war die Presse diszipliniert genug, die eher komischen Aspekte dieses geläufigen Verfahrens nicht ins Licht zu rücken. Die Folgen dieses Signals der Zustimmung an Israel waren freilich alles andere als komisch.

Nicht komisch ist auch ein anderes Charakteristikum der Hilfsleistungen: Rein theoretisch unterliegt ihre Verwendung Einschränkungen (so dürfen z. B. Clusterbomben nur zur Selbstverteidigung eingesetzt und Entwicklungsgelder lediglich für Projekte innerhalb der israelischen Grenzen von vor 1967 [d. h. vor dem Sechstagekrieg] verwendet werden), aber in der Praxis wird das nicht weiter kontrolliert. Bestenfalls führt der illegale Einsatz von Waffen hin und wieder zu einer Ermahnung oder einem zeitweiligen Lieferstopp, damit die öffentliche Meinung nicht unnötig erregt wird. Auch der Einsatz von US-Geldern für die von Washington als illegal eingestuften Siedlungs- und Entwicklungsprogramme in den besetzten Gebieten unterlag nur theoretisch einem Verbot, weil es keine Möglichkeiten gibt, die Sanktionen durchzusetzen: »Im Gegensatz zu anderen Ländern sind die Projekte, die wir in Israel finanzieren, nicht spezifisch gebunden«, bemerkt Ian Lustick, und die »Verwendung unserer Gelder durch die israelische Regierung ist niemals, weder durch das Außenministerium noch durch die Hilfsorganisationen kontrolliert worden«.

Vergleichen wir damit das US-Programm für Ägypten, das seit Camp David mehr nicht-militärische Entwicklungshilfe empfängt als alle anderen Länder mit Ausnahme von Israel.

Hier überwacht ein mit 125 Personen besetztes Büro genauestens alle Details der Leistungen. Ägypter, die sich in der Materie auskennen, äußern sich höchst kritisch über das Programm, das ihrer Meinung nach eher amerikanischen Bedürfnissen angepaßt ist, weil es nicht nur US-Importe, die auf amerikanischen Schiffen transportiert werden, finanziert, sondern auch Berater, obwohl ausgebildetes Personal für einen Bruchteil der Kosten in Ägypten selbst verfügbar ist. Die USA liefern Weizen, »an dem Farmer im Mittleren Westen gut verdienen, obwohl das Getreide zum halben Preis in Ägypten angebaut werden könnte«, meint ein ehemaliger AID-Direktor. Zudem wird die ägyptische Gesellschaft so stark infiltriert, daß manche die nationale Sicherheit des Landes gefährdet sehen.[20]

Diese Beispiele zeigen die diplomatische und materielle Unterstützung für Israel, die auf der ideologischen Ebene durch die Verbreitung hartnäckiger Illusionen über das Wesen der israelischen Gesellschaft und den Nahostkonflikt gekennzeichnet ist. Seit 1967 ist die Diskussion über diese Themen in den USA zunehmend schwieriger geworden, weil gegen diejenigen, die es wagten, den offiziellen Konsens in Frage zu stellen, eine höchst wirksame Veleumdungskampagne geführt wurde, bei der man auch vor Lügen nicht zurückschreckte.[21] Diese Tatsache ist gleichermaßen von friedensengagierten Israelis beklagt worden, die in den USA eine ähnliche Behandlung erfuhren, wodurch ihre Position in der Heimat geschwächt wurde. So meinte General Mattitjahu Peled, die »an Hysterie grenzende ... chauvinistische und engstirnige« Unterstützung von Vertretern der reaktionärsten israelischen Politik berge die Gefahr, daß Israel erneut »in eine Haltung forcierter Gleichgültigkeit gedrängt wird«.[22] Der bekannte israelische Journalist und Historiker Simcha Flapan hält »die Vorurteile der amerikanischen Juden« mittlerweile »für das größte Hindernis« auf dem Weg zu einem Dialog zwischen Amerika, Israel und den Palästinensern, ohne den es »kaum Chancen gibt, auf dem mühseligen Weg zum Frieden voranzukommen«.[23] Daran sind allerdings, was die USA betrifft, nicht nur die Vorurteile der amerikanischen Juden schuld.

2. Politischer Lobbyismus in den USA

Die »Sonderbeziehung« wird oft als Resultat der Arbeit politischer Lobbygruppen gesehen, zu denen vor allem die jüdische Gemeinschaft in den USA zählt, die über wirksame Mittel verfügt, um die öffentliche Meinung zu beeinflussen.[24] Aber das ist nur ein Aspekt, und sicher nicht der hauptsächlichste, denn zum einen ist der Kreis der Unterstützer viel größer und zum anderen der Einfluß von Lobbygruppen auf politische Entscheidungen nicht so groß, wie häufig angenommen wird. Betrachten wir diese beiden Punkte der Reihe nach.

Die »pro-israelische Lobby« – ein Ausdruck von Seth Tillman – umfaßt sehr viel mehr als nur die jüdische Gemeinschaft. Zu ihr gehören große Teile der liberalen Meinungsführer, die Gewerkschaftsspitzen,[25] religiöse Fundamentalisten,[26] »konservative« Befürworter eines starken, militärkeynesianistisch ausgerichteten und außenpolitisch aggressiven Staats sowie kalte Krieger aus allen Lagern. Das sehen israelische Politiker gern, und keineswegs nur die rechtsgerichteten. So erklärte der zur Fraktion der »Tauben« gerechnete Jitzhak Rabin von der Arbeiterpartei nach dem Jom-Kippur-Krieg (1973), Israel solle keine politische Lösung des Konflikts anstreben, sondern lieber »Zeit gewinnen« in der Hoffnung, daß »wir uns später in einer besseren Situation befinden, wenn die USA gegenüber der Sowjetunion eine aggressivere Haltung einnehmen sollte«.[27]

Viele amerikanische Zionistenführer sind sich dieser Tatsachen bewußt. Im Dezember 1980 ließen einige von ihnen in der *Jewish Week* verlauten: »Die Juden haben mit der ›Moral Majority‹ potentiell mehr gemeinsame Interessen als mit dem Nationalen Kirchenrat.« Jacques Torczyner, ehemaliger Präsident der Zionistischen Organisation von Amerika und führendes Mitglied der Zionistischen Weltorganisation, schrieb: »Zuallererst müssen wir zu dem Schluß kommen, daß die rechten Reaktionäre die natürlichen Verbündeten des Zionismus sind, und nicht die Liberalen.«[28] Letzteres ist, wie wir noch sehen werden, falsch; und auch die linken und pazifistischen Organisationen in den USA stehen, von Einzelfällen abgesehen, auf der Seite Israels, wobei sie bereitwillig die Augen vor Praktiken verschließen, die sie in anderen Ländern anprangern.

Vor kurzem erschien in den USA ein Buch mit dem Titel *The Real Antisemitism in America*. Verfasser sind der Direktor der Anti-Defamation League (ADL) von B'nai Brith, Nathan Perlmutter und seine Frau Ruth. In den Vereinigten Staaten zählt die Liga zu den für Bürgerrechte engagierten Organisationen, ein einstmals wohlverdienter Ruf. Mittlerweile jedoch ist es ihr Hauptanliegen, Kritiker der israelischen Politik mundtot zu machen und auch Israelis, die den Treuetest nicht bestehen, zu verunglimpfen. Das geschieht häufig mit »Informationen« in Form von unsignierten Flugblättern u. dgl.[29] Für Seth Tillman gehört die ADL zur »pro-israelischen Lobby«, und in Israel gilt sie als »eine der Hauptsäulen« israelischer Propaganda in den USA.[30]

Nathan und Ruth Perlmutter zitieren Untersuchungen, denen zufolge der in den Vereinigten Staaten »einst virulente« Antisemitismus abgeebbt sei. Zwar gebe es noch hier und da anti-jüdische Einstellungen, doch seien sie nicht stärker als Vorurteile gegen andere religiöse und ethnische Gruppen. Worin also besteht der »wahre Antisemitismus«? Er äußert sich, so die Autoren, in den Handlungen »von Vietnamkriegsgegnern, Rüstungskonvertiten à la ›Schwerter zu Pflugscharen‹, die für die terroristische PLO eintreten ...« Die Perlmutters befürchten, »daß heutzutage der Krieg schlechtgemacht wird und der Frieden eine allzu geneigte Presse findet«. Sie sind besorgt über die »Verleumdungen seitens der Linken wegen unserer Unterstützung für den Krieg in Vietnam« und der Kritik der ADL an den Versuchen, den amerikanischen Verteidigungshaushalt zu beschneiden.«Neben dem Öl ist es die Ideologie der Liberalen, selbst einen ungerechten Frieden der Konfrontation vorzuziehen, die heute die Juden gefährdet.« Bedroht sind die jüdischen Interessen auch »durch die jetzige Linke, die hier und im Ausland die Vereinigten Staaten wegen ihres Engagements in Nicaragua und El Salvador angreift« – weil nämlich die mittelamerikanischen Diktatoren Freunde Israels waren, deren Zuneigung gerne erwidert wurde. Die Autoren verschweigen allerdings, warum die Opfer dieser Diktatoren keine Freunde Israels waren; nicht, weil es sich um Antisemiten gehandelt hätte, sondern weil sie mit israelischen Waffen bedroht und ermordet oder von Soldaten gefoltert wurden, die ihre Ausbildung israelischen Fachkräften verdankten. Gefährlich finden die Perlmutters auch Organisationen wie den Nationalen Kirchenrat, die Israel auffordern, »die PLO in die Nahost-Friedensverhandlungen einzubeziehen«.

Insgesamt gehen die Autoren davon aus, daß die »israelischen Interessen« – worunter sie implizit die Interessen eines Groß-Israel verstehen, das den Palästinensern keinerlei Rechte zugesteht – mit den »jüdischen Interessen« identisch sind, folglich also jeder, der für diese Rechte eintritt oder eine Politik befürwortet, die die »israelischen Interessen« bedrohen könnte, »objektiv« (ein beliebter rhetorischer Ausdruck der Stalinisten) antisemitisch ist. Somit verkörpern all jene, die für den Frieden eintreten und die Unterstützung blutrünstiger Tyrannen durch die USA anprangern, den »wahren Antisemitismus«, der extrem gefährlich ist.[31]

Die Methode, Kritikern Israels Antisemitismus – oder, wenn es sich um Juden handelt, »jüdischen Selbsthaß« – vorzuwerfen, ist nicht neu. Selbst Abba Eban, der hochangesehene Diplomat der Arbeiterpartei, ließ sich zu der Bemerkung hinreißen: »Eine der hauptsächlichen Aufgaben im Dialog mit der nicht-jüdischen Welt liegt in dem Nachweis, daß es zwischen Antisemitismus und Antizionismus [verstanden als Kritik an der Politik des israelischen Staats] keinen Unterschied gibt.« Jüdische Kritiker (Eban nennt als Beispiele I. F. Stone und mich) leiden an einem »Schuldkomplex«, weil sie die Schrecken der Vernichtung überlebt haben.[32] In seiner ausgezeichneten Untersuchung über die vorstaatliche Periode der israelischen Einwanderung führt Christopher Sykes den Ursprung der Gleichsetzung von Antizionismus und Antisemitismus (»eine neue Phase der zionistischen Propaganda«) auf eine »wütende Attacke« Ben-Gurions gegen ein britisches Gericht zurück, das 1943 zionistische Führer des illegalen Waffenhandels bezichtigt hatte: »Seitdem war Antizionismus antisemitisch.«[33] Allerdings wurde die Taktik erst nach dem Sechstagekrieg, als die israelische Politik immer schwerer zu verteidigen war, zu jener hohen Kunst ausgebildet, die sie heute darstellt.

In ihrer Unterstützung für Israel ist sich die jüdische Gemeinschaft in den USA bemerkenswert einig (was, wie bereits gesagt, israelischen Friedensaktivisten das Leben nicht gerade erleichtert), und es gibt sogar lebhafte Diskussionen darüber, ob man die israelische Politik überhaupt legitimerweise kritisieren dürfe. So bekundet z. B. Elie Wiesel:

»Ich unterstütze Israel – Punkt. Ich identifiziere mich mit Israel – Punkt. Ich greife Israel niemals an und kritisiere Israel niemals, wenn ich nicht in Israel bin.«

Zu dem, was in den besetzten Gebieten geschieht, weiß Wiesel nichts zu sagen:

»Was zu tun ist und wie, weiß ich nicht, weil mir dazu die notwendigen Kenntnisse und Informationen fehlen ... Um sie zu besitzen, müßte man in einer Machtposition sein ... Ich verfüge nicht darüber, also kann ich nichts sagen ...«[34]

Ein derart unkritisches Verhältnis zum Staat findet man sonst nur in totalitären Ideologien.

3. Strategische Interessen der USA

Kommen wir zum Ausgangspunkt zurück. Weder ist die pro-israelische Haltung der Vereinigten Staaten allein das Werk einer jüdischen Lobby, noch wäre diese – und das gilt für Lobbygruppen generell – in der Lage, irgend Einfluß auf die öffentliche Meinung oder politische Entscheidungen auszuüben, wenn ihre Ziele nicht mit denen der eigentlichen Führungsschichten übereinstimmten. Allerdings gibt es auch innerhalb dieser Schichten Differenzen inhaltlicher oder taktischer Art. Dennoch stimmt, wie ein näherer Blick zeigt, die Behauptung, daß die Entwicklung der amerikanisch-israelischen Beziehungen »vor allem durch die sich wandelnde Rolle bestimmt wird, die Israel im Zusammenhang mit den sich wandelnden Auffassungen der USA über ihre politisch-strategischen Interessen im Nahen Osten erhalten hat«.[35] Wenden wir uns also, um diese Beziehungen aufzuhellen, dem historischen Hintergrund zu.

Trotz aller Unterstützung für Israel richtet sich das strategische Hauptinteresse der USA im Nahen Osten auf die Energiereserven der arabischen Halbinsel. 1945 hieß es in einer Analyse des US-Außenministeriums, Saudi-Arabien sei »eine ungeheure Quelle strategischer Macht und einer der größten Preise, den die Weltgeschichte zu vergeben hat«.[36] Die USA setzten alles daran, diesen Preis zu gewinnen, und seit dem Zweiten Weltkrieg gehört es zu den Axiomen ihrer Politik, die Kontrolle über das Öl zu behalten und gegen diverse Bedrohungen zu verteidigen.

Rein rhetorisch mußten die nahöstlichen Energiereserven natürlich gegen die UdSSR verteidigt werden, obwohl die Bedrohung regierungsintern wohl kaum jemals für wirklich realistisch gehalten wurde (was nicht heißt, daß Ideologen nicht irgendwann selbst an die von ihnen zu ganz anderen Zwecken erfundenen Phantasien glauben).[37] De facto aber hat sich die Sowjetunion in jener Region weitgehend aus dem Einflußbereich der USA herausgehalten.

Die Grenzen des Einflußbereichs wurden schon bald nach dem Zweiten Weltkrieg gesteckt, als die USA 1947 in Griechenland den linken Aufstand bekämpften. Zuvor hatte Großbritannien die königstreuen Kräfte und ehemalige NS-Kollaborateure gegen den antifaschistischen Widerstand zurück an die Macht gebracht; Churchill hatte den Truppen die Anweisung gegeben, in Athen »so zu handeln, als wären sie in einer eroberten Stadt, wo eine lokale Rebellion stattfindet«.[38] Allerdings bekamen die vom Krieg geschwächten Engländer die Lage nicht in den Griff, weshalb die Amerikaner die Aufgabe übernahmen, die von Kommunisten geführte Bewegung zu zerschlagen und die Monarchie – mit König Paul und Königin Friederike, die beide in der faschistischen Jugendbewegung tätig gewesen waren – zu erhalten. Innenminister wurde der (so US-Geheimdienste) ehemalige Kollaborateur Mavromichalis. Einige US-Senatoren fanden das mit der Truman-Doktrin – »Unterstützung freier Völker, die sich gegen ihre Unterjochung durch bewaffnete Minderheiten oder Druck von außen wehren« – nicht recht vereinbar. Ihnen erklärte Senator Henry Cabot Lodge: »Diese faschistische Regierung, mittels derer wir operieren müssen, ist kein Dauerzustand.«[39]

Der Kampf gegen die griechische Linke war kein geringfügiges Unternehmen: 160 000 kamen dabei um, 800 000 mußten fliehen. Die amerikanische Botschaft selbst machte es sich zur Aufgabe, die »subversiven gesellschaftlichen Kräfte« (so Botschafter Lincoln MacVeagh) zu beseitigen, die »Vorherrschaft des Staats« uneingeschränkt wiederherzustellen und den »Aufstand der Banditen« niederzuschlagen (genauso lautete die sowjetische Sprachregelung für Afghanistan). So wurden Zehntausende vertrieben, Zehntausende auf Gefängnisinseln verbannt und dort gefoltert oder ermordet (oder, wenn sie Glück hatten, nur »umerzogen«). Die Macht der Gewerkschaften wurde gebrochen, auch westlich orientierte sozialistische Parteien unterdrückt und die Wahlen schamlos manipuliert, damit sie von den rechten Leuten gewonnen werden konnten.

Die sozialen und wirtschaftlichen Folgen waren deprimierend: Noch ein Jahrzehnt später, »zwischen 1959 und 1963 emigrierte fast ein Drittel der griechischen Arbeitskräfte, weil es in der Heimat kein Auskommen gab«.[40] Auch der Militärputsch von 1967 war ein spätes Echo dieser Nachkriegsvorgänge.

Die Kampagne wurde nicht zuletzt um des nahöstlichen Öls willen geführt. In seiner Rede vom 12. März 1947 bemerkte Truman anläßlich der Verkündigung seiner Doktrin, man müsse nur auf die Landkarte schauen, um zu sehen, daß der gesamte Nahe Osten zu einem Unruheherd würde, falls Griechenland in die Hand der Rebellen fiele. Eine Untersuchung der CIA vom Februar 1948 mutmaßte, daß im Falle eines Siegs der Aufständischen »die USA den möglichen Verlust der Ölreserven des Nahen Ostens« befürchten müßten.[41] Natürlich war auch von sowjetischer Bedrohung die Rede, obwohl Stalin ebenfalls daran gelegen war, den griechischen Widerstand unter Kontrolle zu bringen, weil er seinerseits vermeiden wollte, daß der gesamte Balkan unter den Einfluß von Tito geriet.

Der militärisch wie ideologisch erfolgreiche Kampf gegen den griechischen Aufstand bildete das Fundament der weiteren US-Politik – Eindämmung des »sowjetischen Einflusses« im Nahen Osten –, auch wenn niemals davon die Rede war, daß die UdSSR einen Atomkrieg führen würde, um in den Besitz der Ölquellen zu gelangen.

Realistischer war die Bedrohung, die europäische Mächte für die amerikanische Vorherrschaft in der Region darstellten. In den vierziger Jahren konnten die USA zunächst Frankreich, dann Großbritannien verdrängen, was z. T. planmäßig geschah, z. T. aus der veränderten Machtverteilung resultierte.[42] Der von der CIA geförderte Putsch, mit dem 1953 im Iran der Schah reinthronisiert wurde, hatte u. a. zur Folge, daß 40 Prozent des iranischen Öls aus britischen in amerikanische Hände gelangten, was die *New York Times* zu der besorgten Frage veranlaßte, ob man in Großbritannien nun glaube, daß der »amerikanische ›Imperialismus‹ ... die Briten wieder einmal aus einer historischen Festung verdrängt hat«. Abgesehen davon freuten sich die Leitartikler der Zeitung darüber, daß »unterentwickelte Länder mit reichen Rohstoffvorkommen jetzt erkennen, wie teuer es für sie wird, wenn sie fanatischem Nationalismus verfallen«.[43]

Auch danach war es den USA darum zu tun, den europäischen Einfluß zurückzudrängen. 1956 mußten England und Frankreich, die zusammen mit Israel den Suez-Kanal blockiert hatten, sich zurückziehen und das ägyptische Territorium räumen, und noch 1973 warnte Henry Kissinger in seiner Ansprache zum »Europäischen Jahr« vor der Gefahr eines europäisch dominierten Handelsblocks, zu dem auch Nordafrika und der Nahe Osten unter Ausschluß der USA gehören würden. Später bekannte er bei einer privaten Zusammenkunft, daß es nach 1973 zu den Grundelementen seiner Politik gehört habe, Japaner und Europäer aus den diplomatischen Bemühungen um den Nahen Osten herauszuhalten.[44]

Das dritte Element einer potentiellen Bedrohung ist für die USA der »radikale Nationalismus«. In diesem Zusammenhang hat sich die Sonderbeziehung zwischen Israel und den Vereinigten Staaten entwickelt. Zu Beginn der fünfziger Jahre war noch alles in der Schwebe, und eine Zeit lang sah es so aus, als suchte Washington eine engere Beziehung zum ägyptischen Präsidenten Nasser. Um das zu verhindern, führte Israel in Ägypten Terroranschläge gegen ägyptische und amerikanische Einrichtungen aus, in der Hoffnung, diese würden einheimischen ultranationalistischen Fanatikern zugeschrieben.[45]

Erst ab Ende der fünfziger Jahre machte sich die US-Regierung allmählich die These zu eigen, ein starkes Israel könne als »strategischer Aktivposten« sowjetischerseits geförderte nationalistische Bestrebungen in der Region im Zaum halten und so amerikanische Interessen schützen. Ein Memorandum des Nationalen Sicherheitsrats von 1958 bemerkte damals, es sei, um dem radikalen arabischen Nationalismus Einhalt zu gebieten, »logisch ... Israel als einzig noch verbliebene starke, pro-westliche Macht im Nahen Osten zu unterstützen«.[46] Israel selbst schloß einen Geheimpakt mit der Türkei, dem Iran und Äthiopien, der, David Ben-Gurions Biograph zufolge, von US-Außenminister John Foster Dulles angeregt worden und dem »eine lange Dauer« beschieden war.[47] Während der sechziger Jahre sah der amerikanische Geheimdienst in Israel ein Gegengewicht zum sowjetischen Einfluß und zum von Nasser ausgeübten Druck auf die Ölförderstaaten am Golf. Diese Einschätzung wurde durch Israels überzeugenden Sieg im Sechstagekrieg von 1967 noch verstärkt. Damals eroberte Israel die Sinai-Halbinsel, den Gazastreifen, das Westjordanland und, nach einer von Verteidigungsminister Mosche Dajan eigenmächtig in Verletzung des Waffenstillstandsabkommens durchgeführten Aktion, die Golanhöhen.[48]

Wie wichtig Israel als »strategischer Aktivposten« war, zeigte sich auch 1970, als es Anstrengungen unternahm, syrische Hilfe für Palästinenser, die in Jordanien umgebracht wurden, zu blockieren, während die USA nicht direkt eingreifen konnten. Washington zeigte sich dankbar und erhöhte die Militärhilfe beträchtlich. In den siebziger Jahren galt Israel zusammen mit dem vom Schah beherrschten Iran als Garant dafür, daß die USA weiterhin die Kontrolle über die Ölförderregionen am Golf aufrechterhalten konnte. Nach dem Sturz des Schahs wurde der »strategische Aktivposten« natürlich noch wichtiger.

In dieser Zeit wurde Israel auch für die USA in Schwarzafrika aktiv. Mit Hilfe substantieller geheimer Zuwendungen von der CIA stützte man u. a. Haile Selassie in Äthiopien, Idi Amin in Uganda, Mobutu in Zaire, Bokassa in der Zentralafrikanischen Republik[49] und half, gegen Rhodesien und Südafrika verhängte Embargos zu umgehen.[50] In den achtziger Jahren versorgte Israel die US-Satellitenstaaten in Mittelamerika mit militärischer und technologischer Ausrüstung und schickte Sicherheitsberater dorthin. Gern gesehen wurden in Washington auch die mit Taiwan, Südafrika und den Militärdiktaturen im südlichen Teil von Südamerika geschlossenen Bündnisse.[51] Und schließlich ist Israel fester Bestandteil der Stützpunkte für die Rapid Deployment Force, die das Herzstück des Nahen Ostens, die Ölregionen, umgeben.[52]

Ohne diese geopolitische Rolle Israels hätten die Lobbyisten in den USA wohl kaum sowiel Einfluß auf das Meinungsklima oder die Entwicklung politischer Strategien gehabt. Umgekehrt heißt das natürlich, daß die »Sonderbeziehung« sehr schnell dahinwelken könnte, wenn Israel eines fernen Tags diese Rolle nicht mehr ausfüllt und von den USA sogar als Bedrohung der amerikanischen Interessen wahrgenommen wird.

Die Unterstützung Israels als eines »strategischen Aktivpostens« entsprang also realen Machtverhältnissen in den Vereinigten Staaten, wobei jedoch nicht vergessen werden darf, daß die Nahostpolitik immer umstritten war und nicht unbedeutende gesellschaftliche Kräfte sich immer wieder für eine friedliche Regelung des Konflikts ausgesprochen haben. In diesem Zusammenhang regt Michael Klare an, zwischen »Preußen« und »Händlern« zu unterscheiden. Beide verfolgen die nämlichen politischen Ziele, wollen sie jedoch mit unterschiedlichen Strategien erreichen: Die »Preußen« setzen auf Gewalt, die »Händler« auf friedliche Mittel.[53] Demzufolge haben die »Preußen« Israel zum strategischen Aktivposten ausgebaut, während die »Händler« eine politische Lösung suchten. Implizit wird das bisweilen auch von der pro-israelischen Propaganda zugegeben; so heißt es in einer ganzseitigen Anzeige, die in der *New York Times* für die Gründung einer Unterstützergruppe warb (Überschrift: »Der Glaube an Israel stärkt Amerika«), unter anderem: »... wenn US-Interessen in der Nahostregion bedroht würden, könnte es Monate dauern, dort eine angemessene Truppenpräsenz aufzubauen, mit Israel als Verbündetem aber nur wenige Tage«. Und Joseph Churba, Direktor des Zentrums für internationale Sicherheit, wirft der amerikanischen Linken vor, sie wolle verhindern, daß Israel und die USA als »internationale Polizisten«, z. B. in El Salvador oder dem Libanon, fungieren, um »sowjetisches und radikales Abenteurertum« einzudämmen.⁵⁴

Soweit die »Preußen«, die, wie etwa die *New Republic*, auch den Libanonfeldzug Israels begrüßen, weil er Amerikas Position im Nahen Osten gestärkt habe. Andere jedoch meinen, die amerikanischen Interessen seien dadurch eher in Mitleidenschaft gezogen worden. Thomas Friedman von der *New York Times* hat den Meinungswandel in der arabischen Welt eingehend untersucht und herausgefunden, daß nicht nur viele politische Führer in Ungnade gefallen sind, weil sie es unterließen, den Opfern eines israelischen Angriffs zu Hilfe zu kommen, sondern daß auch Amerika an Wertschätzung eingebüßt und aufgrund seiner einseitigen Unterstützung der israelischen Politik an moralischer Autorität verloren hat.⁵⁵

Nach dem Libanonkrieg festigte Israel die Beziehungen zu seinen Verbündeten in Afrika und Lateinamerika (die keineswegs zufällig auch Verbündete der USA waren). Jitzhak Schamir, damals Außenminister, besuchte General Mobutu in Zaire und teilte ihm mit, daß Israel, abgesehen von militärischer und technologischer Hilfe dem Land »durch seinen Einfluß auf jüdische Organisationen in den Vereinigten Staaten bei der Imageverbesserung helfen werde«, was angesichts der brutalen Diktatur, die Mobutu ausübte, auch dringend nötig war.⁵⁶ Insbesondere beklagte sich Mobutu über die Kritik »jüdischer US-Kongreßmitglieder«. Im Januar 1983 kam Ariel Scharon, damals Verteidigungsminister, zu Besuch und vereinbarte mit Mobutu, daß israelische Militärberater für die Reorganisation der Streitkräfte Zaires sorgen würden. Scharon verteidigte das neue Abkommen »als Schritt zur Verbreiterung israelischen Einflusses in Afrika«, berichtete UPI. Weiter sagte er, das Programm (dessen Einzelheiten geheimgehalten wurden) sei »ein Beitrag zum Export von Waffen und Ausrüstung« und würde weitere afrikanische Länder veranlassen, sich wegen Militärhilfe an Israel zu wenden.⁵⁷

Einige Wochen zuvor war Scharon in Honduras gewesen, »um die Beziehungen zu einem befreundeten Land zu festigen, das im Zusammenhang mit unseren Verteidigungseinrichtungen Interesse gezeigt hat«. Im israelischen Radio war zu hören, daß Israel Honduras geholfen habe, die wohl stärkste Luftwaffe in Mittelamerika aufzubauen. In Kommentaren wurde angemerkt, daß »die Reise Scharons die Frage aufwirft, ob Israel in Honduras als Stellvertreter Amerikas handeln könne«.[58] Aus »obersten Militärkreisen« von Honduras war zu hören, daß das neue Abkommen die Lieferung von Kampfjets, Panzern, Galil-Sturmgewehren (Standardausrüstung der Staatsterroristen in Mittelamerika), Ausbildung von Offizieren, Soldaten und Piloten vorsehe. Auch von Marschflugkörpern war die Rede. Ein honduranischer Regierungsbeamter konstatierte, Scharons Besuch sei »positiver« gewesen als der von Präsident Reagan, weil dieser »nichts zu bieten hatte als Platitüden und im übrigen erklärte, der Kongreß verweigere es ihm, mehr für Honduras zu tun«.[59]

Israel hat den USA in Mittelamerika gute Dienste geleistet. Das betrifft insbesondere Nicaragua (unter Somoza), Guatemala, Honduras, El Salvador und, seit der Wahl des dezidiert amerikafreundlichen Präsidenten Luis Alberto Monge im Februar 1982, auch Costa Rica. Von besonderer Bedeutung ist die israelische Aufrüstung der Streitkräfte von Honduras und Guatemala. In Guatemala wurde es für die durch US-Interventionen eingesetzten Militärregimes zunehmend schwieriger, gegen die Aufständischen vorzugehen, weil der amerikanische Kongreß auf die Einhaltung von Menschenrechten pochte und somit direkte Militärhilfe für die Massenmörder unmöglich machte. In Honduras wiederum hatte die ehemalige Nationalgarde von Somoza Unterschlupf gefunden und startete, mit freundlicher Unterstützung durch die Regierung Reagan, Streifzüge nach Nicaragua, wo sie auf bewährte Weise folterte und mordete.[60]

Charles Maechling, der von 1961 bis 1966 unter Kennedy und Johnson für Aufstandsbekämpfung und innere Verteidigung zuständig war und später einen leitenden Posten in der Carnegie-Stiftung für internationalen Frieden übernahm, setzt die von US-Spezialisten ausgebildeten Soldaten und Offiziere in Lateinamerika mit den »in den Nürnberger Prozessen zum Tode verurteilten Kriegsverbrechern« gleich und bemerkt: »Für die Vereinigten Staaten, die den Nationalsozialismus bekämpften, ist es ein Skandal, daß sie [in Lateinamerika] die Methoden der Himmlerschen Vernichtungsschwadronen unterstützen.«[61] Da diese Unterstützung dank verschiedener, vom US-Kongreß verabschiedeter Gesetze mittlerweile schwieriger geworden ist, wurde der israelische Einsatz zur Förderung dieser Methoden seit den siebziger Jahren zunehmend wichtiger.

Auch in Asien ist Israel nicht untätig geblieben. Mindestens einmal wurden amerikanische Kampfjets an Indonesien geliefert, als dort der Vernichtungsfeldzug gegen die Bevölkerung von Ost-Timor auf vollen Touren lief und die Regierung Carter, offiziell einer Politik der Menschenrechte verpflichtet, sich nicht allzu offen an dem Massaker beteiligen wollte, vielleicht aus Angst, daß die Medien ihr bisheriges Schweigen brechen und die Komplizenschaft aufdecken könnten.[62] Darüber hinaus wurde Taiwan von Israel als besonders enger Verbündeter betrachtet. In der israelischen Presse war von der »Fünften Welt« die Rede, d. h. von Israel, Taiwan und Südafrika als einer neuen Allianz technologisch entwickelter Staaten, die neue Waffensysteme, darunter auch Atomwaffen und Marschflugkörper entwickeln.[63] Im dritten Kapitel werden wir uns damit näher befassen.

Mit Scharons Besuch in Honduras und dem gleichzeitigen Vorgehen Reagans gegen die Sandinisten in Nicaragua wurde Israels Rolle in Mittelamerika so offensichtlich, daß einige offizielle Dementis notwendig schienen, die von der *New York Times* sogleich als Tatsachen gemeldet wurden. Leslie Gelb wies darauf hin, daß Israel »seinen militärischen Ausbildungsauftrag und seine Rolle als hauptsächlicher Lieferant von Waffen nach Mittelamerika ausweitet«, betonte aber zugleich, daß »allen Anzeichen nach die Israelis sich dort nicht, wie die meisten anderen [Amerikaner, die PLO, Kubaner, Ostdeutsche], aufhalten, um sich an einer Form der Ost-West-Konfrontation oder an revolutionären oder konterrevolutionären Intrigen zu beteiligen«. Diese »Anzeichen« erweisen sich als entsprechende Verlautbarungen israelischer und amerikanischer Regierungsbeamter, die »nicht bestätigt hätten, daß Israel auf Geheiß Washingtons in Mittelamerika tätig sei oder in Ländern wie Guatemala aushelfe, wo die [US-]Regierung aufgrund von Menschenrechtsverletzungen keine Militärhilfe leisten könne«. Natürlich würden die Beamten, gäbe es solche Absprachen, ganz offen darüber reden, insofern sind ihre negativen Statements der Beweis dafür, daß derlei Gerüchte jeder Grundlage entbehren. Ein Beamter des US-Außenministeriums konstatierte: »Wir haben durchblicken lassen, daß wir über die Hilfe nicht unglücklich sind, aber ich würde nicht sagen, daß wir und die Israelis das gemeinsam beredet hätten.«[64] Das dürfte, angesichts der gemeinsamen Interessen und der engen Verbindungen auf allen Ebenen, auch kaum nötig gewesen sein.

Erstaunlicherweise aber hält Gelb es für selbstverständlich, daß Israel in Mittelamerika eigene Interessen verfolgt und versucht, aus seiner »Isolation« (wie er sagt) auszubrechen, indem es befreundete Regierungen unterstützt, während er bei Kuba offenbar einen anderen Maßstab anlegt, so als habe dieses Land keinen Grund, sich bedroht zu fühlen und den Kontakt zu befreundeten Regierungen zu suchen. Erstaunlich ist es, weil Gelb zu den Mitherausgebern der »Pentagon-Papiere« gehört, in denen offengelegt wird, daß die amerikanischen Geheimdienste zwanzig Jahre lang von der Propaganda des Kalten Kriegs so indoktriniert waren, daß es ihnen nicht gelang, in Nordvietnam etwas anderes zu sehen als den Lakaien Chinas oder der Sowjetunion, der keinerlei eigene Interessen verfolgte.[65]

4. Der amerikanische Liberalismus und Israel

Wie bereits bemerkt, haben die »Preußen« die politische Auseinandersetzung in den USA über die Unterstützung israelischer Politik gegen die »Händler« gewonnen. Aber das heißt nicht, daß der amerikanische Liberalismus in dieser Hinsicht eine weiße Weste hat. Er hat dazubeigetragen, den Weg der zu jener von General Peled beklagten »chauvinistischen und engstirnigen« Politik zu ebnen. Am selben Tag (dem 26. Juni 1982), da die USA und Israel in den Vereinten Nationen gegen den Rest der Welt stimmten, verabschiedete die Nationalkonferenz der Demokraten »eine Erklärung, in der mit großer Sympathie auf Israels jüngste Angriffe im Libanon reagiert und lediglich das Bedauern über ›Opfer auf beiden Seiten‹ artikuliert wurde«. Dagegen verurteilten die Außenminister der Europäischen Gemeinschaft »mit Nachdruck die neue israelische Invasion« als »flagrante Verletzung internationalen Rechts und elementarster humanitärer Grundsätze« und äußerten die Befürchtung, daß diese »nicht zu rechtfertigende Aktion« das Risiko eines umfassenderen Kriegs in sich berge.[66] Diese divergierenden Einschätzungen sind kein Einzelfall.

Die Titelseite der *New York Times* vom 27. Juli verdeutlicht *in nuce*, genauer: in drei nebeneinander plazierten Kolumnen, die »Sonderbeziehung« zwischen Israel und den USA. Die eine Kolumne enthält einen Bericht von William Farrell aus Beirut, der die grauenhaften Folgen der israelischen Bombardierung beschreibt; die zweite Kolumne stammt von Bernard Nossiter aus New York und beschäftigt sich mit dem Veto der USA gegen Maßnahmen der UNO zur Beendigung des Massakers, und die dritte Kolumne ist eine Reportage von Adam Clymer über die Nationalkonferenz der Demokraten mit ihrer Sympathieerklärung für Israel. Diese Dreifaltigkeit verrät viel über das israelisch-amerikanische Verhältnis, wie es auch symptomatisch ist, daß auf einen Kommentar verzichtet wurde.

Die amerikanischen Liberalen hatten zu Israel schon immer ein gutes Verhältnis, das nach dem Sieg im Sechstagekrieg von 1967 noch besser wurde. Auch als hohe israelische Militärs kurz darauf verdeutlichten, daß der Erfolg nicht unerwartet gekommen und die Bedrohung der Existenz des Landes ein »Bluff« gewesen war,[67] pflegte man in den USA weiterhin das Bild eines David, der gegen den mächtigen arabischen Goliath kämpft.[68] Unterdessen erklärte Ariel Scharon unverdrossen, Israel könnte von Khartum über Bagdad bis Algier alles innerhalb einer Woche erobern, falls es sich als notwendig erweisen sollte.[69]

Die Tatsache, daß Israel mit dieser Demonstration militärischer Stärke seine Anhängerschaft bei den US-Liberalen beträchtlich erweitern konnte, verdient einige Aufmerksamkeit. Sehr wahrscheinlich läßt sie sich auf die Schwierigkeiten zurückführen, denen sich Washington in Vietnam konfrontiert sah. Israels Sieg war Wasser auf die Mühlen der einheimischen Verfechter der Anwendung offener Gewalt in Indochina, zu denen, manchen Illusionen zum Trotz, auch die Liberalen gehörten, die 1967 noch überwiegend den Krieg gegen Vietnam befürworteten und erst später, und dann zumeist aus pragmatischen Gründen, nämlich wegen zu hoher Kosten, davon abrückten, während die Friedensbewegung aus prinzipiellen Erwägungen heraus dagegen ebenso opponierte wie gegen den Einmarsch von Truppen des Warschauer Pakts in die Tschechoslowakei 1968.

Und gerade diese prinzipielle Oppositon gegen den Krieg in Fernost bereitete den herrschenden Schichten in den USA Kopfzerbrechen. Man beschwor ein Feindbild, bestehend aus Vietcongs, fanatischen Maoisten, kubanischen Revolutionären, demonstrierenden Studenten, Black Panthers, arabischen Terroristen und anderen unheimlichen Kräften, die sich, vielleicht gar unter Anleitung der UdSSR, zusammengetan hatten, um an den Grundfesten der westlichen Welt zu rütteln. Da zeigte Israel doch sehr einleuchtend, wie man mit aufmüpfigen Drittweltländern verfährt, während es zugleich jenen, die allzu offener Bewunderung seiner militärischen Fähigkeiten abhold waren, die Gelegenheit gab, sich die Legende vom Kampf des israelischen David gegen den arabischen Goliath zu eigen zu machen.

Wie immer die Begründungen für die Unterstützung Israels im einzelnen gelautet haben mögen, so ist jedenfalls seit 1967 die Kritik an der israelischen Politik in den USA mit dem Hinweis auf »Antisemitismus« und »jüdischem Selbsthaß« zum Schweigen gebracht worden. Themen, die in Europa oder in Israel selbst ausführlich diskutiert wurden, wurden hierzulande von der Agenda gestrichen, während das Bild, das man sich von Israel, seinen Feinden und Opfern und von der Rolle der Vereinigten Staaten im Nahen Osten schuf, mit der Wirklichkeit nur noch sehr wenig zu tun hatte. Das änderte sich erst in den späten siebziger Jahren, als die Repressionspolitik in den besetzten Gebieten, auch wenn darüber nicht umfassend berichtet wurde, die Aufmerksamkeit zu erregen begann. Zudem stellte der Libanonkrieg von 1982 die pro-israelischen Propagandisten vor schwierige Aufgaben.

Zunächst aber konnte Israels neugewonnene Popularität auch recht erfolgreich gegen Oppositionelle wie die Neue Linke eingesetzt werden, die man der Unterstützung des arabischen Terrorismus bezichtigte, obwohl sie, wie aus Dokumenten einwandfrei hervorgeht, im allgemeinen die Positionen der israelischen Friedensbewegung teilte.[70]

Interessanterweise werfen die Unterstützer Israels jetzt, da die Politik gegenüber den Palästinensern sich nicht mehr so einfach verteidigen läßt, den Medien das vor, was sie zuerst der Neuen Linken unterstellten, nämlich eine aus unreflektierter Sympathie für die revolutionären Kämpfe in der Dritten Welt sich nährende Gegnerschaft zu Israel, die nicht zuletzt dem unheilvollen Einfluß der PLO geschuldet sei. Obwohl die Fakten eine ganz andere Sprache sprechen, kann der Versuch ihrer Manipulation und sein nicht unbeträchtlicher Erfolg bei der Vehinderung einer ausgewogeneren Berichterstattung den mit den Propagandasystemen des 20. Jahrhunderts Vertrauten nicht überraschen, leben wir doch im Zeitalter Orwells.

Man könnte auch eine psychologische Interpretation dieses Phänomens versuchen. Wer daran gewöhnt ist, die veröffentlichte Meinung mehr oder weniger vollständig zu beherrschen, mag glauben, daß die Welt zusammenbricht, wenn bisweilen eine abweichende Meinung laut wird und Berichte über israelische Bombardierungen von Krankenhäusern oder Mißhandlungen wehrloser Gefangener erscheinen. Wer so etwas nicht dulden kann, wird dann natürlich gleich die gesamte Presse des Sympathisantentums mit der PLO bezichtigen.

Das ist beileibe keine Übertreibung. Im März 1983 verschickten die Amerikanischen Professoren für Frieden im Nahen Osten – eine finanziell gut ausgestattete Organisation, die um den Frieden in Nahost auf eben die Weise besorgt ist wie die KPdSU um den Frieden in Afghanistan – an ihre fünfzehn regionalen Vorsitzenden und ihre vielen Vertreter an den US-Universitäten ein Rundschreiben, in dem sie vor einem »organisierten, zentral gesteuerten Informationsplan arabischerseits« warnen, dem die Unterstützer der »israelischen Position« nichts Vergleichbares entgegenzusetzen hätten. Sie beziehen sich dabei auf eine »Liste von Rednern, die durch den universitären Kreislauf geschleust werden ... um die arabische Sichtweise in einer Art darzustellen ... die mehr nach Propaganda riecht als nach Bildung ... Diese Redner sind, gestaffelt nach Häufigkeit und Nachdruck des Auftretens: Hatem Hussaini, Edward Said, Noam Chomsky, Fawaz Turki, Stokely Carmichael, James Zogby, Hassan Rahman, Chris Giannou, Israel Schahak und Gail Pressberg.« Wie allen Kennern der amerikanischen Szene bekannt ist, dominieren diese unheilvollen Personen die Nahost-Diskussion in den Vereinigten Staaten, während die »israelische Sichtweise« kaum jemals Gehör findet, obwohl es, wie das Rundschreiben anmerkt, »viele Redner« gibt, die sie vertreten könnten und würden, räumte man ihnen nur die Gelegenheit dazu ein. Das ist natürlich reine Paranoia angesichts des massiven pro-israelischen Propagandasystems in den Vereinigten Staaten, zu denen auch diese kleine Organisation von Professoren gehört, die möglicherweise, furchterfüllt wie sie sind, tatsächlich glauben, was sie da von sich geben. Jedenfalls scheinen sie nicht zu wissen, daß die Subjekte dieses »zentral gesteuerten Informationsplans« praktisch keinen Zugang zu den Massenmedien und führenden Zeitungen haben. Allerdings stimmt es, daß bis jetzt noch keine Möglichkeit gefunden wurde, sie daran zu hindern, Einladungen der einen oder anderen Universität zu folgen, was natürlich höchst bedenklich ist.[71]

Während die Libanon-Invasion ihren Fortgang nahm, wurde die Liste derjenigen, die willentlich Tatsachen verfälschten, um Israel in weniger günstigem Licht erscheinen zu lassen, immer länger. Zu den Kritikern gehörten die europäischen und große Teile der amerikanischen Medien, das Internationale Rote Kreuz und andere Hilfsorganisationen, amerikanische Diplomaten und viele andere. Ausnahmen bildeten nur Sprecher der israelischen Regierung und ausgewählte Amerikaner, die von Sonderbesuchen aus Israel zurückgekehrt waren. Für diese treuen Parteigänger sprach Eliahu Ben-Elissar, der Vorsitzende des Auslandskomitees der Knesset, dessen Rede vor dem Konvent der B'nai Brith großen Beifall erhielt, als er sagte: »Wir sind angegriffen, kritisiert, mit Dreck beworfen worden ... Ich möchte nicht die gesamte Welt beschuldigen, antisemitisch zu sein, aber wie sonst soll ich mir diesen gewaltsamen Ausbruch erklären?«[72] Ähnlich äußerte sich Verteidigungsminister Ariel Scharon: »Heute stehen wir auf dem Kampfplatz der gesamten Welt gegenüber. Das Volk Israel, ein kleines und isoliertes Volk, gegen die gesamte Welt.«[73] Schuld daran ist nicht der Libanonkrieg oder das Massaker von Beirut, sondern der Antisemitismus.

Wahr ist an all dem nur, daß Israel, im Einklang mit seiner Rolle als Empfänger amerikanischer Zuwendungen, lange Zeit von jeglicher Kritik seitens der Mainstream-Medien und der wissenschaftlichen Forschung verschont geblieben ist. Dafür spricht nicht nur die Tatsache, daß Israel ungestraft amerikanische Einrichtungen in Ägypten angreifen konnte (die »Affäre Lavon«), sondern auch, daß die vorsätzliche Beschießung des Kreuzers *U. S. Liberty* mit Raketen, Kanonen, Napalm, Torpedos und Maschinengewehren, bei dem 34 Besatzungsmitglieder starben und 75 verwundet wurden – »der blutigste Zwischenfall, den die US-Marine im 20. Jahrhundert zu Friedenszeiten erlebt hat« – in den USA verschwiegen oder falsch dargestellt wurde. Die terroristischen Anschläge in Ägypten bezeichnete der israelische Schriftsteller Amos Oz in der *New York Times* beschönigend als »gewisse abenteuerliche Operationen des israelischen Geheimdienstes« und widmete sich ansonsten dem »schönen Israel« der Zeit vor Begin.[74] Der Angriff auf die *U. S. Liberty* wurde nicht nur von der Presse, sondern auch von der Regierung und einer Untersuchungskommission der Marine heruntergespielt, obwohl hochrangige Militärs keinen Zweifel daran ließen, daß der offizielle Bericht der Reinwaschung der israelischen Streitkräfte diente. So meinte z. B. der ehemalige Vorsitzende der Vereinigten Stabschefs, Admiral Thomas H. Moorer, daß es sich keinesfalls, wie amtlicherseits behauptet, um ein Versehen habe handeln können.[75]

Wohl kaum ein anderer Staat könnte sich derlei erlauben, ohne daß es nicht wenigstens einen kritischen Kommentar geben würde. Doch dazu paßt, daß Israel den Bonus genießt, den sonst die Vereinigten Staaten für sich allein in Anspruch nehmen, nämlich »aus hochmoralischen Gründen« zu handeln (so die für israel-*kritisch* gehaltene *New York Times*), während seine Feinde dehumanisiert und verächtlich gemacht werden und man die Geschichte verfälscht, um das illusionäre Bild aufrechterhalten zu können.

II Verweigerung und Verständigung

1. Historisch-begriffliche Vorklärungen

Im folgenden will ich untersuchen, wie sich die Einstellung und die Politik der hauptsächlich am Nahostkonflikt Beteiligten seit 1967, als die Beziehung zwischen Israel und den Vereinigten Staaten ihre jetzige Gestalt gewann, entwickelt haben. Um diese Frage zu klären, will ich zunächst darlegen, was ich für die gültigen Ansprüche derer halte, die das ehemalige Palästina als ihre Heimat betrachten, und von diesen Annahmen als Diskussionsgrundlage ausgehen. Mein erster Grundsatz besagt, daß israelische Juden und palästinensische Araber gleiche Rechte, insbesondere im Hinblick auf das Territorium des ehemaligen Palästina, besitzen, wozu vor allem das Recht auf nationale Selbstbestimmung gehört. Ferner gehe ich davon aus, daß der Staat Israel innerhalb der Grenzen, wie sie vor dem Sechstagekrieg existierten, jene Rechte besaß und besitzt, wie sie einem jeden Staat innerhalb der internationalen Gemeinschaft zustehen. Man kann diese Grundsätze auf unterschiedliche Weise formulieren, doch wollen wir annehmen, daß sie in dieser Fassung klar genug sind, um zumindest als Ausgangspunkt dienen zu können.

Des weiteren geht es um die Verwendung der Begriffe »Verweigerung« (*rejectionism*) und »Verständigung« (*accomodation*). Der Begriff »Verweigerung« wird in den USA üblicherweise verwendet, um die Haltung jener zu kennzeichnen, die dem Staat Israel das Existenzrecht verweigern bzw. bestreiten, daß Juden im Hinblick auf das Territorium des ehemaligen Palästinas ein Recht auf nationale Selbstbestimmung haben. Diese Positionen sind nicht miteinander identisch, weil der Status der israelischen Araber sowie der außerhalb von Israel lebenden Juden geklärt werden müßte, aber diese Frage soll einstweilen beiseite gesetzt werden. Wenn wir die rassistische Einstellung, daß Juden bestimmte, ihnen wesensmäßig zukommende Rechte besitzen, die den Arabern abgesprochen werden können, verwerfen, ist es sinnvoll, den Begriff »Verweigerung« auch auf die Haltung jener Personen oder Gruppen auszudehnen, die den palästinensischen Arabern das Recht auf nationale Selbstbestimmung verweigern. (In diesem Zusammenhang sei darauf verwiesen, daß die palästinensischen Araber zur Zeit des Ersten Weltkriegs, als Großbritannien sich dafür einsetzte, daß »das jüdische Volk [in Palästina] eine nationale Heimstatt erhält«, neun Zehntel der damaligen Bevölkerung ausmachten.) Ich werde also den Begriff »Verweigerung« in dieser nicht-rassistischen Bedeutung verwenden, während ich unter »Verständigung« die Haltung verstehe, die die oben erwähnten Grundsätze akzeptiert. Beide Haltungen, die der Verweigerung und die der Verständigung, können je nach Auslegung dessen, was nationale Rechte sind oder wie die Grenzen verlaufen, variieren.

Die Doktrin der selbsternannten »Unterstützer Israels«, die in den USA weitgehend die öffentliche Meinung beherrscht hat, geht davon aus, daß die PLO und die arabischen Staaten (mit Ausnahme von Ägypten, dies allerdings erst seit 1977) an ihrer Verweigerungshaltung festhalten, während die USA und Israel eine friedliche Lösung anstrebten, die die Rechte aller Beteiligten berücksichtigen würde. Eine neuere Version besagt, daß das »schöne Israel« der früheren Jahre, das dabei war, den Traum eines demokratischen Sozialismus zu verwirklichen und »allen Nationen voranzuleuchten«, von Begin und seinen Kohorten verraten worden sei. Schuld daran seien die Araber, die sich weigerten, Israels Existenzrecht anzuerkennen, und die PLO – eine Ansammlung von Schurken und Gangstern –, die nach wie vor Israel zerstören wolle und alle »gemäßigten« Kräfte in den besetzten Gebieten einschüchtere.[76] Wie fast alle

Propagandasysteme, enthält auch dieses einige wahre Elemente, doch sieht die Wirklichkeit, die aus den historischen Dokumenten spricht, ganz anders aus.

2. Der internationale Konsens

Seit 1967 hat ein umfassender internationaler Konsens Gestalt angenommen, an dessen Bildung Europa, die UdSSR und die meisten blockfreien Länder beteiligt waren. Dieser Konsens zielte anfänglich auf eine politische Regelung innerhalb der Grenzen von vor 1967, die Sicherheitsgarantien, anerkannte Grenzen und andere friedens- und stabilitätssichernde Maßnahme vorsah. Ziel war die allmähliche Integration Israels in die Region, ohne daß es den Charakter einer westlich orientierten Gesellschaft verlieren sollte. Auf diese Weise jedenfalls wurde das grundlegende internationale Dokument, die Resolution 242 des UN-Sicherheitsrats, von den meisten Staaten verstanden, auch wenn der tatsächliche Wortlaut eher vage gehalten worden war, um die Details der konkreten Umsetzung zu überlassen. Jon Kimche merkt kritisch an: »Alle beriefen sich darauf und keiner glaubte daran, weil weder die Araber, noch die Israelis, weder die Russen, noch die Amerikaner sich auf eine gemeinsame Interpretation einigen konnten.«[77] Das ist nicht ganz richtig, weil in grundlegenden Fragen wie den oben skizzierten, durchaus Einigkeit bestand.[78] So vertraten z. B. die USA ganz offiziell die Auffassung, daß nur »geringfügige Änderungen« der Grenzen von vor 1967 erlaubt sein dürften.[79]

Übrigens war dieser Konsens insofern Ausdruck einer Verweigerungshaltung, als er den palästinensischen Arabern das Recht auf nationale Selbstbestimmung verwehrte und sich auf sie nur im Rahmen des Flüchtlingsproblems bezog. Aus diesem Grund hatte die PLO es abgelehnt, die Resolution zu akzeptieren. Das mag ein taktischer Fehler gewesen sein, aber das Motiv ist verständlich. Man hätte auch von der Zionistischen Weltorganisation 1947 nicht erwartet, daß sie eine UN-Resolution akzeptierte, in der von den jüdischen Interessen in Palästina nur im Rahmen eines Flüchtlingsproblems die Rede gewesen wäre, nicht aber vom Recht auf nationale Selbstbestimmung.

Aufgrund dieser Haltung der PLO und ihrer Weigerung, das Existenzrecht Israels anzuerkennen, haben die USA es abgelehnt, direkte Kontakte mit der Organisation aufzunehmen. Maßgebend dafür war ein Abkommen (*Memorandum of Agreement*), das Außenminister Henry Kissinger im September 1975 mit Israel geschlossen hatte. Diese Politik wirft zwei Fragen auf. Die erste betrifft den zweifelhaften Status dieses Abkommens. Vor dem Senatskomitee für Auslandsbeziehungen präzisierte Kissinger, daß es keine »bindenden Verpflichtungen« seitens der Vereinigten Staaten enthalte, und er warnte davor, solche Verpflichtungen zu schaffen. Darüber hinaus distanzierte sich der Kongreß von diesem »und ähnlichen Abkommen«.[80] Zum zweiten muß man, wie immer man die Haltung der PLO zur Resolution 242 bewertet, einräumen, daß sie sich in der Frage einer friedlichen Regelung weitaus entgegenkommender zeigte als Israel oder die USA. Allerdings sieht Washington in der Weigerung Israels, die PLO oder das Recht der Palästinenser auf nationale Selbstbestimmung anzuerkennen, keinen Grund, Kontakte mit Israel abzulehnen. Die Argumente Washingtons gegen direkte Kontakte mit der PLO sind also nicht gültig bzw. Ausdruck einer Verweigerungshaltung.

Seit Mitte der siebziger Jahre hat sich der internationale Konsens in einer bedeutsamen Hinsicht verändert: Nunmehr wird den Palästinensern das Recht auf nationale Selbstbestimmung zugesprochen, und das Staatsgebiet soll das Westjordanland und den Gazastreifen umfassen, wobei kleinere Grenzkorrekturen möglich sind. Damit ist die internationale Gemeinschaft von der Verweigerung zur Verständigung im oben genannten Sinn übergegangen. Ob diese, wie sie fortan heißt, »Zwei-Staaten-Regelung« den höheren Anforderungen einer abstrakten

Gerechtigkeit genügt, ist dabei kaum erörtert worden; es war eine politisch realistische Lösung, die den Bewohnern des ehemaligen Palästina und darüber hinaus der gesamten Region die Chance verschaffen sollte, Frieden und Sicherheit herzustellen und dabei die gültigen Ansprüche der beiden hauptsächlichen Konfliktparteien soweit wie möglich zu berücksichtigen. Zugleich wurde eine weitere friedliche Entwicklung zu einer Konföderation oder anderen Formen des politischen Zusammenlebens nicht ausgeschlossen.

Dieser internationale Konsens ist außerhalb der USA ebenso bekannt wie es die Kräfte sind, die sich seiner Verwirklichung entgegenstellen. Aber auch hierzulande gibt es Kommentatoren und Beobachter, die sich den Blick für die Realitäten bewahrt haben. So verweist Seth Tillman in seiner Untersuchung über die amerikanische Nahostpolitik auf »die Entstehung eines *Konsenses* zwischen gemäßigten Kräften in der arabischen Welt, den Vereinigten Staaten und Europa – der auch in Israel von Minderheiten unterstützt wird – über die annäherungsweisen Bestimmungen für eine lebensfähige und ausgewogene umfassende Regelung im Nahen Osten«, die den oben skizzierten Umrissen folgt. »Die wesentlichen Züge dieses Konsenses sind bekannt und liegen in den meisten Fällen auf der Linie der *offiziellen* Politik der Vereinigten Staaten«, wie sie seit 1967 gilt. »Außerhalb von Israel, den Vereinigten Staaten, einigen arabischen Staaten und bestimmten Gruppen innerhalb der PLO herrscht weltweite Einmütigkeit darüber, daß eine solche Regelung unterstützt werden sollte.«⁸¹ Einfacher formuliert: Die »lebensfähige und ausgewogene Regelung« ist durch die von Israel und den USA eingenommene Verweigerungshaltung blockiert worden.

Ich werde davon ausgehen, daß der eben skizzierte internationale Konsens im wesentlichen vernünftig ist und auf dieser Grundlage drei Positionen näher untersuchen: den Konsens selbst sowie die beiden Arten von Verweigerungshaltung. Damit will ich nicht sagen, daß dies die einzig denkbaren Lösungen sind; ich halte sie noch nicht einmal für optimal. Darüber hinaus gab es zwischen dem Sechstagekrieg von 1967 und dem Jom-Kippur-Krieg von 1973 realistische Alternativen, die für alle Beteiligten sehr viel besser gewesen wären. Sie wurden jedoch verworfen, und nach 1973 verengten sich die kurzfristigen Möglichkeiten, sofern sie auf Verständigung ausgerichtet waren, auf die oben skizzierten.[82]

Vielleicht sollte ich mich noch genauer ausdrücken und sagen, daß der internationale Konsens während des von mir hier untersuchten Zeitraums vernünftig *gewesen ist*, die von Israel und den USA betriebene Verweigerungshaltung jedoch eine friedliche Regelung unmöglich macht, weil die von Washington finanzierte Besiedlung der besetzten Gebiete »Tatsachen geschaffen« hat, die wohl nur durch einen Krieg wieder rückgängig gemacht werden könnten. Wenn die amerikanische Politik bei dieser Haltung bleibt, statt den Kurs zu ändern, dürfte es für die an Frieden und Gerechtigkeit Interessierten bald nicht mehr darum gehen, auf den internationalen Konsens zu verweisen, sondern den nächsten Schritt zu verhindern: die Vertreibung großer Teile der arabischen Bevölkerung unter irgendeinem Vorwand und die Verwandlung Israels in eine Gesellschaft gemäß dem südafrikanischen Modell, umgeben von palästinensischen Bantustans.

Nachdem die historisch-begrifflichen Voraussetzungen geklärt sind, wende ich mich im folgenden der Politik der hauptsächlichen Akteure im Nahen Osten zu und untersuche nacheinander die USA, Israel, die Palästinenser in den besetzten Gebieten sowie die arabischen Staaten und die PLO. Dabei verweise ich immer wieder auf die Interpretation, die diese geschichtlichen Abläufe in den USA erfahren haben, um zu klären, wie sich die ideologische Unterstützung für Israel auf die damalige, die jetzige und die zukünftige Politik auswirken konnte und kann.

3. Die USA

Die amerikanische Politik war, soweit es den hier erörterten Zeitraum betrifft, in einem inneren Konflikt begriffen. Der vom damaligen Außenminister William Rogers im Dezember 1967 lancierte und nach ihm benannte Plan folgte im wesentlichen dem internationalen Konsens, wie er sich in der UN-Resolution 242 niedergeschlagen hatte. Henry Kissinger dagegen nahm eine Verweigerungshaltung ein und vertrat die Ansicht, ein »Groß-Israel« sollte nicht die Verständigung suchen, sondern die Kontrolle über die besetzten Gebiete behalten. Diese Position wurde niemals explizit formuliert, jedenfalls nicht in öffentlich zugänglichen Dokumenten, aber die von ihm betriebene Politik folgte dieser Idee, was sich sogar aus der verschwiemelten Rhetorik seiner Memoiren herauslesen läßt. Kissinger bestimmte die Nahostpolitik der USA seit 1970 und damit wurde die Verweigerungshaltung, ungeachtet einiger Modifikationen nach 1973, zur üblichen Praxis. Die Nachwirkungen dieses Konflikts zwischen Konsens und Verweigerung sind heute noch spürbar.

Obwohl die Konsenslösung von einem Großteil der amerikanischen Konzernwelt, vor allem natürlich von Unternehmen, die ihre Geschäfte im Nahen Osten tätigten, befürwortet wurde, trug die Position, die Israel zum »strategischen Aktivposten« erklärte, den Sieg davon. Dennoch wird weiter darüber debattiert, ob den fundamentalen US-Interessen in der Region besser durch die Verweigerungshaltung oder durch die Anerkennung des internationalen Konsenses gedient ist. Die Befürworter dieser Strategie argumentieren, daß radikal-nationalistische Tendenzen in der palästinensischen Bevölkerung durch die Errichtung eines Kleinstaats entschärft werden könnten, der durch ein (vielleicht stillschweigendes) Militärbündnis zwischen Jordanien und Israel in Schach gehalten und von den konservativsten, pro-amerikanischen Mächten der arabischen Welt materiell unterstützt wird. Gerade die Ölmonarchien am Golf drängen seit Jahren auf eine solche Lösung.

Eine Reihe prominenter, vor allem linksliberaler, Unterstützer Israels hat die Konsensorientierung der Ölkonzerne als Grund für ihre Verweigerungshaltung angegeben.[83] Das ist ebenso sinnvoll wie die Ansicht mancher kalten Krieger, daß wir Abrüstungsabkommen, die von der Sowjetunion befürwortet werden, ablehnen sollten. Auch die Befürchtung der Linksliberalen, Israel werde »für Öl« verkauft, steht mit den Tatsachen nicht in Einklang. Angesichts der massiven Belieferung Israels mit Waffen usw. dürften eher die Palästinenser »verkauft« worden sein. Im übrigen sind sich die politisch-intellektuellen Führungsschichten darin einig, daß das hauptsächliche Ziel der USA im Nahen Osten die Aufrechterhaltung der Kontrolle über die Ölreserven ist. Differenzen gibt es nur hinsichtlich der dabei zu verfolgenden Taktik.

Die US-Politik ist also in ihrer Praxis von der Verweigerungshaltung bestimmt, wobei interne Konflikte weiterhin ausgetragen werden, jedoch kein Echo in der weitgehend von pro-israelischen Einstellungen dominierten Öffentlichkeit finden.

4. Israel

In Israel ist die politische Debatte sehr viel enger fokussiert. Dort beherrschen zwei politische Gruppierungen das Feld: zum einen die von der Arbeiterpartei angeführte Koalition (*Ma'arach*), zum anderen der von Menachem Begins Herut-Partei dominierte Likudblock. Die Arbeiterpartei hat mit wechselnden Koalitionen bis 1977 regiert, danach bestimmte der Likudblock die politischen Geschicke des Landes.

Im Gegensatz zu manchen in den USA verbreiteten Illusionen unterscheiden sich diese beiden Lager in ihrer Haltung zu den besetzten Gebieten keineswegs grundsätzlich. Beide stimmen darin überein, daß Israel diese Gebiete kontrollieren und den Palästinensern westlich des Jordans keine nationalen

Rechte einräumen sollte (allerdings gibt es in der Ma'arach eine Anzahl von Dissidenten). Zudem haben sich beide auch noch in anderer Hinsicht von den oben skizzierten Voraussetzungen für eine Konsenslösung abgekoppelt: Israelische Gerichte haben entschieden, daß der Staat Israel nicht der Staat seiner Bürger ist, sondern »der souveräne Staat des jüdischen Volks« zu dem »nicht nur die in Israel ansässigen, sondern auch die in der Diaspora lebenden Juden gehören«. In diesem Sinne gibt es also »keine Differenz zwischen Volk und Nation«.[84] Die Tatsache, daß etwa ein Sechstel der israelischen Staatsbürger keine Juden sind, lasse ich hier unberücksichtigt.

Als Grund für die Verweigerungshaltung führen beide politischen Lager das israelische Sicherheitsbedürfnis an, doch ist das nicht sehr aussagekräftig, weil jeder Staat seine Politik mit diesem Bedürfnis rechtfertigt. Zweifellos hat Israel gravierende Sicherheitsprobleme, die in den USA sogar als vordringlichster Gesichtspunkt gelten. Doch schlägt sich in dieser Bewertung erneut der Rassismus der amerikanischen Perspektive nieder, weil verschwiegen wird, daß die palästinensische Bevölkerung ebenfalls ein gravierendes »Sicherheitsproblem« hat und bereits unter eben der Katastrophe leidet, die die Israelis mit Recht fürchten. Auch die anderen gegen einen Palästinenserstaat ins Feld geführten Argumente sind von profunder Einseitigkeit. So heißt es, daß die Araber über 22 Staaten verfügten, ein weiterer also überflüssig wäre, während die europäischen Juden 1948 in einer völlig anderen Lage gewesen seien. Dem hätte ein fanatischer Antisemit 1947 entgegenhalten können, daß es doch viele europäische Staaten gebe, in denen Palästinenser mosaischen Glaubens, wenn sie mit ihrem Minderheitenstatus in der arabischen Region unzufrieden seien, sich niederlassen könnten. Ein weiteres Argument lautet, daß es in Jordanien und sogar in der dortigen Regierung zahlreiche Palästinenser gibt, somit Jordanien der für sie geeignete Staat wäre. Mit dieser Logik könnte man auch dafür eintreten, israelische Juden in New York anzusiedeln. Oder es wird eingewandt, daß die arabischen Staaten die nationalen Bestrebungen der Palästinenser nicht unterstützt haben – wo doch der Prozeß der europäischen Staatenbildung so unblutig und friedlich verlief.

Wenn wir diese rassistisch getönten Argumente beiseitelassen, bleiben zwei hauptsächliche Sicherheitsprobleme, für die der internationale Konsens eine zufriedenstellende, wenngleich noch unvollkommene, Lösung bietet. Sollte er, was unwahrscheinlich ist, verwirklicht werden, bleibt ein Problem übrig: das der Sicherheit für den palästinensischen Staat, der eine der größten Militärmächte der Welt zum Nachbarn hätte und dessen Überleben von den konservativsten Elementen in der arabischen Welt abhinge. Dagegen wären die Sicherheitsprobleme des israelischen Staats kaum noch vergleichbar mit denen, die er sich selbst durch seinen Expansionismus und seine Politik der Konfrontation geschaffen hat.

Zwar dürfen Israels jetzige Sicherheitsbedürfnisse nicht auf die leichte Schulter genommen werden, doch reichen sie als Begründung für die Verweigerungshaltung auch dann nicht aus, wenn unterstellt wird, daß die Sicherheit der Palästinenser ohne Bedeutung ist. Tatsächlich gibt es andere, zwingendere Motive. Die besetzten Gebiete bilden für Israel ein großes Reservoir an unorganisierten Arbeitskräften, vergleichbar den »Gastarbeitern« in Europa oder den Arbeitsmigranten in den USA. Diese Arbeitkräfte sind mittlerweile für die israelische Wirtschaft unentbehrlich, weil sie für geringe Entlohnung und praktisch ohne Rechte niedrige Tätigkeiten verrichten. (Nebenbei sei bemerkt, daß auch arabische Kinder zur Arbeit herangezogen wurden, was in Israel immerhin Aufsehen erregte, hier jedoch völlig unbemerkt blieb.) Die Proletarisierung der arabischen Arbeitskräfte in den besetzten Gebieten, die z. T. aus der Verringerung landwirtschaftlicher Nutzflächen resultiert, spiegelt vergleichbare Entwicklungen in Israel selbst. Schai Feldman vom Zentrum für Strategische Studien an der Universität Tel Aviv bemerkt zutreffend: »Gegenwärtig können wichtige Sektoren der israelischen Wirtschaft« – u. a. Tourismus, Bauvorhaben und in einem gewissen Ausmaß auch Landwirtschaft – »nicht ohne Arbeitskräfte aus dem Westjordanland und dem Gazastreifen funktionieren.«[85]

Zudem sind die besetzten Gebiete ein kontrollierter Markt für israelische Waren, wobei sich die Exportverkäufe, so die Militärverwaltung, auf etwa 600 Millionen Dollar pro Jahr belaufen. Gezahlt wird mit harter Währung, weil aus den besetzten Gebieten für 100 Millionen Dollar pro Jahr landwirtschaftliche Produkte nach Jordanien und den Golfstaaten ausgeführt werden, die ihrerseits mit harter Währung begleichen. Ferner realisiert Israel an die 500 Millionen Dollar aus dem Westbank-Tourismus, so daß ein Rückzug aus den besetzten Gebieten zu einem Verlust von gut einer Milliarde Dollar führen würde. Insofern, folgert Thomas Stauffer vom Zentrum für Nahoststudien an der Harvard-Universität, ist das Interesse Israels an diesen Gebieten erheblich höher als an der Sinai-Halbinsel, die nach der Rückgabe der Ölfelder kaum noch ökonomischen Wert besaß.[86] Ferner hatte sich mit dem Sinai-Abkommen der mächtigste arabische Staat aus dem Konflikt zurückgezogen und stellte keine militärische Bedrohung mehr dar, so daß Israel seine Siedlungspolitik betreiben konnte, ohne Störungen von ägyptischer Seite befürchten zu müssen. Der Rückzug vom Sinai ist also kein Präzendenzfall für das Westjordanland, den Gazastreifen und die Golanhöhen, die in der Diskussion über eine politische Regelung so gut wie keine Rolle mehr spielen.

Darüber hinaus hängt Israel jetzt in beträchtlichem Maß von den Wasservorräten des Westjordanlands ab, und Wasser ist in dieser Region wertvoller und wichtiger als Öl. Die eigenen Ressourcen sind maximal ausgeschöpft, und man schätzt, daß etwa ein Drittel des israelischen Wassers aus dem Westjordanland bezogen wird.[87] Ein israelischer Experte schreibt, daß die »Abtrennung von Judäa und Samaria [d. h. des Westjordanlands] von den übrigen Landesteilen« die Wasserversorgung vor ernste Probleme stellen wird. »Die Lösung muß darin bestehen, daß man Wasser aus externen, noch nicht genutzten

Ressourcen importiert und darüber hinaus Meerwasser in großem Umfang entsalzt« (was sich bis jetzt noch nicht als machbar erwiesen hat). Die einzige noch ungenutzte Wasserquelle in der Nähe ist der Litani im südlichen Libanon, den Israel schon lange im Auge hat, und den es möglicherweise bald unter seine Kontrolle bringt, wenn die USA die politischen Machinationen in dem Gebiet unterstützen.[88]

Eine Folge des Libanonkriegs war, daß Israels staatliche Wassergesellschaft die »vollständige Kontrolle der wenigen und umstrittenen Wasservorräte im Westjordanland« übernahm – ein wichtiger Schritt auf dem Weg zur weiteren Integration der besetzten Gebiete. Zvi Barel hält diese Entscheidung für unvereinbar mit dem Abkommen von Camp David, das die Kontrolle über Wasservorräte den Autonomiebestimmungen unterstellte. Die Entscheidung verdanke sich politischen, nicht, wie behauptet wurde, technischen Erwägungen.[89] Vielleicht war es eine Trotzreaktion auf den Israel nicht genehmen amerikanischen »Friedensplan« vom 1. September 1982, der Israel übrigens bezüglich des Wassers »faire Sicherheitsklauseln« einräumte.[90]

In der Vergangenheit hat es immer wieder Konflikte über die Nutzung der Wasser des Jordans und seiner Nebenflüsse gegeben, und daran dürfte sich auch in Zukunft nichts ändern. Insbesondere betrifft das den Jarmuk, von dem die israelische Presse berichtete, daß jordanische Projekte den Flußpegel erheblich absenken und damit den Zustrom von Wasser in den von Israel genutzten Jordan verringern werden. Es ist sehr die Frage, ob Israel die Verwirklichung solcher Pläne zuläßt.

Arbeiterpartei und Likud sind sich in ihrer Verweigerungshaltung einig, nicht aber hinsichtlich der Frage, wie mit den besetzten Gebieten verfahren werden soll. Die Arbeiterpartei verfolgte den Allon-Plan (benannt nach dem damaligen Außenminister Jigal Allon), der eine israelische Kontrolle über folgende Gebiete vorsah: die Golanhöhen, den Gazastreifen, Teile des östlichen Sinai und größere Abschnitte des Westjordanlandes inklusive des Jordantals, ein beträchtlich ausgeweitetes Gebiet um Jerusalem (das arabische Ost-Jerusalem war von der regierenden Arbeiterpartei gegen fast einmütige internationale Proteste auch der USA direkt annektiert worden) sowie verschiedene Korridore, die sich durch das Westjordanland ziehen würden. Der israelische Journalist Amnon Kapeliuk schreibt über den (1970 entworfenen) Allon-Plan, er habe die Annektierung etwa eines Drittels des Westjordanlands vorgesehen, wobei jedoch die dicht besiedelten Gebiete ausgenommen sein sollten. Deren Bevölkerung würde unter jordanischer Kontrolle oder staatenlos bleiben, damit das »demographische Problem« – zu viele Araber im jüdischen Staat – nicht virulent wird. Der Allon-Plan ist im großen und ganzen für die Arbeiterpartei maßgebend geblieben. Jitzhak Rabin sagte im Januar 1983 in einem Interview mit der Zeitschrift der Trilateralen Kommission: »Wenn ich für mich spreche, kann ich sagen, daß wir jetzt bereit sind, ungefähr 65 Prozent des Westjordanlands und des Gazastreifens, wo jetzt mehr als 80 Prozent der Bevölkerung leben, zurückzugeben.«[91] Diese Formulierung ist weniger extrem als die meisten anderen.

Der Allon-Plan sollte es Israel ermöglichen, die Vorteile der Besetzung zu genießen, ohne sich mit der einheimischen Bevölkerung abplagen zu müssen, die, solange sie eine Minderheit blieb, kein Problem darstellen würde. Dagegen dürfte eine tatsächliche Annektierung »das Wesen des jüdischen Staats verändern, der sich dann um eine zahlenmäßig umfangreiche, untergeordnete und eben deshalb ressentimentgeladene arabische Bevölkerung kümmern müßte«, schreibt der Arabienkenner Anthony Lewis.[92] Gegenwärtig beträgt der Anteil der Araber an der israelischen Bevölkerung etwa fünfzehn Prozent.

Dagegen möchte Begins Likudblock die israelische Souveränität in den besetzten Gebieten ausweiten und hat die Golanhöhen praktisch annektiert, war dagegen, im Rahmen des Camp-David-Abkommens, bereit, die Sinai-Halbinsel vollständig an Ägypten zurückzugeben – was zu wütenden Protesten aus der Arbeiterpartei führte.⁹³ Den Gazastreifen will man offensichtlich behalten, jedoch das Westjordanland nicht, wie oft behauptet, annektieren, sondern, wie gesagt, die israelische Souveränität ausweiten, wodurch die arabische Bevölkerung in immer engere Ghettos gezwängt wird und man sich nicht das Problem arabischer Staatsbürger aufbürdet.

Die palästinensische Bevölkerung soll jedoch, wie es den Anschein hat, auf irgendeine Weise vermindert werden. Angeblich hegt Verteidigungsminister Ariel Scharon die Hoffnung, »alle Palästinenser aus dem Westjordanland und dem Gazastreifen evakuieren und nach Jordanien treiben zu können«.⁹⁴ Das wäre allerdings eine Extremposition, auch wenn schon der liberale wie der sozialistische Zionismus die Lösung des Problems in der Entfernung der Palästinenser erblickten.

Ihrem Wesen nach unterscheiden sich die Programme von Arbeiterpartei und Likud also nicht, wohl aber dem Stil nach. Die Arbeiterpartei vertritt die Interessen der europäisch orientierten Bildungsschichten – Manager, Bürokraten, Intellektuelle usw. Ihre Praxis war es, »Tatsachen zu schaffen«, aber zumindest öffentlich eine Rhetorik der Versöhnung zu pflegen, ohne die wahre Meinung – »was die Gojim sagen, ist egal, es kommt drauf an, was die Juden tun« (Ben-Gurion) oder »Israels Grenzen sind dort, wo Juden leben, nicht, wo auf der Landkarte eine Linie gezogen ist« (Golda Meir)⁹⁵ – kundzutun. Auf diese Weise konnte man sich die Unterstützung des Westens sichern.

Im Gegensatz dazu rekrutieren sich Anhänger- und Wählerschaft des Likudblocks aus den unteren und mittleren Schichten, der Arbeiterklasse, den sephardischen Juden und religiös-chauvinistischen Teilen der Bevölkerung, von denen viele aus den USA und der Sowjetunion eingewandert sind. Ferner zählen Industrielle und Freiberufler zu den Unterstützern. Die politische Führung ist im Umgang mit dem Westen sehr viel offener bis hin zu flagranter Unhöflichkeit. Als Präsident Reagan im September 1982 einen Siedlungsstopp anmahnte, verkündete die Likudführung sofort Pläne für zehn neue Siedlungen, und Begin schickte dem »lieben Ron« einen Brief, in dem er ihn über »einfache geschichtliche Wahrheiten« belehrte.[96] Unter vergleichbaren Umständen hätte die Arbeiterpartei bestehende Siedlungen »verdichtet« und neue militärische Außenposten errichtet, die dann allmählich in Siedlungen umgewandelt worden wären.

Dieser Unterschied im Stil zeigte sich auch in der Reaktion der Arbeiterpartei auf das Ansinnen von Reagan. Seine Vorschläge waren zwar vage, konnten jedoch als mit den Ideen der Arbeiterpartei zumindest teilweise vereinbar angesehen werden. Zudem wollte man durch staatsmännisches Auftreten die Likud-Regierung düpieren und die schlechten Wahlergebnisse vergessen machen. Also sprach man von »territorialen Kompromissen« oder »Land für Frieden«, was in amerikanischen Ohren gut klingt, auch wenn es de facto auf etwas Ähnliches hinausläuft wie die von Likud angestrebte »Souveränität«. Im übrigen hat es bereits im Mandatsgebiet Palästina zwei territoriale Kompromisse gegeben: die Resolution der UN-Generalversammlung von 1947, die die Teilung Palästinas in zwei Staaten vorsah, und das Waffenstillstandsabkommen von 1949, das den palästinensischen Staat in zwei Hälften teilte, deren eine von Israel, die andere von Jordanien annektiert wurde. Ein weiterer »Kompromiß«, vielleicht nach einer Version des Allon-Plans, wäre für die palästinensische Selbstbestimmung das Ende.

Die beiden politischen Lager in Israel waren und sind, was die nationalen Rechte der Palästinenser betrifft, jener Verweigerungshaltung verpflichtet, der bereits der langjährige Führer der Arbeiterpartei, David Ben-Gurion, Ausdruck verlieh, als er konstatierte, daß der palästinensische Araber keine »emotionale Bindung« an sein Land kenne:

»Warum sollte er? Er fühlt sich in Jordanien so wohl wie im Libanon und an vielen anderen Orten. Sie bedeuten ihm genau so viel wie Palästina. Und genau so wenig.«[97]

Und er konnte sich, wie Simcha Flapan bemerkt, auf Ezer Weizmann berufen, als er bereits 1936 ausführte: »Es gibt keinen Konflikt zwischen dem jüdischen und dem palästinensischen Nationalismus, weil die jüdische Nation nicht in Palästina liegt und die Palästinenser keine Nation bilden.«[98] In diesem Sinne äußerte sich auch Mosche Dajan, als er die politischen Leitlinien der Arbeiterpartei formulierte. Die Sache der Palästinenser (die zu verstehen und zu billigen er beanspruchte) sei, lautete seine Auffassung, »hoffnungslos«. Sie sollten sich »in einem der arabischen Länder« ansiedeln. »Ich glaube nicht, daß ein Palästinenser Schwierigkeiten hat, Jordanien, Syrien oder den Irak als seine Heimat zu betrachten.«[99] Und Golda Meir, Premierministerin und in den USA als eine der großen humanitären Persönlichkeiten der Arbeiterpartei bewundert, meinte sogar:

»Es war ja nicht so, daß es hier in Palästina ein Volk gegeben hätte, das sich als palästinensisches Volk betrachtete und das wir dann, als wir uns hier niederließen, vertrieben hätten. Als Volk existierten die Palästinenser gar nicht.«[100]

In anderem Zusammenhang spricht sie vom Palästinenserproblem als einer »Erfindung geistig verwirrter Juden«.[101]

In Übereinstimmung mit diesen Ansichten entschied ein israelisches Gericht 1969, daß die Palästinenser »im Konflikt zwischen Israel und den arabischen Staaten keine eigenständige Partei sind«. Dementsprechend versicherte der damalige Außenminister Abba Eban von der Arbeiterpartei, daß die Palästinenser bei einer Friedensregelung »keine Rolle zu spielen haben«.[102] Größeren Widerstand gegen diese Position hat es, soweit bekannt, in seiner Partei nicht gegeben, weder damals noch später. Simcha Flapan bemerkt dazu: »Die Palästinenser wurden niemals, weder vor noch nach der Gründung des Staates Israel, als integraler Bestandteil des Landes betrachtet und in die langfristigen Planungen einbezogen.« In dieser Nichtbeachtung schlug sich der »weitreichende Einfluß ... von

Weizmanns Erbe« nieder.[103] Das ist, wenn man die Hauptströmungen der zionistischen Bewegung betrachtet, eine durchaus realistische Einschätzung.

Arbeiterpartei und Likud vertreten, auch wenn man das in den USA durchaus nicht so sieht, die Position, daß Jordanien ein palästinensischer Staat ist und Israel keinen dritten Staat zwischen sich und Jordanien akzeptiert. Die Arbeiterpartei spricht offiziell vom »jordanisch-palästinensischen arabischen Staat,[104] während beim Likudblock vom »Palästinenserstaat« die Rede ist. In Israel selbst vertritt nur die Friedensbewegung, eine kleine, aber wichtige Minderheit, den internationalen Konsens.

Die Tatsache, daß sich die beiden hauptsächlichen politischen Lager in Israel bezüglich der Verweigerungshaltung weitgehend einig sind, wird in den USA auf zweierlei Weise kaschiert. Zum einem bezieht man, wie erwähnt, den Terminus »Verweigerung« nur auf die Rechte der jüdischen Bevölkerung. Zum anderen weist man durchaus richtig darauf hin, daß Israel immer mit den arabischen *Staaten* verhandeln wollte, ohne daß diese einen entsprechenden Willen bekundet hätten. Aber natürlich ist auch das Ausdruck einer Verweigerungshaltung, weil die Palästinenser von etwaigen Friedensverhandlungen ausgeschlossen bleiben. Gerade diese grundlegende Tatsache wird in der amerikanischen Diskussion verschwiegen, so daß Begriffe wie »territorialer Kompromiß« oder »Regelung durch Verhandlungen« zu Tarnkleidern für den Verweigerungsdiskurs werden konnten.

Haben wir diese einfachen Tricks erst einmal verstanden, können wir die Propaganda der amerikanischen Israel-Unterstützer angemessen interpretieren. So kann z. B. Arnold Forster, Generalbevollmächtigter der Anti-Defamation League von B'nai Brith, die Regierungspolitik der USA verurteilen, weil sie, wie er meint, darauf besteht, daß ein Friedensabkommen zwischen Israel und Libanon Bestandteil einer umfassenderen Regelung sein muß:

»Absurderweise spielt man den Israelis den Schwarzen Peter ganz einfach deshalb zu, weil sie vom Libanon die Öffnung der Grenzen, bilateralen Tourismus, Handelsbeziehungen, Verhandlungen in den jeweiligen Hauptstädten sowie regelmäßige politische Kontakte – also das, was zu einer gesunden und friedlichen Beziehung zwischen Staaten gehört. Unsere Regierung meint jedoch, daß ein solcher Frieden, der nur zwischen Israel und dem Libanon erzielt wird, den jüdischen Staat davon entlastet, das Palästinenserproblem im Westjordanland gemäß den Vorstellungen von Präsident Reagans dahinwelkendem Friedensplan zu lösen. Außenminister Shultz verfolgt also die schlaue Taktik, Israel den sehnlichst erhofften Frieden mit dem Libanon zu verweigern, solange es sich nicht zugleich aus dem Westjordanland zurückzieht.«[105]

Lassen wir die dieser Argumentation zugrundeliegende Annahme, Palästinenser hätten nicht die gleichen Rechte wie Juden, einmal beiseite, sehen wir sofort, daß die israelischen Vorschläge darauf hinauslaufen, Israels Ausweitung der Souveränität über die besetzten Gebiete entscheidend voranzubringen. Foster propagiert nichts Geringeres als ein »Groß-Israel« und die Verweigerung grundlegender Menschenrechte für die arabischen Palästinenser. Zudem würde die »gesunde, friedliche Beziehung«, die Israel dem Libanon gewaltsam aufzuzwingen sucht, das Land, zumindest aber seinen südlichen Teil, israelischen Interessen unterwerfen, nämlich einen Markt für israelische Waren und eine Quelle für billige Arbeitskräfte und Wasservorräte schaffen. Diese Bestrebungen sind angesichts der wirtschaftlichen und militärischen Machtverhältnisse nicht von der Hand zu weisen und wurden bereits in Gang gesetzt, als Foster seine Apologie zu Papier brachte. Die von ihm avisierten Beziehungen zwischen Israel und dem Libanon liefen auf eine Art der kolonialen Abhängigkeit hinaus, die aus der Geschichte sattsam bekannt ist – man denke nur an die britische Herrschaft in Indien oder das Verhältnis zu China während des Opiumkriegs. Es ist eigentlich erstaunlich, daß der Vertreter einer angeblichen Menschenrechtsorganisation solche Vorschläge öffentlich unterbreitet, aber die Leserschaft der *New York Times*, in der sein Artikel erschien, dürfte die rassistischen Grundannahmen so verinnerlicht haben, daß sie die auf der Hand liegenden Folgerungen zu ziehen sich nicht genötigt sieht. Eine andere Frage ist, ob Foster mit seiner Behauptung, die US-Regierung habe ihre Verweigerungshaltung aufgegeben, richtig liegt; die Tatsache, daß der Kongreß gerade zu jener Zeit die Militärhilfe für Israel aufstockte, spricht auf jeden Fall dagegen.

5. Die Bevölkerung in den besetzten Gebieten

Im Hinblick auf die besetzten Gebiete – Gazastreifen und Westjordanland – ist zunächst interessant, daß letzteres sowohl von der Arbeiterpartei und vom Likud gewöhnlich als »Judäa und Samaria« bezeichnet wird, was einem biblisch begründeten Besitzanspruch gleichkommt. In den USA gilt Menachem Begin als dessen Urheber, doch wurde seine Begründung für die Aufrechterhaltung israelischer Präsenz im Westjordanland von Schimon Peres, dem Führer der Arbeiterpartei, bekräftigt: »In Israel gibt es keine Diskussion über unsere historischen Rechte auf das Land Israel. Die Vergangenheit ist lebendig, und die Bibel ist für das Schicksal unseres Landes von entscheidender Bedeutung.« Das ist in der Sozialistischen Internationale, zu der die Arbeiterpartei gehört, offenbar ebenso wenig auf Kritik[106] gestoßen wie seine Befürwortung eines »territorialen Kompromisses« in Übereinstimmung mit dem Allon-Plan, der Israel von einer unerwünschten arabischen Bevölkerung befreien soll, die »den jüdischen Charakter« des Landes »gefährden« könnte.[107]

Die Einstellung der palästinensischen Bevölkerung ist in den USA weitgehend ignoriert worden. In den ersten Jahren der Besetzung hat die von der Arbeiterpartei geführte Regierung Israels den Palästinensern jegliche politische Betätigung verboten und sogar das Begehren projordanischer »Notabeln« nach Bildung einer Anti-PLO-Gruppierung zurückgewiesen. Diese Tatsache kam 1974 (gegen den Willen der Regierung) durch den ehemaligen Kommandanten des Westjordanlands und späteren Präsidenten Chaim Herzog ans Licht, führte aber bei den amerikanischen Freunden der israelischen Linkskoalition zu keiner weiteren Besorgnis.[108]

1976 konnten im Westjordanland relativ freie Gemeindewahlen stattfinden. Die gewählten Kandidaten verdeutlichten schnell, daß sie die PLO als ihren einzigen legitimen Vertreter betrachteten. Die Regierung Begin und andere wollten das später auf Einschüchterungsversuche seitens der PLO zurückführen, wovon 1976 noch keine Rede war; vielmehr galten die Wahlen als großartiger Erfolg der »wohlmeinenden Besetzung«. Allerdings hatte Israel in zwei Fällen in den Wahlvorgang eingegriffen und, in Verletzung der von der Militärverwaltung aufgestellten Regeln, nationalistische Kandidaten durch konservativere ersetzt. Amnon Kapeliuk weist darauf hin, daß zu jener Zeit in den besetzten Gebieten eine politische Bewegung entstand, die die PLO als ihren Vertreter ansah und die auf eine politische Regelung mit Israel abzielte. Doch ging die Regierung Rabin darauf nicht ein, sondern »förderte statt dessen Gusch Emunim«, die Bewegung fanatischer, religiöschauvinistischer Siedler.[109]

Seitdem hat die Bevölkerung in den besetzten Gebieten immer wieder verdeutlicht, daß sie die PLO unterstützt und für einen unabhängigen Palästinenserstaat eintritt. 1977 z. B. bekräftigten die Bürgermeister von Städten im Westjordanland in einem Brief an US-Außenminister Cyrus Vance, der sich gerade in der Region aufhielt, daß das palästinensische Volk als »seinen einzig rechtmäßigen Vertreter ... die PLO unter Führung von Mr. Arafat« betrachte.[110] Ein mutiger Akt übrigens, denn man konnte schon aufgrund von sehr viel »gemäßigteren« Äußerungen ausgewiesen werden. 1982, nach dem Rückzug der PLO aus Beirut, sprachen sich führende »palästinensische Persönlichkeiten«, darunter Elias Freidsch (der letzte palästinensische Bürgermeister einer größeren Stadt im Westjordanland, nachdem die anderen von Israel entlassen worden waren) und Raschad Schawa (der konservative und projordanische ehemalige Bürgermeister von Gaza-Stadt) für die PLO aus.[111] Beide gelten als Vertreter einer »gemäßigten« nationalistischen Alternative zur PLO.

Im März 1982 stellte das PORI-Institut, die führende israelische Meinungsforschungsorganisation, bei einer Umfrage im Westjordanland fest, daß 98 Prozent der Bevölkerung für einen unabhängigen Palästinenserstaat eintraten; 86 Prozent wollten diesen Staat einzig von der PLO geführt wissen. Sehr populär war der Bürgermeister von Nablus, Bassam Schak'a, den Menachem Milson, der »Zivilverwalter« für das Westjordanland, im Zuge seines Angriffs auf die freie politische Betätigung kurz zuvor entlassen hatte. Wenig Zustimmung – 0,2 Prozent – fand dagegen Mustafa Dudin, der von Israel eingesetzte Vorsitzende der »Dorfligen«, die geschaffen wurden, um frei gewählte Gemeindevertreter auszuschalten. Angeblich steht er für die ländliche Mehrheit der Bevölkerung, die nur durch den PLO-Terror daran gehindert wird, sich offen zu ihm zu bekennen, weswegen er bei der geheimen und anonymen Umfrage des PORI-Instituts wohl auch nur so wenige Stimmen bekam.[112]

Es ist interessant, die Schicksale dieser beiden so unterschiedlich bewerteten Persönlichkeiten zu vergleichen. Bassam Schak'a war im Juni 1980 Opfer eines Bombenattentats geworden, bei dem er beide Beine verlor. (Auch der Bürgermeister von Ramallah, Karim Khalef, wurde verletzt und später, wie Schak'a, durch die Zivilverwaltung seines Postens enthoben.) Die Identität der Attentäter konnte nicht festgestellt werden, obwohl, wie israelische Journalisten vermerkten, der verwendete Sprengstoff Rückschlüsse auf die Urheber zugelassen hätte, weil die israelische Armee entsprechende Listen von Personen, die Zugang zu solchen Explosiva haben, führt. Allgemein wird angenommen, daß das Attentat von jüdischen Siedlern aus der Region um Nablus verübt wurde. Gewalttaten gegen diese Siedler werden zumeist damit geahndet, daß Ausgangssperren verhängt, die Häuser von Verdächtigen zerstört, diese selbst verhört (und, ihren Angaben nach, oftmals gefoltert) werden usw., während die US-Presse sich über arabischen Terrorismus erregt. Schon Steinwürfe können zu Strafaktionen führen; so war einem Bericht der *New York Times* beiläufig zu entnehmen, daß bei einem solchen Vorfall ein 19-jähriger Araber von der israelischen Armee erschossen wurde.[113] Der Angriff auf Schak'a jedoch zeitigte keine erkennbaren juristischen Folgen,[114] und Ze'ev Schiff schrieb damals in *Ha'aretz*, es sei für die Regierung politisch unmöglich, die Schuldigen zu verhaften und vor Gericht zu bringen, weil die Siedler zu starke Unterstützung genießen würden.[115] Das Attentat wurde in *Nekudah*, der Zeitschrift der religiösen Siedler, lebhaft begrüßt und vom Sprecher der Kach-Partei des amerikanischen Rabbis Kahane als Vergeltung für den einige Wochen früher begangenen Mord an israelischen Siedlern in Hebron ausgegeben. Sechs jüdische Verdächtige wurden von der israelischen Geheimpolizei Schin Bet verhört, hätten jedoch, so die Knesset-Abgeordnete Schulamith Aloni, ausgesagt, daß die für den Anschlag Verantwortlichen »zu einer kleinen, nach außen völlig abgeschirmten Gruppe« gehörten. Viele Journalisten vermuten, daß ein hochrangiger Regierungsbeamter in das Attentat verstrickt war und daß die ganze Sache vertuscht werden sollte. Zudem »war den meisten Israelis das Schicksal der Bürgermeister ebenso egal ... wie die Frage, ob eine eingehende Untersuchung stattfinden würde«.[116]

Auch nach dem Attentat war Schak'a Repressalien ausgesetzt. Er erhielt keine Genehmigung für einen Besuch in den Niederlanden, weil die israelischen Sicherheitsbehörden ihm unterstellten, er werde dort »falsche Informationen über Israel und die Unterdrückung von Persönlichkeiten des öffentlichen Lebens verbreiten«. Zudem wurde seiner Tochter im Oktober 1982 ein Ausreisevisum in die USA verweigert, als sie ihr Studium an der Universität von North Carolina wieder aufnehmen wollte.[117] Zur gleichen Zeit wurde Journalisten von *Ha'aretz* und der *Jerusalem Post* verboten, Interviews mit Schak'a zu führen. Derlei Pressionen war Mustafa Dudin, der Schützling von Menachem Milson und Vorsitzende der Dorfligen natürlich nicht ausgesetzt, auch wenn die Journalisten, die für die hebräische Presse aus dem Westjordanland berichten, sich keine Illusionen über die Popularität dieser Ligen machen. So schreibt Danny Rubinstein in *Davar*: »Die große Mehrheit der arabischen Bevölkerung, allen voran die Bürgermeister der Städte, Gewerkschaftsführer und andere Personen der Öffentlichkeit sahen darin den Versuch, die Autorität der PLO zu untergraben und verurteilten das Unterfangen in den Zeitungen von Ostjerusalem, in Konferenzen und Erklärungen.« Die israelische Regierung förderte die Ligen durch »umfangreiche finanzielle Hilfen« und zwang die Einwohner, sich für Bedürfnisse des täglichen Lebens an diese Einrichtungen zu wenden.[118]

Nach dem militärischen Erfolg im Libanon baute Israel die Ligen zu einer regionalen Organisation aus und wies ihnen die Rolle zu, bei Verhandlungen mit Israel die Palästinenser in den besetzten Gebieten zu vertreten. Auf Einladung der damit befaßten israelischen Behörden besuchte Danny Rubinstein das Treffen in Hebron, wo diese »politische Aufgabe« zu ersten Mal öffentlich verkündet werden sollte. Die Vertreter der Ligen kamen bewaffnet und das Gebiet war von israelischen Militärkräften abgeschirmt. Dutzende von Dorfbewohnern waren zum Jubeln abkommandiert worden. Die Sprecher priesen Menachem Milson, den Urheber der schlimmsten Greueltaten im Westjordanland, für »seine Tätigkeit im Dienst der Bevölkerung« und lobten »seine außergewöhnliche Persönlichkeit und sein warmes Mitgefühl«. Es war, schreibt Rubinstein, »ein trauriger Tag in Hebron«.[119]

Im *Boston Globe* dagegen war nur von »donnerndem Beifall« für Milson die Rede, der als »einsamer Held im Nahen

Osten [*Mideast Maverick*] ... den westjordanischen Palästinensern zu politischem Gewicht verhelfen will«.[120] Uri Avneri von der israelischen Friedensbewegung dagegen sieht in Milson »eine armselige Kopie seines ehemaligen Lehrherrn, Ariel Scharon«, einen »unverschämten Lügner«, der den Willen der Palästinenser brechen wollte, indem er die »verhaßten Ligen« schuf, »bewaffnete Banden von Quislingen«, die aus »bekannten Verbrechern und Hooligans bestehen und Geld von der Militärverwaltung erhielten, um eine Atmosphäre des Terrors zu schaffen«.[121]

In seinem Interview mit dem *Boston Globe* behauptete Milson, daß »z. T. durch meinen Einfluß kein Haus im Westjordanland zerstört wurde«. Das ist jedoch nicht wahr, denn zwei Wochen nach seinem Amtsantritt am 1. November 1981 wurden bei einer kollektiven Bestrafungsaktion in Beit Sahur vier Häuser zerstört und in Bethlehem fiel das Haus eines Mannes, der im Verdacht stand, einen Molotow-Cocktail auf einen Bus geschleudert zu haben, den Bulldozern zum Opfer.[122] Wahrscheinlich ging Milson (richtigerweise) davon aus, daß man seine Angaben in den USA nicht überprüfen werde, er hätte aber auch (ebenso richtigerweise) darauf verweisen können, daß die von der Arbeiterpartei geführte Regierung diese Form der kollektiven Bestrafung als Reaktion auf Gewaltakte (oder Widerstandshandlungen, je nach Perspektive) sehr viel häufiger anwendete als er selbst.

Zvi Barel, der für die Zeitung *Ha'aretz* aus dem Westjordanland berichtet, kommentiert Scharons Behauptung, die Ligen seien »keine Kollaborateure im üblichen Sinn des Wortes« mit der Bemerkung, das sei richtig, weil »kein Kollaborateur jemals so viel Unterstützung durch die Regierung erfahren hat wie diese Leute«. Und er gibt einige Beispiele dafür, wie Westjordanier gezwungen werden, den Ligen gefügig zu sein. Da ist etwa der Fall von Abu Adnan aus Halhul, der seinen Sohn zum Medizinstudium nach Griechenland geschickt hatte. Diesem wurde die Rückkehr mit der Begründung verweigert, er sei bei einer Volkszählung nicht in der Heimat gewesen (eine der Methoden, sich der gebildeten Schichten zu entledigen). Auch ein Besuch wurde nicht gestattet. Schließlich füllte Adnan ein Beitrittsformular für die Ligen aus, stiftete 500 Schekel und erhielt eine Besuchserlaubnis für den Sohn.[123] Obwohl eine Gruppe von Amerikanern die Zusammenhänge vor Ort untersuchte und den Kongreß von der tatsächlichen Funktion dieser Ligen in Kenntnis setzte und obwohl, wie Rubinstein berichtet, Schlomo Gazit, der ehemalige Chef des israelischen Geheimdienstes, die Ligen heftig kritisierte und ihre Auflösung forderte, da ihre Existenz »nicht im Interesse der israelischen Sicherheit liegt«[124], wurde die Hilfe für Israel (und damit auch für diese Maßnahmen) weiter aufgestockt.

Mit dem Amtsantritt von Menachem Milson begann im Westjordanland eine »Herrschaft des Terrors«, deren erste sechs Monate das in Israel erschienene *Schwarzbuch* akribisch dokumentiert. (Auch in den USA wurde darüber berichtet, aber schon bald waren die Fakten wieder vergessen.) Die »Zivilverwaltung« sei, so heißt es im *Schwarzbuch*, eine alte Form des Kolonialismus in neuer, »israelischer« Gestalt. Milson zielt darauf ab, »jegliche sozialen Einrichtungen in den besetzten Gebieten zu zerschlagen; zum einen durch die Drangsalierung von Gemeinderäten, Gewerkschaften und Universitäten als Heimstätten nationaler und politischer Kultur, zum anderen durch ein alternatives Machtzentrum in Gestalt der Dorfligen«. Milsons Konzept geht von der Annahme aus, daß die Palästinenser »primitive ›Eingeborene‹ sind, die sich leicht beruhigen lassen, wenn der Besatzer ein paar Dorfälteste in ihren Ortschaften für seine Zwecke kauft«. Die Techniken des Terrors sind folgende: »Politische Führer und Aktivisten werden verhaftet, Einwohner vertrieben, Zusammenkünfte verboten, Demonstranten festgesetzt, Demonstrationen brutal aufgelöst, Ausgangssperren verhängt, Häuser gesprengt und Quislinge von den Dorfligen in Terrorkampagnen gegen die Bevölkerung eingesetzt; Universitäten werden geschlossen und Zeitungen verboten, Journalisten festgesetzt oder an Interviews mit politischen Führern gehindert, Zensurmaßnahmen gegen Bücher und Zeitungen ergriffen und die Einheimischen von jüdischen Siedlern terrorisiert und erniedrigt.« Diese Praktiken sind schon seit den ersten Tagen der Besatzung üblich, aber unter Milson und seinen Zöglingen haben sie zweifellos eine neue Qualität erreicht.

Es soll jedoch nicht verschwiegen werden, daß selbst Mustafa Dudin, dieser Archetypus des Quislings, den vollständigen Rückzug Israels aus allen besetzten Gebieten und die Evakuierung aller dort seit 1967 entstandenen jüdischen Siedlungen gefordert hat. Allerdings glauben außer ihm nur wenige Palästinenser daran, daß »diese Ziele durch Verhandlungen mit israelischen Regierungsvertretern erreicht werden können«. Im Januar 1983 forderte der Führer der Liga von Ramallah, Rijad el-Hatib, einen unabhängigen Palästinenserstaat, und der Vorsitzende der Dorfligen des Gebiets um Hebron, Muhammad Nasser, verlangte von Israel, den Bau weiterer Siedlungen zu stoppen, weil sie ein »Hindernis für den Frieden« zwischen Israel und den Palästinensern seien.[125]

Kommen wir noch einmal zur Umfrage des PORI-Instituts zurück, die auch nach der Einschätzung der politischen Parteien in Israel und des Abkommens von Camp David fragte. Begins Likudblock wollten 0,9 Prozent an der Regierung sehen, die Arbeiterpartei schätzten 2 Prozent, während die überwältigende Mehrheit, nämlich 93 Prozent, keine Präferenz äußerte. Nur 2 Prozent hielten das Abkommen von Camp David für nützlich, 88 Prozent dagegen sahen darin keinen Vorteil für die Palästinenser.

Während dieses Abkommen in den USA propagandistisch als »Friedensprozeß« glorifiziert wird, scheinen die Palästinenser eher skeptisch zu sein, denn sie haben sehr wohl bemerkt, daß die israelische Regierung dazu bestenfalls Lippenbekenntnisse abgibt. Das erhellt nicht nur aus dem Siedlungsprogramm, sondern findet sich, worauf Abba Eban hingewiesen hat, sogar in den offiziellen Dokumenten. Eban zitiert die (von der Knesset einmütig angenommenen) »Richtlinien der Regierungspolitik«, in denen es heißt: »Nach der im Abkommen von Camp David festgelegten Übergangsperiode wird Israel seine Ansprüche geltend machen und *handeln, entsprechend seinem Recht* auf Souveränität über Judäa, Samaria und den Distrikt von Gaza« (Hervorhebung von Eban). Das steht, wie er bemerkt, in flagrantem Widerspruch zum Abkommen, dem zufolge der Status der besetzten Gebiete nach der Übergangsperiode durch Verhandlungen zwischen Israel, Jordanien, Ägypten und gewählten Repräsentanten der Bewohner der besetzten Gebiete geregelt werden soll. »In der Rechtsauffassung keiner Regierung hat es jemals einen so vollständigen Widerspruch zwischen einer internationalen Verpflichtung und einem nationalen politischen Statement gegeben«, heißt es bei Eban weiter.[126]

In den USA macht man sich über die Hoffnungen und Bestrebungen der palästinensischen Bevölkerung keine weiteren Gedanken. Zwar sind die Tatsachen durchaus bekannt – die zitierten Umfrageergebnisse wurden im Magazin *Time* veröffentlicht –, aber den Palästinensern werden nicht die gleichen Rechte zuerkannt wie den israelischen Juden, und die Unterstützer Israels demonstrieren durch Ignoranz ihre Verachtung gegenüber der einheimischen Bevölkerung des ehemaligen Palästina.

Natürlich geschieht das nicht explizit. Vielmehr lesen wir in der Zeitschrift *The New Republic*, dem halbamtlichen Organ des amerikanischen Liberalismus: »Es läßt sich einfach nicht herausfinden, wie heutzutage die öffentliche Meinung in den besetzten Gebieten, dem Auge des Orkans, beschaffen ist«, obwohl der Autor, der sein Mitgefühl für die von der PLO terrorisierten Palästinenser bekundet, uns versichert, daß Arafats »außerordentlicher PR-Erfolg keine Basis in der Bevölkerung hat« und die »Palästinenser mehrheitlich der PLO abhold sind«.[127] Die Umfragen des PORI-Instituts scheinen im Bewußtsein der *New Republic* keine Spuren hinterlassen zu haben. Statt dessen werden wir davon in Kenntnis gesetzt, daß Mustafa Dudin »von den selbsternannten westlichen Tribunen der Palästinenser mit Mißfallen betrachtet wird«. Während die Palästinenser, oder doch zumindest 0,2 Prozent, ihn für einen geeigneten Kandidaten halten.

6. Die arabischen Staaten und die PLO

In der Periode unmittelbar nach 1967 nahmen die arabischen Staaten und die PLO eine Verweigerungshaltung ein, die der von den USA und Israel nach wie vor vertretenen vergleichbar war. Doch begann schon bald darauf ihre Erosion. Im Februar 1970 erklärte der ägyptische Präsident Nasser: »Die Einrichtung eines dauerhaften Friedens zwischen Israel und den arabischen Staaten ist mit Einschluß wirtschaftlicher und diplomatischer Beziehungen ist möglich, wenn Israel die besetzten Gebiete räumt und sich mit einer Regelung des Problems der palästinensischen Flüchtlinge einverstanden erklärt.« Auf diese Erklärung wurde, wie Amnon Kapeliuk erklärt, »in Israel nicht reagiert«.[128] Die Regelung des Flüchtlingsproblems im Rahmen eines Friedensabkommens befürworteten übrigens auch die USA, und das Thema war wiederholter Gegenstand von UN-Resolutionen. Zudem forderte Nasser, in Übereinstimmung mit dem damaligen internationalen Konsens, keinen palästinensischen Staat und akzeptierte auch die von US-Außenminister William Rogers im Juni 1970 unterbreiteten Vorschläge für einen Waffenstillstand und darauf folgende Verhandlungen, was, wie der Zionismus-Historiker Jon Kimche meint, ein »mutiger und tapferer Schritt« war.[129]

Nach Nassers Tod unternahm sein Nachfolger, Anwar as-Sadat, zwei weitere Schritte: Er machte Ägypten zum Vasallenstaat der USA und strebte den Frieden mit Israel an. Im Februar 1971 bot er dem Nachbarn einen Friedensvertrag mit

Sicherheitsgarantien unter Berücksichtigung der Grenzen von vor 1967 an. Das löste in Israel eine wahre »Panik« aus (so der Schriftsteller Amos Elon[130]), und der Vorschlag wurde mit dem Hinweis, daß es keinen Rückzug hinter diese Grenzen gebe, abgelehnt. Dabei war er für Israel sehr viel vorteilhafter als das, was Sadat im November 1977, bei seinem Besuch in Jerusalem, unterbreitete und wodurch er, weil er die Rechte der Palästinenser unerwähnt ließ, zu einem »Mann des Friedens« wurde. Der Vorschlag von 1971 stand im Einklang mit dem damaligen internationalen Konsens, insbesondere dem Rogers-Plan, der von Israel zurückgewiesen worden war.[131] In der Arbeiterpartei gab es Diskussionen, weil viele erkannten, daß eine friedliche Regelung möglich war, aber schließlich entschied man sich dagegen, weil man auf weiteren territorialen Zugewinn hoffte.[132]

Statt dessen wurde die Siedlungspolitik in den besetzten Gebieten noch vorangetrieben. Am selben Tag, als Sadats Angebot offiziell zurückgewiesen wurde, autorisierte die von der Arbeiterpartei geführte Regierung Pläne zur Besiedlung der Hügel um den arabischen Teil von Jerusalem jenseits der Stadtgrenzen. Elf Jahre später reagierte Begin ganz ähnlich auf den Reagan-Plan von 1982, der das Einfrieren der Siedlungstätigkeit vorsah. Auf Sadats Wunsch nach einer »Koexistenz« mit Israel, den er in einem Interview mit *Newsweek* bekundete, ging Israel ebenso wenig ein wie auf die Ankündigung König Husseins von Jordanien vom 23. Februar 1971, Israel anzuerkennen, wenn es sich auf die Grenzen von vor 1967 zurückzöge.[133] Das Angebot Husseins einer Konföderation Jordaniens mit dem Westjordanland (bei dem von Rechten der Palästinenser nicht die Rede war) wurde von der israelischen Regierung abschlägig beschieden, und im Gegenzug bekräftigte die Knesset zum ersten Mal offiziell, daß »das historische Recht des jüdischen Volks auf das Land Israel [mit Einschluß des Westjordanlands] unverrückbar feststeht. Premierministerin Golda Meir ließ verlauten, daß »Israel seine aufgeklärte Politik in Judäa und Samaria fortsetzen wird«, und ihr politischer Berater, Israel Galili, der die Siedlungspolitik in den besetzten Gebieten kontrollierte, forderte, der Jordan solle Israels »anerkannte Grenze« werden – »eine Frontlinie und nicht nur eine Sicherheitsgrenze«, womit jegliche Form einer politischen Selbstbestimmung für die einheimische Bevölkerung praktisch ausgeschlossen war.[134]

Bei der Ablehnung von Sadats Friedensangebot wurde Israel von den USA unterstützt. Unglücklicherweise kamen die Vorschläge des ägyptischen Präsidenten gerade zu der Zeit, als Washington sich entschieden hatte, Israel als »strategischen Aktivposten« zu behandeln. Die Initiative dazu ging von Kissinger aus, der Israels Machtstellung für unerschütterbar hielt. In seinen Memoiren berichtet er voller Stolz von der Standfestigkeit, mit der er die Bemühungen seines Intimfeinds – des US-Außenministeriums – um eine friedliche Regelung blockierte. Es sei, schreibt er, sein Ziel gewesen, »eine Pattsituation herzustellen, bis Moskau auf einen Kompromiß drängen oder, besser noch, ein gemäßigtes arabisches Regime erkennen würde, daß Fortschritte nur über den Weg nach Washington zu erzielen seien ... Wir würden unsere Politik solange beibehalten, bis ein arabischer Staat Bereitschaft zeigte, sich von den Sowjets zu lösen oder diese willens waren, sich vom Maximalprogramm der Araber zu distanzieren.«[135]

Kissingers Darstellung zeigt ein selbst für seine Verhältnisse gigantisches Ausmaß an Ignoranz und geopolitischen Wahnvorstellungen. Sadat hatte bereits explizite Bereitschaft bekundet, den Weg nach Washington zu suchen, und Saudi-Arabien war nicht nur willens, sich von der Sowjetunion zu lösen, sondern unterhielt nicht einmal diplomatische Beziehungen zu ihr. Die Sowjetunion stützte den internationalen Konsens, der die Existenz Israels innerhalb anerkannter Grenzen und weitere Sicherheitsgarantien vorsah.[136]

Offenbar war es Kissingers Einfluß, der die US-Regierung unter Nixon dazu veranlaßte, die Bemühungen des Außenministeriums um eine friedliche Regelung zu beenden. Man schickte einen Gesandten zu einer Konferenz der US-Botschafter im

Nahen Osten, um ihnen diesen Entschluß mitzuteilen. »Einmütig antworteten sie, daß es ... in diesem Fall zum Krieg kommen werde.«[137] Auch Sadat bekräftigte wiederholt diese Auffassung, doch nahm man ihn in Washington nicht ernst, weil man Israel für militärisch zu überlegen hielt und schlug auch die Warnungen amerikanischer Ölkonzerne, US-Interessen in der Region könnten bedroht sein, in den Wind.[138] Nahum Goldmann, ein langjähriger Führer der zionistischen Bewegung, bemerkte, daß Sadat viel gewagt habe, als er »sich bereit erklärte, gegen alle Widerstände Israel anzuerkennen ... Wenn es ihm nicht gelingt, Resultate vorzuweisen, wird sich die Armee zum Krieg gezwungen sehen.« Niemand hörte auf ihn. Als im September 1973 Israel in Reaktion auf den Verlust eines Kampfflugzeugs dreizehn syrische Jets abschoß, schrieb der Herausgeber einer großen israelischen Zeitung: »Diese Schlacht wird unseren arabischen Nachbarn in Erinnerung rufen, daß sie bei ihrer Politik berücksichtigen müssen, wer der wirkliche Herr und Meister in dieser Region ist.«[139]

Im Oktober 1973 machte Sadat seine Drohung wahr. Nachdem er »erkannt hatte, daß alle diplomatischen Bemühungen nutzlos waren, entschloß er sich zu einer begrenzten militärischen Operation, die, im Zusammenhang mit einem Ölembargo, Israel zu einem umfassenden Rückzug aus arabischen Territorien veranlassen sollte«.[140] Zur großen Überraschung der Weltöffentlichkeit waren Ägypten und Syrien in den Anfangsstadien des Kriegs bemerkenswert erfolgreich, und Saudi-Arabien erklärte sich (wenn auch, wie es scheint, widerstrebend) dazu bereit, einen Ölboykott mitzutragen. Dieser erste Einsatz von Öl als »Waffe« hatte langfristige Auswirkungen auf die internationalen Beziehungen. Die Verantwortung für diese Entwicklungen liegt bei Henry Kissingers blinder Ignoranz, mit der er einzig auf Gewalt setzte.

Immerhin führte der Krieg von 1973 zu einer Verschiebung der Gewichte in der US-Nahostpolitik. Man erkannte nun, daß Ägypten und die Ölstaaten nicht so einfach mißachtet oder kontrolliert werden konnten. Kissinger setzte jetzt mehr auf Diplomatie, wobei er, wie aus heutiger Perspektive allgemein deutlich geworden ist, das Ziel verfolgte, Ägypten als US-Vasallen zu akzeptieren und das Land durch ein Abkommen über die Sinai-Halbinsel aus dem Nahostkonflikt herauszulösen, damit Israel seine Besatzungspolitik fortsetzen und seine militärischen Kräfte im Norden konzentrieren konnte. Diese Vorgehensweise war erfolgreich, denn Israel hatten bei seinen Libanon-Abenteuern von 1978 und 1982 von Ägypten nichts zu befürchten.

Allerdings drängte Sadat, nunmehr unterstützt von anderen arabischen Staaten, weiterhin auf eine umfassende Friedensregelung. Im Januar 1976 sahen sich die USA gezwungen, ihr Veto gegen eine Resolution des UN-Sicherheitsrats einzulegen, die ein Abkommen gemäß dem internationalen Konsens vorsah, zu dem jetzt auch die Forderung nach einem palästinensischen Staat gehörte. Die Resolution wurde von Ägypten, Syrien, Jordanien, der UdSSR und der PLO befürwortet. Chaim Herzog, damals israelischer UN-Botschafter, schreibt, daß die PLO diesen Friedensplan nicht nur unterstützt, sondern sogar »vorbereitet« habe.[141] Im übrigen hatte Israel sich geweigert, an der von Syrien initiierten Sitzung des Sicherheitsrats teilzunehmen. Die Regierung Rabin verkündete, sie werde mit Palästinensern keine politischen Verhandlungen führen und erst recht nicht mit der PLO, auch wenn diese dem Terrorismus abschwöre und Israel anerkenne. Diese Haltung entsprach der Position einer Minderheit in der PLO, die solche Verhandlungen ebenfalls ablehnte, während die Mehrheit bereits damals wie auch später (wenngleich nicht immer eindeutig) zu einer Zwei-Staaten-Regelung neigte.[142]

Auch auf weitere Vorstöße regagierte Israel mit alarmierter Verweigerung. Im November 1976 meldete die *Jerusalem Post*, daß der ägyptische Premierminister Ismail Fachmi eine Friedensregelung unter vier Bedingungen angeboten habe: »Israels Rückzug hinter die Grenzen von vor 1967; die Errichtung eines

Palästinenserstaats im Westjordanland und dem Gazastreifen; das Verbot von Atomwaffen in der Region sowie die Inspektion nuklearer Anlagen.« Berichtet wurde auch Sadats Äußerung über einer Gruppe von US-Senatoren, er sei bereit, »einen Friedensvertrag mit Israel zu unterzeichnen, wenn es sich aus allen 1967 eroberten Territorien zurückziehen würde, und wenn die Errichtung eines Palästinenserstaats im Westjordanland und dem Gazastreifen ermöglicht würde.« Die Zeitung *Davar* zitierte Premierminister Rabins Antwort auf diese Offensive:

»Es gebe, sagte er, im Hinblick auf die arabischen Zielvorstellungen [seit 1971] nichts Neues ... Vielmehr habe Sadat die Bedingungen noch verschärft, indem er, anders als damals, ein ägyptisch-israelisches Abkommen an Abkommen mit anderen arabischen Staaten gekoppelt und seine Forderung nach der Errichtung eines Palästinenserstaats im Westjordanland und dem Gazastreifen mit großem Nachdruck vertreten habe.«[143]

Darauf mußte man natürlich nicht reagieren.

Im folgenden Jahr informierten Ägypten, Syrien und Jordanien die Vereinigten Staaten, daß sie »im Rahmen einer Gesamtregelung für den Nahen Osten mit Irsael Friedensverträge unterzeichnen würden«.[144] Der palästinensische Nationalrat, die politische Körperschaft der PLO, gab am 20. März 1977 eine Erklärung heraus, in der die Errichtung eines »unabhängigen Nationalstaats« in Palästina (nicht hingegen ein »demokratischer Staat Palästina«) gefordert und die palästinensische Teilnahme an einer arabisch-israelischen Friedenskonferenz gebilligt wurde. Rabin entgegnete: »Der einzige Ort, wo die Israelis die Palästinenser treffen könnten, ist das Schlachtfeld.«[145] Auf eben dieser Sitzung des Nationalrats wurde ein neues Exekutivkomitee gewählt, dem keine Vertreter der Verweigerungsfront mehr angehörten.[146]

Kurz danach ließ die PLO in Beirut Einzelheiten eines »Friedensplans« durchsickern, in dem es hieß, daß die palästinensische Nationalcharta [in der u. a. der bewaffnete Kampf gegen Israel gefordert wurde; d. Ü.] nicht als Grundlage für die Beziehungen zwischen Israel und einem Palästinenserstaat dienen werde, so wie die Prinzipien der Zionistischen Weltorganisation nicht als Grundlage zwischenstaatlicher Beziehungen verstanden würden. Zudem sollte jede Entwicklung über eine Zwei-Staaten-Regelung hinaus »durch friedliche Mittel erreicht werden«.[147]

Die Israel-Unterstützer haben sich gern auf diesen Pakt als letzte Ausflucht bezogen, um ihre Verweigerungshaltung zu begründen, während den israelischen Anhängern des Friedens das immer zu einfach war. So bekundete z. B. Elie Eliachar, vormals Präsident des Rats der sephardischen Gemeinschaft in Israel, der sie als erste Person aus Jerusalem auf Zionistenkongressen vertrat, in einem 1980 gehaltenen Vortrag an der Hebräischen Universität:

»Anhand meiner persönlichen Kontakte mit PLO-Führern in London und anderenorts auf Treffen, die allen Interessierten offenstanden, kann ich kategorisch versichern, daß die Vorstellung, die PLO-Charta sei ein Hindernis für Friedensverhandlungen, völliger Unsinn ist ... Es gibt heute keine arabische Organisation, die in unserer Region für dauerhaften Frieden sorgen kann, außer der PLO samt ihrer extremistischen Fraktionen.«

Als Mattitjahu Peled gefragt wurde, warum die PLO die Charta auch weiterhin beibehalte, antwortete er:

»Aus eben dem Grund, mit dem die israelischen Regierungen niemals die Beschlüsse des Baseler Zionistenkongresses widerrufen haben, in denen die Errichtung eines jüdischen Staats im historischen Land Israel gefordert wurde – mit Einschluß Transjordaniens. Keine politische Gruppierung würde das tun. Auch Herut und Irgun [die terroristische Vorläuferin der Herut] halten an ihren territorialen Vorstellungen fest [die auch das heutige Jordanien umfassen; offiziell fordert Begins Herut-Partei immer noch ein Israel auf beiden Seiten des Jordans]. Wir fordern eine Art ritueller, demütigender Abkehr von der Charta, statt uns mit den Entscheidungen zu befassen, die seit 1974 von der PLO akzeptiert werden und einen palästinensischen Staat in den von Israel zu räumenden Gebieten vorsehen.«

Es ist interessant zu sehen, wie die israelische Propaganda sich mit zunehmender Intensität auf die Charta berief, während die PLO davon abrückte.[148] Im übrigen ist die Charta Ausdruck einer Verweigerungshaltung, wie sie ähnlich von den beiden politischen Lagern in Israel gepflegt wird.

Einige Monate nach der Veröffentlichung des Beiruter Plans bekräftigte die PLO die gemeinsame sowjetisch-amerikanische Erklärung vom Oktober, die dazu aufrief, den »Kriegszustand zu beenden und normale, friedliche Beziehungen« zwischen Israel und seinen Nachbarn herzustellen. Allerdings zogen sich die USA nach heftigen israelischen und einheimischen Proteste schnell wieder zurück, weil die politische Führung in Israel in einer solchen Zusammenarbeit zwischen den Supermächten die Gefahr eines »aufgezwungenen« Abkommens sieht (d. h. eines Abkommens, das nicht im Sinne ihrer Verweigerungshaltung ist). Einige bedauerten diese Entscheidung, darunter Nahum Goldmann, der die Erklärung »ein Stück echter staatsmännischer Kunst« nannte.[149]

Hermann Eilts zufolge, der in den siebziger Jahren US-Botschafter in Ägypten war, führten diese Fehlschläge im November 1977 zu Sadats Reise nach Jerusalem.[150] Der ägyptische Präsident wollte eine Genfer Konferenz der Großmächte einberufen, um den Konflikt beizulegen, vielleicht auch aus Besorgnis über die Eskalation von Feindseligkeiten an der israelisch-libanesischen Grenze, bei denen zunächst die Stadt Nabatija von israelischen und maronitischen Streitkräften bombardiert worden war, während später bei israelischen Lufteinsätzen an die 70 Personen, zumeist Libanesen, umkamen.[151]

Die Vereinigten Staaten waren generell gegen eine Genfer Konferenz, an der auch die UdSSR und die europäischen

Mächte teilnehmen würden. Kissinger wollte, wie er erklärte, »die Sowjets aus der diplomatischen Arena heraushalten ... und sicherstellen, daß auch die Europäer und Japaner nicht in die [Nahost-]Diplomatie einbezogen wurden«. Auch Israel war gegen eine solche Konferenz, insbesondere, wenn die Teilnahme der PLO zu befürchten war. Nachdem die Knesset eine entsprechende Resolution verabschiedet hatte, erklärte Premierminister Rabin die Gründe: Würde Israel sich bereit erklären, »mit irgendeiner palästinensischen Vertretung« zu verhandeln, böte das »eine Grundlage für die Möglichkeit der Entstehung eines dritten Staats zwischen Israel und Jordanien«. Das aber würde Israel niemals akzeptieren: »Ich wiederhole fest, deutlich und kategorisch: Dieser Staat wird nicht entstehen.«[152]

Sadats spektakulärer Besuch in Jerusalem hat nicht den Weg zu einer umfassenden Regelung im Sinne des internationalen Konsenses geebnet. Vielmehr hat der (von der amerikanischen Regierung und Presse so genannte) »Friedensprozeß« von Camp David Kissingers vorangegangenen diplomatischen Bemühungen zum endgültigen Erfolg verholfen: Ägypten ist, zumindest zeitweise, in das US-System eingegliedert und aus dem arabisch-israelischen Konflikt ausgeschlossen worden, was Israel die weitere schleichende Übernahme der besetzten Gebiete ermöglicht. Das Sinaigebiet ist wieder in ägyptischer Hand und dient jetzt als Pufferzone. Die Diplomatie bleibt weiterhin vorwiegend der Initiative der USA überlassen, während die Sowjetunion, die westeuropäischen Mächte und Japan davon ausgeschlossen sind.

Die Regierung Begin hat von Anfang an verdeutlicht, daß sie den »Friedensprozeß« ablehnt und statt dessen die Landnahme in den besetzten Gebieten forciert und, wie erwähnt, mit der von Milson geführten »Zivilverwaltung« die Unterdrückung erheblich verschärft. Die US-Regierung äußerte zwar hin und wieder leisen Protest, hat die Entwicklung insgesamt jedoch mit massiven Hilfsleistungen an Israel unterstützt.

In den USA sieht das Bild der diplomatischen Interaktionen,

die letztlich zum Jerusalem-Besuch Sadats führten, ganz anders aus. Hier sind die Araber die Kräfte des Negativen, die sich gegen die von Washington und Israel betriebene Politik der Verständigung sträuben. So gilt Sadat als typischer Kriegstreiber, der Israel 1973 gewaltsam vernichten wollte, dann seinen Irrtum einsah und schließlich unter der freundlichen Anleitung durch Henry Kissinger und Jimmy Carter zu einem Mann des Friedens wurde. Für die *New Republic* faßte Sadat seinen »Entschluß zum Frieden« erst *nach* dem Krieg von 1973.[153] Die anderen arabischen Staaten und ganz besonders die PLO beharren dagegen weiterhin auf einer Politik der Konfrontation.[154]

Dieses verdrehte Bild der Wirklichkeit entspringt einem Prozeß historischen Vergessens von gigantischen Ausmaßen, bei dem alle störenden Tatsachen, wie schon von Orwell geschildert, zum Verschwinden gebracht werden. Wie sonst ist erklärbar, daß ein eigentlich gut informierter Kenner der Szene, nämlich Harold Saunders (ehemaliger Staatssekretär für nahöstliche und südasiatische Angelegenheiten) schreiben kann: »So lange keine arabische Regierung außer der ägyptischen zum Frieden bereit war, sah Israel keine Alternative zur Aufrechterhaltung seiner Sicherheit durch die eigenen Militärkräfte«?[155]

Damit werden Sadats Friedensangebote aus der Zeit vor 1977 ebenso verschwiegen wie die Resolution des UN-Sicherheitsrats vom Januar 1976. In Israel und Ägypten gilt Sadats Vorschlag von 1971 als »berühmter« Versuch, zu einem wirklichen Frieden mit Israel zu gelangen.[156]

Auch der zwei Seiten lange Nachruf, den Eric Pace, Nahostspezialist der *New York Times*, dem ägyptischen Präsidenten nach dessen Ermordung widmete, verschweigt diese Ereignisse.[157] Sadats Jerusalem-Besuch kommentierend, schreibt Pace:

»Er revidierte die lange von Ägypten betriebene Politik, indem er den Willen bekundete, Israels Existenz als souveräner Staat anzuerkennen. Und ihm gelang das, woran vorher so viele gescheitert waren: Gemeinsam mit den Präsidenten Carter und

Reagan sowie mit Premierminister Menachem Begin konnte er die für unmöglich gehaltene Annäherung weiterführen.«

Ein elegantes Beispiel dafür, wie man die geschichtlichen Fakten den Interessen der etablierten Macht und Ideologie anpaßt; eine Untat, die wir gerne unseren Feinden vorwerfen. Dieser Anpassungsmechanismen bedient sich auch ein Beitrag von Mark Helprin für das *New York Times Magazine*, in dem der Autor, ein Nahostspezialist, der in der israelischen Armee gedient hat, erörtert, wie die Amerikaner und vor allem die amerikanischen Juden mit dem Libanonkrieg und den Massakern von Beirut umgehen sollten.[158]

Er bemerkt dazu, daß Israels »Feldzug im Libanon erst spät gestartet wurde und eher zurückhaltend war, wenn man ihn mit dem vergleicht, was jeder andere Staat, sei er zivilisiert oder nicht, angesichts der ständigen Beschießung seiner Städte, der Ermordung seiner Kinder und der jahrelang betriebenen Massierung von Waffen an seinen Grenzen tun würde«. Unberücksichtigt bleibt dabei zum einen, daß Israel arabisches Territorium besetzt hält und zum anderen, daß die PLO sich gewissenhaft an das Waffenstillstandsabkommen vom Juli 1981 gehalten hat, trotz aller israelischen Provokationen.

Der PLO dagegen sei »das Abschlachten von Männern, Frauen und Kindern so vertraut wie Frankreich der Wein«. Natürlich erwähnt Helprin nicht die vorstaatlichen zionistischen Terrororganisationen, die, so Simcha Flapan, »jene Terrormethoden entwickelten, die 30 Jahre später von der Al-Fatah angewendet wurden«.[159]

Offiziellen Statistiken der israelischen Armee zufolge starben im Verlauf aller terroristischen Aktionen im Norden seit 1967 106 Personen, beträchtlich weniger als durch einen einzigen israelischen Bombenangriff zu Tode kamen.[160] Oder nehmen wir einen anderen Vergleich: Die Gesamtzahl der israelischen Opfer entspricht ungefähr derjenigen, die aus dem Abschuß eines libyschen Passagierflugzeugs resultierte, das im

Februar 1973 bei schlechtem Wetter über der von Israel besetzten Sinai-Halbinsel vom Kurs abgekommen war und sich schon fast über dem Suezkanal befand.[161] Insgesamt starben seit 1967 282 Israelis durch Terrorakte, weniger als bei den israelischen Luftangriffen vom 17./18. Juli 1981 auf Beirut.[162] Und wie lautet die Statistik für die unmittelbar zurückliegenden Jahre?

»Zahlen des Innenministers Josef Burg zufolge wurden 1980 zehn Juden durch Terroristen getötet und 1981 acht. Wir dagegen haben 1982 etwa eintausend Terroristen getötet und Tausende von Einwohnern eines feindlichen Landes zu Tode gebracht. Wenn diese Zahlen stimmen, würden wir für je sechs bis acht geopferter Juden Tausende von Nichtjuden töten. Das ist zweifellos ein ungewöhnlicher Erfolg des Zionismus, wenn nicht gar, wie ich zu sagen wage, ein übertriebener.«[163]

Die israelischen Terrorakte, die schon lange vor Gründung der PLO begannen, haben im Lauf der Jahre unzweifelhaft sehr viel mehr Opfer gefordert als die der PLO. In den USA werden die israelischen Aktionen gern als »Vergeltungsschläge« bezeichnet, doch lassen die Tatsachen erkennen, daß es sich dabei um einen Propagandabegriff handelt.[164]

7. Die fortwährende Bedrohung des Friedens

Amos Elon hat (s. o.) darauf hingewiesen, daß arabische Friedensoffensiven bei der politischen Führung Israels »Panik und Unsicherheit« hervorrufen. Als extremstes Beispiel führt er Sadats Angebot von 1971 an, auf das Israels Regierung strikt ablehnend reagierte, während die Presse größtenteils schwieg und die Orientalisten sich um Beweise bemühten, daß Sadat nicht meinte, was er sagte.[165] Anlaß für Elons Artikel war die ebenfalls negative Reaktion Israels auf den saudischen Friedensplan vom

August 1981, die er als »schockierend, beängstigend bis hin zur Verzweiflung« empfand.[166]

Elon stand damit nicht alleine. Die Hauszeitung der Arbeiterpartei, *Davar*, fand Israels Reaktion – zu der auch militärische Aufklärungsflüge über Saudiarabien gehörten – so »irrational«, daß ausländische Geheimdienste die Bombardierung der saudischen Ölfelder befürchteten.[167] Der bekannte Journalist Joel Marcus hielt die Reaktion für einen »schweren Fehler« und meinte, daß ein entsprechendes Verhandlungsangebot der PLO »die israelische Regierung wohl dazu veranlassen würde, einen nationalen Trauertag auszurufen«.[168] Tatsächlich gab es eine solche Willensbekundung, doch war die Ausrufung eines Trauertags nicht nötig, weil die israelische Regierung die Tatsachen erfolgreich verschweigen konnte.

Im Februar 1982 reagierte Israel wiederum ablehnend auf einen syrischen Vorschlag zur »Beendigung des Kriegszustands zwischen den Arabern und Israel«, der zugleich das Recht der Palästinenser auf einen Staat in den besetzten Gebieten betonte.[169] B. Michael bemerkte dazu in *Ha'aretz* sarkastisch: »Wir dürfen die Gefahr, die von der syrischen Verschwörung ausgeht, nicht unterschätzen und sollten sie abwürgen, ehe sie größere Ausmaße annimmt.«[170]

Die auf ein amerikanisches Publikum zielende israelische Propaganda jedoch spricht immer von der Friedensbereitschaft des »sozialistischen Zionismus«, wenn nur irgendeine arabische Regierung bereit wäre, die Existenz Israels anzuerkennen.[171] Das unterschlägt die extreme Verweigerungshaltung der hauptsächlichen Vertreter des »sozialistischen Zionismus« ebenso wie die zögernden und nicht immer eindeutigen Schritte der PLO und der arabischen Staaten, deren Vorschläge indes sogar über das hinausgehen, was die israelische Friedensbewegung (»Frieden jetzt«) sich vorstellt. In den USA wird dergleichen jedoch noch weniger zur Kenntnis genommen als in Israel. Zweifellos war die PLO in früheren Jahren ebenso auf Verweigerung bedacht wie Israel, und ihre Forderung nach einem »demokratischen, säkularen Staat« konnte nicht nach dem äußeren Anschein beurteilt werden. Aber seit Mitte der siebziger Jahre bewegt sich die PLO unleugbar auf eine Position der Verständigung zu. Die Propagandisten der israelischen Verweigerungshaltung dagegen suchen weiterhin krampfhaft nach Äußerungen von PLO-Sprechern, in denen sich die unnachgiebige Feindschaft zu Israel dokumentiert. Leider wird diese Propaganda im Westen vielfach und in den USA fast immer für bare Münze genommen.

Weitere Beispiele für verpaßte Chancen sind leicht zu finden. Mattitjahu Peled führt das Jahr 1976 an, als die Umstände für einen Dialog zwischen der PLO und Israel günstig schienen. Doch gerade als Arafat bereit war, eine Geste der Versöhnung zu machen, begann die israelische Marine damit, Schiffe libanesischer Moslems zu kapern und sie Israels christlichen Verbündeten im Libanon [der Falange; d. Ü.] zu übergeben, die die Besatzung umbrachten.[172]

In diesem Zusammenhang sei darauf hingewiesen, daß Israel auch Flugzeuge entführt hat, um Gefangene freizupressen. Im Dezember 1954 wurde ein syrisches Passagierflugzeug von israelischen Kampfbombern zur Landung in Israel gezwungen; die Passagiere dienten als Geiseln, damit in Syrien gefangengenommene israelische Soldaten freigepreßt werden konnten. Der damalige israelische Premierminister, Mosche Scharett, bemerkt in seinem Tagebuch, er sei vom Außenministerium darüber informiert worden, daß »unsere Aktion in der Geschichte der internationalen Beziehungen ohne Beispiel ist«. Später hat dann die PLO auf diese Taktik zurückgegriffen, was im Westen mit Recht als terroristische Geiselnahme abgelehnt wurde.[173]

Kehren wir zu den Annäherungsinitiativen der PLO zurück. Ende der siebziger Jahre »schien es überzeugende Beweise dafür zu geben ... daß Arafat und die Al-Fatah bereit waren, auf der Grundlage des Status des Westjordanlands und des Gazastreifens Frieden zu schließen und Israel innerhalb der

Grenzen von vor 1967 anzuerkennen«, ohne jedoch »die moralische Legitimität« der staatlichen Existenz einzuräumen. Im November 1978 forderte Arafat in einem Gespräch mit dem US-Abgeordneten Paul Findley einen Dialog mit den Vereinigten Staaten und gab folgende Erklärung ab: »Die PLO wird einen unabhängigen palästinensischen Staat akzeptieren, der aus dem Westjordanland und dem Gazastreifen besteht, die durch einen Korridor miteinander verbunden sind. In diesem Fall wird die PLO auf alle gewaltsamen Mitteln zur territorialen Vergrößerung dieses Staats verzichten. Allerdings behält sie sich das Recht vor, mit gewaltfreien, d. h. diplomatischen und demokratischen Mitteln die endgültige Vereinigung von ganz Palästina anzustreben.« Außerdem versprach er die faktische Anerkennung des Staates Israel. Weder diese noch andere direkt an das US-Außenministerium adressierten Erklärungen wurden von der Regierung Carter beantwortet.[174]

In seiner Sitzung vom April 1981 verabschiedete der PLO-Nationalrat einstimmig eine Resolution, die einen vom Februar datierenden Vorschlag des sowjetischen Präsidenten Breschnew befürwortete, der die folgenden Grundsätze enthielt:

»Das unveräußerliche Recht des arabischen Volks der Palästinenser, zu dem auch die Errichtung eines eigenen Staats gehört, muß gesichert werden. Wesentlich ist ferner, die Sicherheit und Souveränität aller Staaten der Region einschließlich Israels zu gewährleisten.«[175]

Auf einer am 14. Juli 1982 in Paris abgehaltenen Pressekonferenz erklärte Issam Sartawi vom PLO-Nationalrat unter Berufung auf die Resolution zum Breschnew-Vorschlag:

»Daraus folgt, daß die PLO auf eindeutige Weise Israel formell das Existenzrecht auf gegenseitiger Grundlage eingeräumt hat. Damit ist das von Außenminister Kissinger errichtete Hindernis einer US-amerikanischen Anerkennung der PLO und der Einrichtung eines Dialogs zwischen der PLO und den Vereinigten Staaten automatisch beseitigt.«

Die Erklärung wurde von der französischen und der britischen Regierung (hier mit Einschränkungen) begrüßt. Ein gemeinsames Kommuniqué von Sartawi und Mattitjahu Peled vom 20. Juli betonte: »Die PLO hat ihre Bereitschaft, den Staat Israel auf der Grundlage gegenseitiger Anerkennung des jeweiligen Rechts jeder Nation auf Selbstbestimmung seit 1977 in verschiedenen Resolutionen in aller Klarheit bekundet.«[176]

Ob diese Resolutionen und Erklärungen so klar waren, sei dahingestellt, doch läßt sich die Verschiebung in der Politik der PLO und der arabischen Staaten ebenso erkennen wie die Panik, mit der Israel auf diese Initiativen reagierte, die, ebenso deutlich, in den USA ignoriert oder verschwiegen wurden. Unhaltbar ist daher auch Jitzhak Rabins Behauptung, die PLO sei nicht bereit, die Existenz Israels anzuerkennen, weil sie auf nichts anderes »zielt als auf die Vernichtung Israels und dieses Ziel durch Terror zu erreichen gedenkt«.[177]

Schon in seiner Frühzeit machte sich der Zionismus Sorgen über eine allzu gemäßigte Haltung der Araber. In den zwanziger Jahren war Weizmann, wie Simcha Flapan bemerkt, gegen direkte Verhandlungen mit den Palästinensern und befürchtete, die Araber könnten »gemäßigt genug sein, um [einer konstitutionellen Regelung] zuzustimmen, was die Errichtung eines jüdischen Staats unmöglich machen würde«. Mit tiefem Mißtrauen verfolgte er die Entwicklung »eines neuen und gemäßigten Trends im palästinensischen Nationalismus«.[178] Das kann man verstehen, damals wie heute.

Zusammenfassend läßt sich sagen, daß die historischen Tatsachen ein eindeutiges Bild ergeben: Die USA und Israel führen das Lager der Verweigerer an, und ihre Haltung hat sich im Verlauf der siebziger Jahre noch verfestigt. Die arabischen Staaten und die überwiegende Mehrheit der PLO dagegen haben sich dem verständigungsbereiten internationalen Konsens angenähert. Damit soll keinesfalls behauptet werden, es gebe in den arabischen Staaten ein menschenwürdiges Regime, und auch die Bewertung der Aktionen und Programme der PLO spielt hier keine Rolle. Es geht zunächst einfach um Tatsachen. Prinzipiell wiederum ist zu bemerken, daß die auf einer Verweigerungshaltung beruhenden Programme aus den angegebenen Gründen unannehmbar sind. Und es ist, wie immer man über diese Dinge denken mag, gleichfalls unannehmbar, die in der amerikanischen Literatur zu diesem Thema so weit verbreiteten Illusionen und falschen Darstellungen weiterhin aufrechtzuerhalten.

III Der Weg nach Armageddon

Ungeachtet aller Unterschiede sind die USA, Israel und die Palästinenser in eine verhängnisvolle Dreiecksbeziehung verstrickt, in der sie gemeinsam auf eine Katastrophe zutreiben. Für die Palästinenser, die kaum die Hoffnung haben dürfen, als Nation zu überleben, ist diese Bedrohung deutlich genug, während sie im Hinblick auf Israel und die USA jeweils anderer Art, aber keineswegs zu leugnen ist.

1. Krieg und Besatzung - Stimmen aus Israel

Seit dem Sechstagekrieg von 1967 hat Israel einen Kurs fortwährender Unterdrückung und endloser militärischer Konflikte eingeschlagen. Sehr früh schon war absehbar, daß dieses Vorgehen zu internationaler Isolation, dem Bündnis mit Pariastaaten und zur Rolle als Diener seines Herrn und Beschützers führen mußte. Dieser freute sich über eine technologisch weit entwickelte militärische Dependenz, die ihm nicht nur im Nahen Osten, wo es »einen der Hauptgewinne der Weltgeschichte« (so das US-Außenministerium) zu bewahren gilt, den Rücken freihält, sondern auch anderenorts, z. B. in Guatemala, als Juniorpartner unangenehme Aufgaben erledigt und dabei Erfahrungen macht, die wiederum auf den Umgang mit der Bevölkerung in den von ihm eroberten und besetzt gehaltenen Gebieten zurückschlagen. Mit dem inneren Widerspruch eines demokratischen jüdischen Staats mit nicht-jüdischen Bürgern umzugehen, war schon schwierig genug und ist unter den Bedingungen moralischen Verfalls und fortwährender Bedrohung kaum noch zu bewältigen.

Früher oder später wird Israel vor einer militärischen Niederlage stehen, der es 1973 nur knapp entging, oder sich zur atomaren Drohung gezwungen sehen, deren Folgen verheerend sein können, ganz abgesehen vom politischen, moralischen und sozialen Verfall der israelischen Gesellschaft. Israel hat diesen Kurs auf äußeren Druck hin eingeschlagen, nicht zuletzt durch den Druck seiner Unterstützer, die man wohl besser als Unterstützer seiner moralischen Degeneration und eventuellen Zerstörung bezeichnen sollte. Wiederholt sind dadurch Alternativen blockiert worden, sehr zur Verzweiflung jener Israelis, die eine andere Vorstellung von der Entwicklung ihrer Gesellschaft hatten.

Was diese »Unterstützung« für die sozialen und kulturellen Bedingungen in Israel bedeutet, läßt sich an vielen Beispielen ablesen. Zu ihnen gehören die Zeugnisse von Soldaten, die aus den besetzten Gebieten oder von Feldzügen zurückkehren. Eines davon ist das »Trauerlied« eines Reservisten, der auf Heimaturlaub in seinem Kibbuz weilt:

»Sie kommen elend und deprimiert nach Hause, jung an Jahren, doch seelisch gealtert, erschöpft und kriegsmüde. Sie lächeln und sagen, daß alles in Ordnung sei, doch in einem unbewachten Augenblick sind sie bitter und zeigen so etwas wie Schuldgefühle. Ein Soldat drückt es so aus: ›Ihr fragt mich, wie es mir geht? Wenn ich sage, es geht mir beschissen, begreift ihr das dann? Ihr hier im Kibbuz, begreift ihr, was wir da draußen erleben müssen?‹

›Nehmt mich als Beispiel‹, fährt er fort. ›Ich wurde einberufen und zu einem Ausbildungslager geschickt, und dann gings auch schon nach Nablus, auf Patrouille, demonstrierende Schulmädchen jagen. Dann kam ich nach Beit Sahur, wo wir sahen, wie die Araber verprügelt und noch auf andre Weise mißhandelt wurden. Dann kämpften wir in Jamit als Juden gegen Juden, gegen die Rückzugsgegner. Man macht sich hart und unempfindlich, und wenn man sich grade mit allem abgefunden hat, wird man in den Libanon geschickt. Ich nen-

ne euch nur ein paar Namen: Beaufort, Ain el-Hilweh, Damur. Sagen sie euch etwas? Danach kam al-Uzai, West-Beirut. Die ganze Zeit Bombardements und Beschießungen, Tote und Verletzte. Man schaut nach den Kameraden, nimmt an Begräbnissen teil, fühlt sich innerlich zunehmend leerer. Alles geht an einem vorüber. Ich bin völlig empfindungslos geworden, ein seelischer Krüppel, wenn auch kein körperlicher ...
Glaubt ihr wirklich, man könne diesen Krieg beenden? Arik [Scharon] behauptet, die Fatah hätte sich aus dem Libanon zurückgezogen. Glaubt ihr das? Kommt und seht unsere Alarmbereitschaft dort und die Furcht in unseren Augen. Selbst die libanesischen Mädchen haben schon lange aufgehört, uns anzulächeln. Jede Reisetasche dort sieht so aus, als wäre da eine Zeitbombe drin ...
Wenn ich auf Fronturlaub bin, will ich Spaß haben, mich entspannen, damit ich etwas lockerer in den Libanon zurückkehre, aber das haut nie richtig hin. Dann wird wieder ein Bus angegriffen und noch einer, und Arik erzählt uns, wir hätten dort den Terror vernichtet. Sagt doch, ihr Zivilisten, könnt ihr nicht etwas dagegen tun? Eine Demonstration mit 400 000 Leuten, ist das alles? Wollt ihr, daß wir in Särgen in die Heimat zurückkehren?«[179]

Ein anderes Beispiel: Als die Friedensbewegung »Frieden jetzt« eine Demonstration veranstaltete, auf der gefordert wurde, Ariel Scharon solle, wie es die Kahan-Untersuchungskommission [für die Massaker in den palästinensischen Flüchtlingslagern Sabra und Schatila; d. Ü.] empfohlen hatte, wurden die Teilnehmer von jungen Männern beschimpft und teilweise mit Fäusten angegriffen. Die Jugendlichen riefen »Begin! Begin!« und sangen »Begin, König Israels!«; und während Emil Grunzweig, ein Mathematiklehrer aus dem Kibbuz Revivim von einer israelischen Armeegranate getötet wurde, riefen zornige Männer mit langen Schläfenhaaren einer Gruppe von weiblichen Demonstranten zu: »Ihr seid Araberinnen! Ihr hättet in

Sabra und Schatila sein sollen!«, und andere schrien: »Man hätte euch nicht vor Hitler retten sollen!«[180]

Ein drittes Beispiel anderer, gewissermaßen komplementärer Art: In der *Jerusalem Post* veröffentlicht Mordechai Nisan, Politikwissenschaftler an der Hebräischen Universität, der anderenorts den jüdischen Terrorismus befürwortet hat, einen Artikel, in dem es u. a. heißt:

»Schon zu Anbeginn der jüdischen Geschichte erwuchs aus dem Kontakt mit dem Land Israel der Grundsatz, daß die Anwesenheit von Nichtjuden auf diesem Boden für das nationale Recht der Juden, das Land [Israel] zu besiedeln und zu besitzen, moralisch und politisch ohne Bedeutung ist ... Dieses Recht ist in der Bibel festgelegt. Viel später erst legten die weisen Rabbiner das Versprechen der Erzväter aus und formulierten den folgenden Grundsatz: ... Das Wohnen im Land [Israel] ist jüdisches Vorrecht und kann durch eine mehrheitlich nicht-jüdische Bevölkerung, in welchem Teil des Landes diese sich auch immer aufhalten mag, nicht beschränkt oder gar aufgehoben werden. Dieser Grundsatz wurde später von Maimonides in seinen Rechtsschriften kodifiziert, der damit dem abrahamitischen Imperativ seine außergewöhnliche *halachische* [rechtsreligiöse] Autorität verlieh ... [Die Auffassung, daß die jüdische Besiedlung von Judäa und Samaria nicht legitim sei] ist eine direkte Verleumdung Abrahams, des ersten Juden und Vaters des jüdischen Volks ... [der] das Beispiel und Modell für die Besiedlung gab, obwohl sich ›damals die Kanaaniter im Land [Israel] aufhielten‹. Die Juden mußten immer gegen eine einheimische, nicht-jüdische Bevölkerung im Land [Israel] kämpfen und konnten sie zumindest teilweise überwinden.«

Das bezieht sich auf die im Alten Testament geschilderten Vernichtungskriege der Juden gegen andere Völker, eine israelischen Lesern verständliche Anspielung.

»In diesem demokratischen Zeitalter ist es schwierig, eine offensichtlich nicht-demokratische Haltung einzunehmen. Dennoch: Nirgendwo steht geschrieben, daß Nicht-Juden als nationale Gemeinschaft gleiche Rechte genießen dürfen. Schließlich ist das Land [Israel] ewiger Besitz einzig des jüdischen Volks ... Die politischen Aufgaben, die oftmals die Anwendung von Gewalt einschließen, können bisweilen nur bewältigt werden, wenn die Reinheit der Seele zum Opfer dargebracht wird. Es ist diese Wirklichkeit, die den Zionismus im Staat Israel zur modernen jüdischen Geschichtserfahrung erhoben hat, und es ist klar, daß einige Leute dies noch begreifen oder akzeptieren müssen.

Dennoch wird diese unerbittliche Wirklichkeit fortwähren und sich immer tiefer dem israelischen Bewußtsein einprägen. Leichter ginge dieser Prozeß voran, wenn die Leute erkennen würden, daß es unehrlich und gefährlich ist, westlich-liberale Ideen in jüdische Gefäße zu füllen und sie als jüdisches Gericht zu servieren.

Ich will damit nicht sagen, daß solche Leute in ihrer Humanität fehlgehen; falsch jedoch ist ihr Anspruch, daß ihre persönlichen Ansichten eine authentische Wiedergabe der Lehren der Tora, der jüdischen Moralität und der israelischen Interessen sind. Selbst unser dem geistigen und ethischen Relativismus verpflichtetes Zeitalter kann solche Fälscherei nicht dulden.«

Die westliche Aufklärung ist, kurz gesagt, eine Ketzerei, die durch die »Lehren der Tora« ersetzt werden sollte.[181]

Das Gefühl, das Zeitalter der Aufklärung sei vorbei und habe ohnehin auf fundamentalen Fehleinschätzungen der menschlichen Natur und ihrer Bedürfnisse beruht, ist auch in den liberalen Spielarten des zionistischen Denkens tief verwurzelt. Diese Meinung vertrat z. B. Joachim Prinz, der lange Zeit für humanistische Ansichten gekämpft hatte. 1934 jedoch, nach der Machtergreifung des Nationalsozialismus, schrieb er, noch in Berlin, daß nun das Ende der liberalen Ära gekommen sei: »Die Entwicklung von der aufklärerischen *Einheit des Menschengeschlechts* zur gegenwärtigen *Einheit der Nation* birgt in sich den Grundsatz der Entwicklung vom Begriff der Menschheit zum Begriff der Nation«, eine Entwicklung, die er offensichtlich für wünschenswert und fortschrittlich hielt, und die ihm die »jüdische Frage« in neuem Licht erscheinen ließ. Die Assimilation war in einer Ära des Liberalismus und unter dem Einfluß der aufklärerischen Ideale ein natürlicher Vorgang, doch nunmehr war es vordringlich, die Existenz der »jüdischen Nation und der jüdischen Rasse anzuerkennen«. Ein Staat, schreibt Prinz im Hinblick auf die NS-Herrschaft, »der auf dem Prinzip der Reinheit von Nation und Rasse beruht, kann die Juden nur dann schätzen und respektieren, wenn sie selbst diesem Prinzip folgen«.[182]

Ähnliche Konzeptionen finden sich in vielen nationalistischen Bewegungen, doch sind sie im Hinblick auf den Zionismus besonders erstaunlich, weil die europäischen Juden im Sinne der Aufklärung zur geistigen und künstlerischen Kultur des 19. und 20. Jahrhunderts so viel beigetragen haben und überdies sehr bald erfahren sollten, was die »Reinheit von Rasse und Nation« für sie bedeutete. In der gesamten Geschichte der zionistischen Bewegung standen diese Themen an oberster Stelle und wirkten sich auch auf die Errichtung von Israel als »souveräner Staat des jüdischen Volks« aus, wobei sie neue Formen annahmen. Jetzt nämlich wurde die Frage »Wer ist Jude?« zu einem Problem der Gesetzgebung und der nationalen Politik, das auch die »nationalen Institutionen« betraf, die »dem Wohlergehen von Menschen jüdischer Rasse, Religion und Herkunft« nutzen sollten, nicht aber den Staatsbürgern insgesamt, zu denen ja auch Nichtjuden gehörten. Mit dem Anwachsen religiös-chauvinistischer Tendenzen in den siebziger Jahren kamen diese Fragen erneut auf die Tagesordnung und wurden häufig auf die von Mordechai Nisan vorgetragene Weise beantwortet. Die linksliberalen »Unterstützer Israels« im Westen haben versucht, diese Probleme zu ignorieren, indem sie darauf bestanden, daß die israelische Gesellschaft sich zu einem säkularen, demokratischen Sozialismus hin entwickle, während, als Folge der von ihnen geförderten Politik, genau das Gegenteil der Fall war.

Nisan ist natürlich kein Einzelfall. Wie verbreitet der religiöse Chauvinismus ist, zeigt der Schriftsteller Amos Oz in einer Reihe von auf Interviews beruhenden Artikeln, die in *Davar* veröffentlicht wurden. Einige Interviews hat er mit Bewohnern der südlich von Bethlehem gelegenen Siedlung Tekoah geführt, in einer »schrecklichen Gegend«, wie ein Siedler erklärt, weil dort die Araber »den Kopf hoch tragen«. Eine Neu-Immigrantin aus Amerika, Tochter einer religiös eingestellten Familie aus New York, teilt Oz mit, daß sie auf einen Krieg oder eine »schreckliche Katastrophe für die Juden im Ausland« hoffe, damit sie »verfolgt werden« und nach Israel kommen. Es wird keinen Frieden geben, sagt sie.

»Der Haß der Gojim auf die Juden währt ewig. Es hat niemals Frieden gegeben zwischen uns und ihnen, nur, als sie uns total besiegt hatten, oder wenn wir sie total besiegen. Vielleicht geben sie jemandem wie Scharon die Chance, so viele von ihnen wie möglich zu töten und ihre Länder zu verwüsten, bis die Araber merken, daß wir ihnen einen Gefallen getan haben, als wir sie am Leben ließen ... Wir sind jetzt mächtig, und das sollten wir ausnutzen. Die Gojim verstehen nur die Sprache der Macht.«

Wer jemals das Vergnügen hatte, vor einem aus jungen amerikanischen Zionisten bestehenden Publikum zu reden, ihre Slogans zu hören und zu sehen, wie sie die von der Anti-Defamation League verteilten Flugblätter schwenken wie einstmals die Kulturrevolutionäre ihre Mao-Bibeln, erkennt in diesem Zitat jene Stimmungen und Gefühle, die in Israel so tiefgreifende wie verderbliche Wirkungen entfalten.

Der Ehemann dieser Immigrantin, aus Aden, hält sich für »noch weitaus extremer«, doch da er die Araber kennt, sieht er Möglichkeiten eines gelingenden Zusammenlebens. »Wir wissen, daß der Araber ein gutmütiges und gehorsames Geschöpf ist, solange man ihn nicht in Wallung bringt und Ideen in seinen Kopf setzt ... Man muß ihm genau sagen, wo er hingehört ... Sie müssen begreifen, wer der Herr im Haus ist. Das ist alles.« Ein aus den USA Eingewanderter mit akademischen Graden der Universitäten Yeshiva und Columbia, der jetzt an der Universität von Bar Ilan Sozialwissenschaften lehrt, steuert folgende Bemerkungen bei: »Die westliche Kultur«, sagt er, als würde er Khomeini zitieren, »ist nichts für uns. Die Tora ist viel moderner als die westliche Kultur«, denn sie gibt den Menschen »Freiheit, nicht aber Zügellosigkeit ... Die Wege Gottes sind groß« und »irgendwann werden unsere Gegner begreifen, daß sie auf dem Holzweg sind«. Die Araber sind zwar »eine Prüfung«, doch wenn wir »stark und unnachgiebig bleiben, wird es der Beginn der Erlösung sein. Alle Schwierigkeiten sind Schmerzen, die das Kommen des Messias ankündigen ... Man muß schon völlig blind sein, wenn man nicht sieht, daß [die Besiedlung der besetzten Gebiete] der Beginn der wahren Erlösung ist.«

Ein namentlich nicht genannter Siedler aus einem Moschaw [einer Agrargenossenschaft; d. Ü.] – ein offensichtlich gebildeter Mensch westlicher Herkunft, dessen Diktion eine gewisse Autorität ausstrahlt – äußert sich sehr viel radikaler. Seiner Ansicht nach sollte Israel »ein wahnsinniger Staat« sein, damit die Leute »begreifen, daß wir ein wildes Land sind, gefährlich für unsere Nachbarn, nicht normal«, durchaus in der Lage, »die Ölfelder abzufackeln« oder »den dritten Weltkrieg zu beginnen, einfach nur so«, wenn nötig, mit Atomwaffen. Dann »werden sie vorsichtig mit uns umgehen, um das verwundete Tier nicht zu reizen«. (Das ist im Kern Richard Nixons »Theorie des Wahsinnigen«.) Der Libanonkrieg war gut, ging aber nicht weit genug: »Schade, daß wir das Wespennest« – gemeint ist Ain el-Hilweh – »nicht völlig ausgeräuchert haben«; und zu Sabra und Schatila: »Wir hätten es mit eigenen Händen tun sollen, statt die Sache der Falange zu überlassen – kann man bei 500 toten Arabern von einem Massaker reden?« »Wir sollten einen zweiten, ähnlichen Krieg anfangen, noch mehr töten und vernichten, bis sie genug haben.« Ein großer Erfolg des Libanonkriegs war, daß er überall auf der Welt antijüdische Gefühle erregt hat: »Jetzt hassen sie alle diese netten Jidden«, die Bücher schreiben und musizieren, all jene, die in Israel oft als »schöne Seelen« verspottet werden. Er hat nichts gegen die Bezeichnung »Judäo-Nazi«, mit der Professor Jeschajahu Leibowitz verzweifelt auf negative Entwicklungen in Israel aufmerksam machen wollte. Der Siedler hat das Ziel, »so viele Araber zu töten wie nötig, sie zu deportieren, zu vertreiben, zu verbrennen, damit alle uns hassen und den Juden in der Diaspora der Boden unter den Füßen so heiß wird, daß sie weinend nach Israel kommen«. Er möchte es den Australiern gleichtun, die die Eingeborenen von Tasmanien ausrotteten, oder Truman, der mit zwei Bomben Hunderttausende tötete. Wenn die Juden damals, statt Bücher zu schreiben, nach Palästina gekommen wären und »sechs Millionen Araber oder zumindest eine Million umgebracht hätten«, wären sie jetzt ein Volk von 25 Millionen »vom Suezkanal bis zu den Ölfeldern«. Das versäumt zu haben, war ein Fehler, den man nicht wiederholen sollte. Nachher ist immer noch Zeit für Kultur und Zivilisation.[183]

Wenn die von den »Unterstützern« geförderte Entwicklung in Israel diesen Kurs weiter verfolgt, dürften derlei Äußerungen irgendwann mehrheitsfähig sein. Und es sind nicht die Stimmen von sephardischen Slumbewohnern aus den arabischen Ländern, sondern von gebildeten Leuten westlicher Orientierung und Herkunft.

2. Weltkrisenherd Naher Osten

Anfang 1983 wurde die Lage im Nahen Osten erneut kritisch. Wieder gingen unweit der nördlichen Siedlungen Katjuscha-Raketen nieder, und die Siedler wurden in Alarmbereitschaft versetzt, weil man die Intensivierung terroristischer Angriffe befürchtete.[184] Aus diplomatischen Quellen in Damaskus verlautete, Syrien habe »seine Armee im libanesischen Bekaa-Tal reorganisiert, weil man im Spätfrühling oder Frühsommer einen israelischen Angriff erwarte«. Die UdSSR installierte in Syrien ein verbessertes Luftabwehrsystem, dessen Basen um Damaskus errichtet und mit sowjetischem Personal bemannt wurden. Israels Verteidigungsminister Mosche Arens wies darauf hin, daß Israel »einen Präemptivschlag gegen Syrien führen könnte, wenn der Aufbau von sowjetischen SAM-5-Langstreckenraketen [die der Luftabwehr dienen] fortgesetzt wird und die Israelis zu dem Schluß kommen, daß sie einer ›tödlichen Bedrohung‹ ausgesetzt sind«. Die Sowjetunion wiederum warnte Washington, daß sie im Falle eines israelischen Angriffs auf Damaskus direkt intervenieren werde. Aus dem Libanon berichtet John Yemma:

»Man befürchtet, daß Israel einen Präemptivschlag gegen die Raketen in Syrien plant, der sehr wahrscheinlich auch die sowjetischen Soldaten träfe. Das wiederum könnte zu einer umfangreicheren Intervention der UdSSR in Syrien und damit zu einer Krise zwischen den Supermächten führen.«[185]

Israelische Militärexperten gingen davon aus, daß Syrien nach dem Libanonkrieg seine Waffenkäufe und militärischen Ausbildungsprogramme intensiviert hatte und Ende 1983 in der Lage sein würde, eine Offensive zu starten. Schon diese Analyse könnte, unabhängig von ihrem Wahrheitsgehalt, einen israelischen Präemptivschlag auslösen. Auf jeden Fall hat Syrien, wie Ze'ev Schiff schreibt, als Reaktion auf den Libanonkrieg seine Armee vergrößert und besser ausgestattet. Zudem geht General Amos

Gilboa davon aus, daß »die Araber aus dem [Libanon-]Krieg auch die Lehre ziehen werden, sich mit Atomwaffen auszurüsten«, vielleicht durch ein Bündnis mit Pakistan.[186] Langfristige Prognosen für den Nahen Osten sind aufgrund der instabilen Verhältnisse immer eine risikoreiche Angelegenheit. Die syrischen Optionen sind begrenzt, solange die Golanhöhen nicht in den von Washington betriebenen »Friedensprozeß« einbezogen werden. Selbst wenn man die Lage im Hinblick auf den Libanon sehr optimistisch bewertet, kann ein weiterer Krieg nicht ausgeschlossen werden.

Es gibt viele Konfliktherde auf der Welt, doch nirgendwo ist die Möglichkeit einer Konfrontation der beiden Supermächte so groß wie im Nahen Osten. Verglichen damit, ist Europa ein eher sicheres Gebiet.[187] Insofern sollten die USA schon aus eigenem Überlebensinteresse an einer friedlichen Lösung des Konflikts interessiert sein, statt ihn durch ihre Verweigerungshaltung noch voranzutreiben und zuzuspitzen.

Die Gefahr eines vom Nahen Osten ausgehenden Atomkriegs ist nicht neu. Als Eisenhower 1958 US-Streitkräfte in den Libanon schickte, hielt er (wie er später in seinen Memoiren schrieb), das Risiko »eines Kriegs mit der Sowjetunion« für gegeben. Einige seiner Berater, darunter Loy Henderson, stimmten ihm zu.[188] Während des Sechstagekriegs wurde der »heiße Draht« zwischen Washington und Moskau zum ersten Mal benutzt. Als das Kriegsschiff *U. S. Liberty* von israelischen Kampfflugzeugen und Torpedos angegriffen wurde, setzte man mit Atomraketen bestückte F-4-Phantomjäger zur Verteidigung in Bewegung, die die Anweisung hatten, den Angreifer notfalls zu vernichten. Sie wurden dann durch einen direkten Befehl von Verteidigungsminister Robert McNamara und dem Stabschef für Marineoperationen zurückgerufen. Zu der Zeit war nicht klar, von wem das Schiff angegriffen wurde. James Ennes, der als Offizier an Bord der *Liberty* diente, schreibt, daß die Jäger »das Schiff hätten retten oder aber die endgültige Katastrophe auslösen können«. In den letzten Stadien des Jom-Kippur-Kriegs gaben die USA Nuklearalarm und beschworen so, wie Blechman und Hart meinen, »die ernsthafte Gefahr eines militärischen Konflikts mit der Sowjetunion« herauf.[189]

Zwar wurden während des Libanonkriegs die amerikanischen Atomraketen nicht in Alarmbereitschaft versetzt, doch lag die Drohung einer militärischen Auseinandersetzung gewissermaßen in der Luft. Die EG-Außenminister, die den israelischen Einmarsch scharf verurteilten, wiesen auf das Risiko eines »allgemeinen Kriegs« hin. Im östlichen Mittelmeer kreuzten amerikanische und sowjetische Flottenverbände. Angeblich hatten die Sowjets »mit einer militärischen Intervention gedroht, wenn die Kämpfe [zwischen Israel und Syrien] nicht aufhörten«.[190] Hätten die israelischen Streitkräfte Damaskus bombardiert (wozu sie bereit waren), um ihr Kriegsziel, »die syrischen Truppen aus dem Libanon zu vertreiben« (Ze'ev Schiff) durchzusetzen, wäre die Sowjetunion möglicherweise eingeschritten, was wiederum zu einer militärischen Reaktion der USA geführt hätte. Dazu kam es nicht, aufgrund der unerwarteten internationalen Reaktion auf die Massaker von Sabra und Schatila in Beirut. Vielleicht haben die Opfer dieser Greueltat die Welt vor einer atomaren Konfrontation bewahrt.

Allerdings barg auch der Angriff auf Beirut solche Gefahrenmomente. Die sowjetische Botschaft wurde von israelischen Granaten schwer beschädigt und während der Invasion teilweise besetzt.[191] Zudem enthüllte Richard Perle, damals Staatssekretär im US-Verteidigungsministerium, daß israelische Kampfjets im Libanon elf Russen töteten, die gerade dabei waren, ein abgeschossenes Aufklärungsflugzeug zu inspizieren.[192]

Übrigens wurde nicht nur die sowjetische Botschaft besetzt, sondern, Berichten der Regierungen von Iran und Algerien zufolge, auch deren Botschaften, wobei Safes aufgebrochen und offizielle Dokumente entwendet wurden.[193] Libanesische Quellen behaupten, daß bei der Besetzung von Beirut Botschafts- und andere Gebäude aller von Israel als feindlich eingestuften Regierungen beschossen und geplündert wurden.

3. Fortsetzung der Verweigerungshaltung?

Die Gefahren für die USA, Israel und die Palästinenser liegen also auf der Hand. Ebenso deutlich ist, daß die US-Politik weiterhin von entscheidender Bedeutung für die weitere Entwicklung in der Region sein wird. Entscheidend ist dabei, ob die bisherige »Unterstützung für Israel« mitsamt der Politik der Verweigerung beibehalten wird oder ob ein Abrücken von dieser Position möglich ist. Das eine wie das andere wird sich in signifikanter Weise auf die soziale und politische Ordnung Israels auswirken. Die Palästinenser haben sich, obwohl ihre Aktionen und Propagandabemühungen oft genug selbstzerstörerisch und in früheren Jahren ganz und gar unerträglich waren, dem internationalen Konsens weitgehend angenähert. Wie werden sich die USA und Israel verhalten?

In Israel sind, wie das vorige Kapitel zeigte, die beiden großen politischen Lager gleichermaßen Anhänger der Verweigerungshaltung und unterscheiden sich nur im Hinblick auf die Form des Umgangs mit den besetzten Gebieten. Hat diese Politik Rückhalt in der Bevölkerung? Anhand von Umfragen, die im Juli 1980 gemacht wurden, haben Sammy Smooha (Universität Haifa) und Don Peretz (State University of New York) ein differenziertes Meinungsbild erstellt, bei dem es erwartbarerweise gravierende Unterschiede zwischen den israelischen Bürgern jüdischer bzw. arabischer Herkunft gibt.[194] Die Araber tendieren mehrheitlich zur Befürwortung des internationalen Konsenses und sind zu 68 Prozent der Meinung, Israel solle die PLO als Vertreterin der Palästinenser anerkennen, während 50 Prozent der Auffassung sind, sie solle auch die israelischen Araber repräsentieren. 58 Prozent rechtfertigen Aktionen der Fedajin, bei denen israelische Juden getötet werden (was aus ihrer Sicht Widerstandsaktionen sind, aus Sicht der Besatzer dagegen Terrorakte). Von den israelischen Juden befürworten 46 Prozent die Besiedlung in den besetzten Gebieten ohne Einschränkung, weitere 27 Prozent mit Einschränkungen. Nur ein

Prozent ist für eine politische Regelung in den Grenzen von vor 1967, weitere 8 Prozent befürworten dies »mit bestimmten Modifikationen«, während weitere 33 Prozent die »augenblicklichen Grenzen mit der Bereitschaft zu Kompromissen auch in Judäa und Samaria« [dem Westjordanland] favorisieren. Befragt wurden auch die politischen Führer der »Taubenfraktion«: 3 Prozent waren für eine Regelung in den Grenzen von vor 1967, weitere 44 Prozent dafür »mit bestimmten Modifikationen«, 53 Prozent für die Kompromißregelung. (Im folgenden stehen die Zahlen für die »Taubenfraktion« in Klammern.) 86 (77) Prozent sind gegen eine Friedensregelung unter der Bedingung der Aufgabe des annektierten Ost-Jerusalem. Bei der Frage, ob Israel »eine palästinensische Nation anerkennen solle«, waren 11 (59) Prozent dafür, weitere 35 (27) Prozent »unter gewissen Bedingungen«, 54 (15) Prozent unter allen Umständen dagegen. Die PLO als Repräsentantin der Palästinenser befürworteten 3 (21) Prozent, weitere 13 (27) Prozent unter gewissen Bedingungen; ablehnend äußerten sich 85 (53) Prozent. Einen palästinensischen Staat im Westjordanland und im Gazastreifen wollten 5 (15) Prozent, weitere 18 (29) Prozent unter gewissen und 77 (56) Prozent unter gar keinen Bedingungen.

Es muß in der israelisch-jüdischen Bevölkerung und auch bei der »Taubenfraktion« gewaltige Veränderungen geben, ehe die Abkehr von der Verweigerungshaltung zu einer politisch wirksamen Kraft wird.

Angesichts dieser Tatsachen stellt sich die Frage, welche längerfristige Politik Israel in der Region verfolgen wird, abgesehen von weiteren Maßnahmen zur Integration der besetzten Gebiete. Sicherlich kann es keine existenzbedrohende (bzw. als solche eingeschätzte) Aufrüstung bei irgendeinem seiner Nachbarn dulden, doch bleibt dieses Damoklesschwert hängen, solange keine politische Lösung des Konflikts gefunden wird. Allerdings sind die Kosten eines fortwährenden Kriegszustands beträchtlich und lassen sich, solange die Spannungen anhalten, auch nicht vermindern. Insofern liegt ein israelischer Präemptivschlag im Bereich des Möglichen, womit die Gefahr eines regionalen oder gar überregionalen Kriegs erhalten bleibt.[195] Auf jeden Fall könnte Israel, um die Nachbarstaaten zu destabilisieren, eine Politik der »Ottomanisierung« betreiben, wie es vor ihr schon die Türkei getan hat. In diesem Fall würde das Machtzentrum – Israel – die Region in ethnisch-religiöse, z. T. miteinander verfeindete Gemeinschaften aufsplittern und so seine Vorherrschaft sichern.

Solche Vorstellungen gibt es, wie ein kurz vor dem Libanonkrieg von Oded Jinon in der offiziellen Zeitschrift des Zionistischen Weltverbands veröffentlichter Artikel zeigt, durchaus.[196] Jinon tritt für eine Rückeroberung der Sinai-Halbinsel ein und meint darüber hinaus, daß Ägypten wie auch der Libanon, Syrien, der Irak und die arabische Halbinsel in kleinere »Faktoren« religiöser und ethnischer Provenienz aufgeteilt werden müßten. Die Palästinenser werden nach Jordanien geschickt, während die Juden die »Territorien westlich des Flusses« besiedeln. Diese räumliche Trennung wird den Frieden zwischen den beiden Völkern herbeiführen. Eingebettet ist das alles in ideologische und geopolitische Phantasievorstellungen über den Zusammenbruch des Westens und einer Zunahme des Antisemitismus, die Israel zur »letzten Zuflucht« für die Juden macht.

In dieser und ähnlichen Äußerungen sieht Amos Elon »die Ausbreitung des Irrationalismus in unserer kollektiven Existenz«.[197] Sicher repräsentiert Jinon nicht die mehrheitstypischen Ansichten des Zionismus, oder besser: noch nicht, doch zeigt die Geschichte des Zionismus wie auch die des Staates Israel (insbesondere seit 1967), daß sich die Positionen immer mehr dorthin verschieben, wo man früher die rechten Extremisten angesiedelt hat, zu denen auch einmal Begin, Schamir und andere gehörten.[198] Und schließlich hat schon David Ben-Gurion (wir erwähnten es) im Mai 1948 die strategischen Ziele ins Auge gefaßt, Transjordanien und Syrien zu zerschlagen, den Südlibanon zu annektieren und im restlichen Land einen christlichen Staat zu errichten, Ägypten, falls es Widerstand leistet, zu bombardieren usw.

Tatsächlich sind viele Vorstellung Jinons den politischen Lagern in Israel nicht fremd. Beide stimmen darin überein, daß Jordanien der für die Palästinenser geeignete Staat ist und spekulieren auf einen Transfer größerer Teile der arabischen Bevölkerung dorthin. Auch die »neue Ordnung«, die Israel im Libanon zu errichten sucht, ist nicht weit von Jinons Ideen entfernt, und für Syrien könnte Ähnliches vorgesehen sein. Im Hinblick auf den Irak, meinte Ze'ev Schiff kurz vor dem Libanonkrieg, läge eine Aufteilung in drei Gebiete – Sunniten, Schiiten, Kurden – im israelischen Interesse.

Schiffs Bemerkungen bezogen sich auf die Information, daß Israel Waffen an den Iran verkauft hat, und es könnte durchaus sein daß diese (in stillschweigender Partnerschaft mit Syrien und Libyen vollzogene) Unterstützung den Iran schwächen sollte. Allerdings geht es noch um mehr. In einem Interview mit dem *Boston Globe* behauptete Mosche Arens, Israel habe bei dieser Aktion »in Abstimmung mit der US-Regierung ... auf nahezu höchster Ebene« gehandelt. Ziel sei es gewesen, »herauszufinden, ob wir nicht Kontakt zu iranischen Militärs aufnehmen könnten, um das Khomeini-Regime zu stürzen«. Natürlich bestritt die US-Regierung jegliche Mitwisser- oder -täterschaft, so daß Arens die ursprüngliche Zielsetzung revidierte: Die Waffenlieferungen hätten umfangsmäßig nicht ausgereicht, um Khomeini zu stürzen, man habe jedoch »Kontakt mit Offizieren aufnehmen wollen, die eines Tages im Iran Machtpositionen einnehmen könnten«.[199]

Im Februar 1982 wurde der Schleier noch ein bißchen mehr gelüftet, als der BBC-Moderator Philip Tibenham über »eines der am besten gehüteten Geheimnisse im Nahen Osten« sprach, nämlich über »Israels Versuch, im Iran einen Militärputsch anzuzetteln«.[200] Zu den Interviewten gehörte Jacob Nimrodi, Chef des Geheimdienstes Mossad, der im Schah-Iran offiziell als israelischer Militärattaché geführt wurde. Er sagte: »Ich denke, daß wir, natürlich gemeinsam mit dem Westen, etwas tun können, um den Iran vor diesem Regime zu retten«, nämlich »einen Militärputsch organisieren« damit der Iran nicht den Kommunisten, d. h. zuerst der Tudeh-Partei und dann der Sowjetunion, in die Hände fällt. Uri Lubrani, ehemaliger israelischen Botschafter im Iran, fügte hinzu:

»Ich bin mir ziemlich sicher, daß Teheran von einer relativ kleinen Streitmacht eingenommen werden kann, die entschlossen, rücksichtslos und grausam vorgehen muß. Die Führer dieser Streitmacht müssen sich auf die Möglichkeit einstellen, daß sie zehntausend Personen umzubringen haben.«

Zu solchen Männern suchte Israel den Kontakt, um dann, nach einem geglückten Putsch, das israelische-iranische Bündnis, die Grundlage für die Vorherrschaft der USA in den siebziger Jahren, wiederherzustellen.[201]

Auch von anderen Kommentatoren ist Israels Neigung zu einer Osmanisierung der Region bemerkt worden. So beschreibt etwa Boaz Evron Scharons Plan als »Wiederbelebung des Millet-Systems, das im Osmanischen Reich verbreitet war«. Bei diesem System verfügte jede ethnische oder religiöse Gruppe (Drusen, Armenier, Maroniten usw.) über eine eigene Verwaltung, unterstand jedoch der osmanischen Herrschaft. »Scharon sieht nun ein ähnliches System vor, das aber mit Waffengewalt die eigene Bevölkerung unterdrückt und tyrannisiert. Außerdem ist es nicht territorial, sondern ethnisch und religiös organisiert, kann also keine klaren Grenzen ziehen.« Der Plan bezweckt die Auflösung des nationalstaatlichen Systems, das dem Nahen Osten durch die Kolonialmächte oktroyiert worden ist und in der Folge zu endlosen Auseinandersetzungen geführt hat.

Im Libanon sollen, so Evron, Maroniten, Drusen, Schiiten und Sunniten eigenständig werden, wobei Israel jeder Gruppe hilft, in den »fortgesetzten Bürgerkriegen«, die aus der Teilung resultieren, zu überleben. In der Folge wird dann dieses System auch auf Syrien ausgedehnt. Evron weist darauf hin, daß diese Politik schon von früheren Zionisten vorgeschlagen wurde. So setzte sich Jigal Allon von der Arbeiterpartei zum Ziel, »ein Bündnis zwischen der hebräischen Nation oder dem jüdischen Staat (je nach den unterschiedlichen Versionen derselben Idee) und den anderen ethnischen und religiösen Minderheiten in der Region, wie etwa den Drusen und Maroniten« zu schaffen. Dieses Bündnis richtete sich »gegen die Vorherrschaft der arabischen Muslime sunnitischer Provenienz«. Evron glaubt, daß auch Israel das Konzept des modernen Staats zugunsten eines religiösen und ethnischen Chauvinismus aufgeben wird: »Je tiefer wir in diesen Sumpf geraten, desto schneller wird unsere nationale Basis sich auflösen und wir selbst in rivalisierende ethnische Gruppen auseinanderbrechen. Da der israelische Staat immer stärker von ethnischen und religiösen Strukturen überformt wird, ist eine solche Entwicklung durchaus möglich.«[202]

Evron steht dem von ihm skizzierten Plan also höchst kritisch gegenüber. Andere, durchaus keine Extremisten, denken dagegen sehr wohl in diese Richtung, mildern ihre Vorschläge jedoch mit Rücksichtnahme auf ein amerikanisches Publikum ab. Das gilt z. B. für Daniel Elazar, dem Präsidenten des Jerusalemer Institute for Federal Studies, der einen (im American Enterprise Institute erschienenen) Sammelband zu Problemen des Föderalismus im Nahen Osten veröffentlicht hat.[203] In seiner zusammenfassenden Darstellung der Beiträge führt er aus, daß im Nahen Osten ethno-religiöse Gemeinschaften, nicht aber Staaten, die natürliche Organisationsform sind: Jede allgemeine politische Regelung müsse »Zweifel anmelden, wenn behauptet wird, es könne Staatlichkeit schon nach fünfzehn oder dreißig oder selbst fünfzig Jahren nationaler Selbstidentifikation geben«. Auch er hält das osmanische Millet-System für ein geeignetes Modell. Die Rückgabe der besetzten Gebiete an Jordanien oder Ägypten schließt er ebenso aus wie einen Palästinenserstaat. Letztere Option würde »den palästinensischen

Charakter Jordaniens« verkennen, und zudem wäre ein solcher Staat »im Verhältnis zu den Nachbarn zu klein und arm sein, um überleben zu können ... und daher leichte Beute für Extremisten«. (Allerdings ist nicht einzusehen, warum er nicht auch den Konservativen in die Hände fallen könnte, da er doch von der Unterstützung der mächtigen arabischen Staaten, die zumeist ultrakonservativ sind, abhängig wäre.)

Gleichfalls ist Elazar gegen »territoriale Kompromisse« gemäß dem Modell der Arbeiterpartei. Er schlägt vielmehr eine »föderative Lösung« vor und behauptet (ohne es zu belegen), daß Schimon Peres 1969 »die Verfolgung föderativer Optionen befürwortet« und später »einen Plan für eine Neuaufteilung des gesamten cis-jordanischen Gebiets in jüdische und arabische Kantone« entwickelt habe. Auch andere Persönlichkeiten der politischen Führungsschicht hätten solche Lösungen vorgeschlagen, jedoch »kein Echo im arabischen Lager gefunden« – die übliche israelische Tragödie bei der fortwährenden Suche nach einer friedlichen politischen Regelung. Über die Einzelheiten einer föderativen Lösung, die jetzt vielleicht möglich wäre, schweigt er sich allerdings aus; zwar lehnt er eine »bisweilen von wohlmeindenden Leuten propagierte israelisch-palästinensische Föderation« ab und tritt dafür ein, daß Israel und Jordanien »ihre Unabhängigkeit und politische Souveränität« beibehalten, doch bleibt der Status der Palästinenser unbestimmt.

Die Behauptung, Peres oder andere politische Persönlichkeiten hätten ernsthaft ein föderatives Arrangement erwogen – wobei das Konzept eines »jüdischen Staates« ins Wanken geraten wäre – und wären dabei auf Ablehnung seitens der Araber gestoßen, ist kaum glaubhaft. Allenfalls hat Peres nach dem Jom-Kippur-Krieg, dessen Ausgang die Integration der besetzten Gebiete in der von ihm vorgesehenen Weise unmöglich machte, sich vage über eine »Föderation« geäußert. Konkretere Vorschläge kamen von anderen, z. B. von mir, und ich bezog mich dabei auf Ideen Ben-Gurions aus den frühen dreißiger

Jahren. Das war jedoch in der Zeit vor dem Krieg von 1973, und ich erkannte schon zu jener Zeit, daß die Möglichkeiten für eine solche Lösung eigentlich nicht mehr gegeben waren. Im übrigen führten meine Vorschläge in Israel bei allen politischen Lagern zu erheblichem Aufruhr, der in den USA noch heftiger war.[204] Sollte es damals tatsächlich noch weitere ernstgemeinte Vorstellungen dieser Art gegeben haben, wäre es nicht unvernünftig, sich darauf zurückzubesinnen. Aus dem wenigen, was Elazar mitzuteilen hat, geht jedenfalls hervor, daß seine Ideen nicht seriös sind, sondern schlicht die israelische Vorherrschaft über die einer nationalen Selbstbestimmung beraubten Palästinenser zementieren sollen. Schließlich macht er in seinen Bemerkungen über die Unangemessenheit des nahöstlichen Staatensystems zwei bezeichnenden Ausnahmen: Israel ist über alle Kritik erhaben und Jordanien kann insofern Souveränität beanspruchen, als es ein Staat mit »palästinensischem Charakter« ist. Das – allerdings nur angedeutete – Patchwork »ethnoreligiöser Gemeinschaften«, das die Staatenwelt ersetzen soll, beläßt Israel seine hegemonische Position, während die Palästinenser nichts bekommen außer einer Art »Autonomie« à la Begin. Ansonsten dient Elazars Ansatz dazu, die »osmanische Option« in anderer Form schmackhaft zu machen.

Diese Vorstellungen zeigen, im Zusammenhang mit anderen Entwicklungen, den bedenklichen Weg, auf dem Israel sich seit dem Sechstagekrieg befindet. Die Kritik daran kommt vornehmlich aus Israel selbst, wie ein gedankenreicher Artikel von Joram Peri zeigt. Peri – ehemaliger Berater von Premierminister Rabin und Spezialist für die Beziehungen zwischen Militär und Gesellschaft in Israel – hat ihn in *Davar* veröffentlicht, kurz nach der Einstellung der Kämpfe im Libanon.[205]

Für Peri hat in Israels »militärisch-diplomatischer Grundkonzeption« eine »wahre Revolution« stattgefunden, die er mit dem politischen Sieg von Begin und Scharon beginnen läßt (wobei mir scheint, daß die Verschiebung früher eingesetzt hat und allmählicher verlaufen ist). Die frühere Grundkonzeption beruhte auf der Suche nach »Koexistenz« und zielte auf die Erhaltung des Status quo. Israel strebte eine friedliche Regelung an, mit der seine Position in der Region anerkannt und seine Sicherheit garantiert würde. Die neue Konzeption dagegen zielt auf »Hegemonie«, denn mittlerweile ist Israel so mächtig geworden, daß es die Destabilisierung der gesamten Region avisieren kann.

Der erste Schritt auf diesem Weg war die Libanon-Invasion, mit der die »palästinensische Nationalbewegung« zerstört und »eine neue Ordnung« errichtet werden sollte. Dann ist Jordanien an der Reihe und danach Damaskus, schließlich Saudi-Arabien und was da noch kommen mag auf dem Weg zur Hegemonialmacht.

Peri befürchtet, daß dieses Programm nicht nur Ausdruck eines Wahns oder Wahnsinns ist, sondern früher oder später auch die Opposition der Vereinigten Staaten hervorrufen wird, die ihrerseits eine dem Status quo verpflichtete Macht und daher der von Israel betriebenen oder geplanten Destabilisierung abhold sind. Allerdings hört man hier und da in Israel schon Stimmen, die militärische Abenteuer auch ohne US-Unterstützung zu wagen bereit sind. Sie verkennen indes die Wirklichkeit, in der Israel in erheblichem Maße von anderen Staaten, ganz besonders natürlich den USA, abhängig ist. Einem vor kurzem veröffentlichten Bericht zufolge, den Peri zitiert, liegt Israel in der Einschätzung internationaler Banken betreffs seiner wirtschaftlichen Solidität an 92. Stelle von insgesamt 114 Staaten, immerhin jedoch noch vor Angola, Haiti und El Salvador. Es hat, pro Kopf gerechnet, die höchsten Auslandsschulden und dürfte den von Begin eingeschlagenen Hegemonialkurs wohl nur solange verfolgen, bis die USA ihre Interessen gefährdet sehen und die Umkehr befehlen.

4. Aufgabe der Verweigerungshaltung?

Diese Erwägungen führen zur letzten Frage. Nehmen wir an, daß die USA, sei es aufgrund eines Konflikts über regionale Ziele, sei es aufgrund der Annäherung an den internationalen Konsens, Israels Verweigerungshaltung nicht länger mittragen. Wie würde Israel auf eine derart einschneidende Änderung reagieren? Zunächst sieht es so aus, als könne es sich dem Druck nicht entziehen, denn Militär und Wirtschaft sind in entscheidendem Maß von US-Zuwendungen abhängig.

Noch vor einiger Zeit hätte man ohne Schwierigkeiten so argumentieren können, doch Ende der siebziger Jahre fürchteten einige US-Militärspezialisten, Israel sei jetzt so gut aufgerüstet, daß es Abenteuer auf eigene Faust unternehmen und damit zum Sicherheitsrisiko für die Vereinigten Staaten werden könnte,[206] was Joram Peris Überlegungen aus israelischer Sicht zu bestätigen scheinen. Ein Hinweis von vielen war die bereits erwähnte Reaktion auf den Friedensplan der Saudis, den Israel so bedrohlich fand, daß es als Reaktion darauf selbst eine bedrohliche Haltung einnahm. Begin und Schamir, so schrieb *Davar*, hätten »Hinweise darauf gegeben, daß die weltweite Billigung des Fahd-Plans [d. h. des saudischen Friedensplans] Israel zum Überdenken seiner Politik, wie etwa der geplanten Evakuierung der Sinai-Halbinsel, veranlassen könnte.« Hinzu kamen die Aufklärungsflüge über saudischem Territorium. Man mußte den Eindruck gewinnen, daß Israel tatsächlich Pläne für einen Militärschlag hegte.[207]

Anfang 1983 kehrte Tom Dine, der Direktor des Amerikanisch-israelischen Komitees für öffentliche Angelegenheiten (American Israel Public Affairs Committee, AIPAC) aus Jerusalem zurück, wo er mit hohen israelischen Regierungsbeamten und Politikern gesprochen hatte. In der *Jerusalem Post* erklärte er, Sanktionen gegen Israel könnten den Staat »dazu veranlassen, umfassende Maßnahmen zur Beseitigung der [arabischen] Bedrohung zu ergreifen, solange die Armee noch die dafür notwendigen Kapazitäten besitzt«. Wolf Blitzer bemerkt dazu: »Im Kern besagte Dines ominöser Hinweis, daß Israel einen präemptiven Schlag gegen seine arabischen Feinde erwägt, um ihre militärischen Fähigkeiten für lange Zeit außer Gefecht zu setzen. Macht mir, wollte Dine übermitteln, Jerusalem nicht nervös.« Blitzer hält es nicht für ausgeschlossen, daß man bei Dines Bemerkungen im Weißen Haus zusammenzuckte,[208] nicht aus Besorgnis über weitere arabische Opfer israelischer Angriffslust, sondern weil man eine Belastung der Beziehungen zu den Ölstaaten und vielleicht auch einen globalen Krieg befürchtete. Jedenfalls weigerte sich die Regierung Reagan ausdrücklich, neue Hilfslieferungen an Israel mit irgendwelchen »politischen Bedingungen« zu verknüpfen.

Auch die Drohung mit atomaren Angriffen ist nicht zu unterschätzen. In einer von israelischen und amerikanischen Spezialisten veröffentlichten Untersuchung[209] heißt es u. a., daß Israel in den ersten Stadien des Jom-Kippur-Kriegs (Oktober 1973) mit dem Einsatz von Atomwaffen drohte, um die USA zu einer »umfangreichen Lieferung konventioneller Waffen zu zwingen«. Die israelischen Signale, schreiben die Autoren, »sollten den Entscheidungsträgern im Weißen Haus, im Pentagon und im Außenministerium klarmachen, daß eine weitere Verzögerung dem Nahen Osten eine Katastrophe einbringen könnte«.

Ferner untersuchen sie die Nuklearkapazitäten, die Israel in Zusammenarbeit mit Südafrika und Taiwan entwickelt hat. Sie zitieren von ihnen für glaubwürdig gehaltene Berichte, denen zufolge Israel über etwa 200 »einsatzbereite Atomsprengköpfe« verfügt, wozu auch ein taktisches und strategisches Arsenal gehört, und an der Entwicklung einer Neutronenbombe sowie der Herstellung von Marschflugkörpern mit einer Reichweite von fast 3000 km arbeitet. Der Vorfall vom September 1979, als amerikanische und sowjetische Spionagesatelliten über dem Indische Ozean eine gewaltige Explosion entdeckten, soll tatsächlich die Sprengung einer Atomgranate gewesen sein, die aus einer Kanone abgefeuert wurde. An diesem Experiment war auch Südafrika beteiligt.

Ob diese Berichte wahr sind, läßt sich nicht entscheiden. Doch kann man annehmen, daß Israel es gern sieht, wenn andere daran glauben. Möglicherweise sind die atomaren Marschflugkörper auch gar nicht dafür gedacht, Ziele in Südrußland zu treffen, sondern den US-Strategen zu vermitteln, daß Israel die Fähigkeit hat, die UdSSR auf höchst gefährliche Weise in den Nahostkonflikt zu verwickeln. Mit dieser Unwägbarkeit verfügt Israel über eine »Geheimwaffe«, die vielleicht ein Ausgleich für die Abhängigkeit von den Vereinigten Staaten ist.

Auch das ist nichts wirklich Neues. In einer Tagebuchaufzeichnung vom Oktober 1955 berichtet der damalige Premierminister Mosche Scharett von seinen Befürchtungen hinsichtlich des Verteidigungsministers Pinchas Lavon, der »fortwährend von Taten des Wahnsinns predigte und der Armeeführung teuflischerweise beibrachte, wie der Nahe Osten in Flammen zu setzen sei, mit blutigen Konfrontationen, Sabotageaktionen ... Verzweiflungs- und Selbstmordtaten«. Anlaß waren die Terroraktionen, die Israel in Ägypten gegen amerikanische und britische Einrichtungen durchführte, um »den Westen an weiterer Hilfe für Ägypten zu hindern«. Israel war damals höchst besorgt über die augenscheinlich guten Beziehungen zwischen Nasser und Washington.[210] Jaakov Scharett, der Sohn, sieht die Gefahr auch heute und warnt vor einer »kollektiven Version« von Samsons Rache an den Philistern, als er den Tempel zum Einsturz brachte und damit sich selbst, aber auch unzählige seiner Feinde tötete.[211] Jaakov Scharett zitiert noch einen anderen Abschnitt aus den Tagebüchern seines Vaters, in dem Lavon mit den Worten zitiert wird: Wenn man uns in die Quere kommt, werden wir verrückt (*nischtagea*). Ähnlich äußerte sich David Hacohen (wie Scharett und Lavon Mitglied der Arbeiterpartei) nach dem Angriff auf Ägypten 1956: »Wir haben nichts zu verlieren, also können wir ruhig verrückt werden, damit die Welt sieht, wozu wir fähig sind«.[212] Für Arjeh

(Lova) Eliav, einen der einflußreichsten israelischen Vertreter einer friedlichen Lösung, zeigt sich im »Samson-Komplex« jener »Wahnsinn«, der sich auch in der gewalttätigen Gegendemonstration äußerte, bei der Emil Grunzweig getötet wurde.[213] Verstärkt wird dieser Komplex noch durch das Gefühl, daß die ganze Welt mit ihrem unauslöschlichen Antisemitismus »gegen uns« ist, eine paranoide Vorstellung, die durch die amerikanischen »Unterstützer Israels« noch bestärkt wird.

Israels »Geheimwaffe« ist, um es kurz zu sagen, sein unberechenbares Verhalten. In der politikwissenschaftlichen Fachliteratur gibt es dafür den Begriff der »verrückten Staaten« (*crazy states*), den der israelische Gelehrte Jeheskel Dror von der Hebräischen Universität entworfen hat. Er schreibt: »Ich bin mit den Möglichkeiten und Implikationen anscheinend irrationalen politischen Verhaltens besser vertraut als die amerikanischen Strategen oder die amerikanische Öffentlichkeit im allgemeinen«, was mit den Gefahren zusammenhängt, »die mein Land bedrohen«.[214] Er betrachtet »möglicherweise verrückte Staaten« als »Hauptgefahr – für die Welt, die Vereinigten Staaten und jedes andere Land«, wobei er vor allem auf den Samson-Komplex und die Gefahr verrückter Staaten mit Atomwaffen verweist. Der Text ist sehr abstrakt, und es wird auch nicht recht deutlich, welche Staaten Dror meint, üblicherweise geht es bei diesem Thema zumeist um Länder wie Libyen oder den Irak und seltsamerweise fast nie um Israel, trotz der Äußerungen von Lavon und anderen.

Würde Israel tatsächlich auf seine »Geheimwaffe« zurückgreifen, falls amerikanischer Druck eine politische Lösung erzwingt, zu der die Rückgabe der besetzten Gebiete gehörte? Das hängt auch von der Einschätzung und Gewichtung der öffentlichen Meinung in den USA ab. Wenn Israel glaubt, daß seine Unterstützer dort nicht wanken und nicht weichen, könnte es durchaus zu einer stärkeren Reaktion geneigt sein als 1981 oder 1982, als es sich von der saudischen Friedensinitiative bzw. einer als politischen Kraft eingeschätzten PLO bedroht fühlte. Im ersten Fall ließ es nur die Muskeln spielen, im zweiten Fall marschierte es in den Libanon ein. Eine Steigerung ist möglich.

Klar ist auf jeden Fall, daß Unterdrückung, Terrorismus und Krieg andauern, solange eine politische Lösung im Sinne des internationalen Konsenses von den USA nicht gesucht, ja, nicht einmal gewünscht wird.

IV Öl vs. Frieden?

1. Die Ausweitung der Monroe-Doktrin

Die Gründung des Staates Israel fiel in die Zeit des sich entwikkelnden Kalten Kriegs und der amerikanischen globalstrategischen Planungen (*Grand Area*[215]), bei denen dem Nahen Osten wegen seiner reichen Ölvorräte besondere Bedeutung zukam. Eisenhower nannte die arabische Halbinsel das »strategisch bedeutsamste Gebiet der Welt«. So wurde es, wie zuvor schon in Lateinamerika, notwendig, die traditionellen Imperialmächte zurückzudrängen, was mit Frankreich sehr schnell und unfeierlich geschah, während Großbritannien seine Rolle weiterspielen durfte, die dann durch die Verschiebung der Machtverhältnisse ganz von selbst schrumpfte.

Wie schon in der westlichen Hemisphäre beherrschten die US-amerikanischen Ölkonzerne auch im Nahen Osten das Feld. 1970 stiegen Saudi-Arabien und der Iran zu den bedeutendsten Ölförder- und -exportländern auf und lösten damit Venezuela ab, wo die Vereinigten Staaten nach dem Ersten Weltkrieg den Diktator Juan Vicente Gómez zunächst unter Druck gesetzt hatten, damit er britischen Unternehmen die Konzession entzog, woraufhin er die Unterstützung der regionalen Vormacht genießen durfte. Nach dem Zweiten Weltkrieg übernahmen dann die Ölkonzerne die Wirtschaft des Landes und konnten zwischen 1949 und 1958 beträchtliche Gewinne realisieren. Zu dieser Zeit wurde Venezuela von Pérez Jiménez regiert, der Gómez an Brutalität und Raubgier noch übertraf; von Eisenhower erhielt er einen hohen Verdienstorden (den Legion of Merit) für seine »gesunde Wirtschafts- und Finanzpolitik, mit der die Regierung ausländische Investitionen förderte und so zum Wohlergehen des Landes und zur rapiden

Entwicklung seiner immensen Rohstoffvorkommen beitrug« – und natürlich zu den ebenso immensen Gewinnen der US-Konzerne. (Etwa die Hälfte der Profite der Standard Oil Company aus New Jersey stammte von der venezolanischen Tochtergesellschaft, um nur ein Beispiel anzuführen.) Die Regierung Kennedy führte die klassische Lateinamerika-Politik – Unterstützung des Militärs gegen Gewerkschaften, Arbeiterparteien und andere Organisationen der unteren Schichten – fort, mit ähnlichen Erfolgen wie in Brasilien, dem anderen Juwel in der lateinamerikanischen Krone.[216]

Die Richtlinien dieser Politik waren bereits 1944 in einem Memorandum des US-Außenministeriums mit dem Titel »Erdölpolitik der Vereinigten Staaten« skizziert worden. Gefordert wurde »die Bewahrung der jetzt erreichten Position [in der westlichen Hemisphäre] durch den wachsamen Schutz existierender Konzessionen in US-amerikanischem Besitz, gekoppelt mit dem Beharren auf dem Grundsatz der Offenen Tür, der gleiche Betätigungsmöglichkeiten für US-Gesellschaften in anderen Gebieten vorsieht«. Das war das übliche »Prinzip des real existierenden freien Markts«: Was wir haben, behalten wir, indem wir die Tür anderen vor der Nase zuschlagen; was wir noch nicht haben, nehmen wir uns, indem wir die anderen zwingen, die Tür für uns zu öffnen. Getroffen wurde damit vor allem der Hauptkonkurrent: »Großbritanniens schwindende Macht zwang die Regierung, ein Arrangement zu akzeptieren, das der einheimischen US-Ölindustrie eine privilegierte Position einräumte, während die britische Ölproduktion im Ausland sich dem Wettbewerb mit den mächtigen internationalen amerikanischen Gesellschaften öffnen mußte.«

Auf diese Weise konnte Washington die Politik der »geschlossenen Tür« erfolgreich von Lateinamerika auf den Nahen Osten übertragen. 1918 hatte die Regierung Wilson verlauten lassen, sie halte es »für höchst wichtig, daß nur anerkannte Amerikaner in der Nachbarschaft des Panama-Kanals Ölkonzessionen besitzen«. Das jedenfalls erklärte Außenminister

Lansing mittelamerikanischen Regierungsvertretern, als er von britischen Bemühungen, solche Konzessionen zu erhalten, erfuhr. Diese aggressive Politik war, wie Jeffry Frieden bemerkt, »außerordentlich erfolgreich« und wurde eine Generation später auch im Nahen Osten angewendet, als »das Beharren auf dem Prinzip der offenen Tür gerade so lange dauerte, bis die amerikanischen Ölgesellschaften Einlaß gefunden hatten; danach wurde sie zugeworfen«.[217]

Es ist durchaus verständlich, daß die US-Strategen die Monroe-Doktrin auf den Nahen Osten ausweiteten, sobald sich dies als machbar erwies. Rechtfertigungen waren schnell zur Hand. Der amerikanische Gesandte in Saudi-Arabien, Alexander Kirk, fand es höchst sinnvoll, daß die Vereinigten Staaten Großbritannien ablösten: »Selbstverständlich kann eine stabile Weltordnung nur unter dem amerikanischen System erreicht werden«, weil es »weniger entwickelten Ländern Hilfe zur Selbsthilfe leistet, damit sie die Fundamente für eine wirkliche Unabhängigkeit legen können« – wie die USA in der Karibik, Mittelamerika und auf den Philippinen schon so erfolgreich vorexerziert hatten.

Ein von Präsident Roosevelt gebilligtes Memorandum des Außenministeriums (ebenfalls von 1944) kam zu dem Schluß, daß amerikanische Entwicklungshilfe für die saudische Monarchie »den Unterschied zwischen dem amerikanischen und dem britischen Ansatz im Hinblick auf unterentwickelte Länder verdeutlichen und die größere Kapazität Amerikas bei der Gewährung kontinuierlicher und konstruktiver materieller Hilfe betonen« könnte. Um zu verhindern, daß britische Strippenzieherei »Ibn Saud oder seine Nachfolger nicht dazu veranlaßt, [amerikanische Gesellschaften] zugunsten der britischen um die Konzessionen zu betrügen«, schlug der außenpolitische Berater William Bullitt Entwicklungshilfe nach dem Leih-Pacht-System vor. Präsident Roosevelt sah in Saudi-Arabien einen »demokratischen Verbündeten« im Kampf gegen den Nationalsozialismus und insofern dieses Systems, zu dem auch die

Lieferung knapper Baumaterialien gehörte, würdig: »Die Verteidigung Saudi-Arabiens ist für die Verteidigung der Vereinigten Staaten lebenswichtig«, erklärte er – allerdings richtete sich diese Verteidigung gegen Großbritannien. Das saudische Königshaus habe die Entwicklungshilfe verdient, weil Ibn Saud »ein Mann mit klaren Vorstellungen und der Fähigkeit ist, sein Volk auf den Weg des weltweiten Fortschritts zu führen«, meinte Patrick Hurley, Roosevelts Sondervertreter im Nahen Osten. Ibn Saud wurde als progressiver und weitsichtiger Monarch beschrieben, der unter Anleitung der USA für die angemessene Verteilung der Reichtümer seines Landes in der Neuen Weltordnung sorgen würde.[218]

Die Vereinigten Staaten benötigten das nahöstliche Öl zunächst nicht für eigene Zwecke. Es ging ihnen vielmehr darum, daß die enormen Gewinne vor allem ihnen selbst, dem britischen Vasallen und ihren Konzernen, nicht aber der Bevölkerung in den Ländern des Nahen Ostens zugute kamen. Außerdem sollten die Ölpreise sich in jenem Rahmen bewegen, der für die US-Wirtschaft am günstigsten, d. h. nicht zu hoch und nicht zu niedrig war. Außerdem bot die Verfügungsgewalt über das Öl die Gelegenheit, die Vorherrschaft in der Welt abzusichern. Ein instruktives Beispiel ist Japan, dessen wirtschaftliche Entwicklung bis in die sechziger Jahre hinein zwar eher ungünstig schien, was aber weitblickende Strategen nicht daran hinderte, eventueller Insubordination schon frühzeitig einen Riegel vorzuschieben. George Kennan schlug bereits 1949 vor, die japanischen Ölimporte zu kontrollieren, um gegen Japans Militär- und Industriepolitik notfalls ein Veto einlegen zu können. Allerdings ist diese Macht seit den siebziger Jahren, nach dem »Ölschock« und einer veränderten japanischen Energiepolitik stark zurückgegangen.

2. Die Anfänge der Ölpolitik im Nahen Osten

Wie in anderen Weltregionen, galt auch im Nahen Osten das Hauptaugenmerk der USA nationalistischen Unabhängigkeitsbestrebungen. Die Interventionen in Griechenland und Italien entsprangen auch der Befürchtung, der kommunistische Funke in Südeuropa könne sich nach Osten ausbreiten und die Kontrolle über die Erdölreserven gefährden. 1953 wurde im Iran die konservative Regierung Mossadegh durch einen von der CIA initiierten Putsch gestürzt und der Schah reinthronisiert. Auch Nasser betrachteten die USA mit äußerstem Mißtrauen, so wie später Khomeini, was sie dazu veranlaßte, Saddam Hussein im Krieg des Irak gegen den Iran zu unterstützen. Hussein wiederum mutierte über Nacht vom Freund zum Feind, als er im August 1990 in Kuweit einmarschierte. Hinter all diesen Interventionen stand immer die Furcht, nationalistische, nicht von den USA beherrschte Kräfte könnten substantiellen Einfluß auf die ölproduzierenden Regionen gewinnen. Dagegen gelten die famillionären Dikaturen als geeignete Partner, weil sie ihre Bodenschätze im Einvernehmen mit den amerikanischen Interessen ausbeuten und Terror und Subversion der Vereinigten Staaten in der ganzen Welt unterstützen.

Bisweilen dürfen solche Intentionen auch der Öffentlichkeit vermittelt werden. Nach dem Sturz Mossadeghs und der damit verbundenen Übernahme von 40 Prozent der britischen Ölkonzessionen durch amerikanische Konzerne meinte die *New York Times* in einem Kommentar, das seien »wahrlich gute Neuigkeiten«, auch wenn »alle Beteiligten« (z. B. von den Schergen des Schahs gefolterte Iraner) dafür zu zahlen hätten, was aber gerechtfertigt sei, sofern andere Länder begriffen, wohin »fanatischer Nationalismus« führen kann. »Vielleicht ist die Hoffnung übertrieben, daß die Erfahrung, die der Iran gemacht hat, den Aufstieg von anderen Mossadeghs in anderen Ländern verhindern kann, aber immerhin besteht die Möglichkeit, daß vernünftigere und weitsichtigere politische Führer sich in ihrem

Kurs bestärkt fühlen.« Vor allem solche, die begreifen, wer die Tagesordnung bestimmt.

Neben der *New York Times* erwiesen sich auch die anderen Medien als getreue Propagandisten der US-Regierungspolitik. Mossadegh wurde zum Teufel, als sein Sturz beschlossene Sache war. Nachdem das Schah-Regime die Macht übernommen hatte, wurde es von der *New York Times* für seine »höchst erfolgreiche Kampagne gegen subversive Elemente ... ohne Unterdrückung der Demokratie« gelobt, insbesondere für die Liquidierung der (pro-sowjetischen) Tudeh-Partei und der »extremen Nationalisten«. Erst als der Pfauenthron 1978 zu wakkeln begann und der Iran schließlich in die Hände Khomeinis fiel, gab es auf einmal Bedenken wegen der Menschenrechte, und die Politik mußte sich fragen, ob sie die Standfestigkeit des von ihr an die Macht gebrachten Tyrannen richtig eingeschätzt hatte.[219]

Gerade in Krisenmomenten treten vorherrschende Denkweisen oft mit besonderer Klarheit hervor. Als große Demonstrationen am 21. Juli 1953 die britischen Versuche, die Regierung Mossadegh zu unterminieren, vereitelten, berichtete der britische Botschafter George Middleton fassungslos, daß dieser Tag »ein Wendepunkt in der iranischen Geschichte ist. Vormals konnte die zahlenmäßig kleine herrschende Klasse ... den Premierminister beeinflussen. Jetzt aber ist die Zustimmung des Mobs der entscheidende Faktor.«

Ein anderes Beispiel ist die Reaktion der USA und Großbritanniens auf den Putsch nationalistischer Offiziere, der im Juli 1958 den Irak der britisch-amerikanischen Kontrolle über die Ölförderländer entzog. Die Besorgnis war so groß, daß Washington offenbar (so jedenfalls William Quandt) den Einsatz von Atomwaffen erwog. Jedenfalls befahl Präsident Eisenhower dem Vorsitzenden der Vereinigten Stabschefs, sich darauf vorzubereiten, »auf Anweisung [Eisenhowers] *alle* für notwendig erachteten Mittel einzusetzen, um gegnerische Mächte davon abzuhalten, nach Kuweit einzumarschieren« (Hervorhebung von Eisenhower). Quandt meint auch, daß die USA, als sie nach dem Putsch Marineeinheiten im Libanon landen ließen, »die das Erdöl betreffenden britischen Interessen in Kuweit schützen wollten«. Im Zentrum der Irritationen stand damals der ägyptische Präsident Nasser, dessen unabhängiger (also »antiwestlicher«) Kurs besondere Bedenken hervorrief.[220]

Gleich nach dem Putsch berieten sich die Außenminister Großbritanniens und der USA, Selwyn Lloyd und John Foster Dulles, in Washington. In einem geheimen Telegramm an den Premierminister erörterte Lloyd verschiedene Optionen, darunter die »sofortige Besetzung« Kuweits, was den Vorteil hätte, die Kontrolle über das Öl direkt auszuüben. Er riet jedoch davon ab, weil dadurch nationalistische Gefühle in Kuweit geweckt würden und negative Auswirkungen auf »die internationale Meinung und die übrige arabische Welt« zu befürchten seien. Besser wäre es, Kuweit eine Art nomineller Unabhängigkeit anzubieten und das Protektorat in eine Art »kuweitischer Schweiz zu verwandeln, wo die Briten keine direkte Kontrolle ausüben«, aber natürlich trotzdem alles im Griff behalten. Genau das befürchtete der Westen von Saddam Hussein nach seinem Einmarsch in Kuweit.

Allerdings muß Großbritannien, »wenn die Dinge schiefgehen, mit allem Nachdruck und ohne Rücksicht auf den Verursacher der Schwierigkeiten intervenieren«, wobei es sich »der Solidarität der Vereinigten Staaten sicher sein kann«, und das nicht nur im Hinblick auf Kuweit, sondern auch auf die Aramco-Ölfelder in Saudi-Arabien. Schon sechs Monate vor dem Putsch im Irak hatte Lloyd darauf hingewiesen, daß »kleinere Veränderungen in Richtung auf größere Unabhängigkeit« für Kuweit unerläßlich sind und in diesem Zusammenhang die »hauptsächlichen britischen und gesamtwestlichen Interessen im Persischen Golf« zusammengefaßt:

»a) Freier Zugang für Großbritannien und andere westliche Länder zu dem von den Golfstaaten produzierten Öl;

b) fortgesetzte Verfügbarkeit dieses Öls zu günstigen Bedingungen und gegen Sterling sowie Aufrechterhaltung geeigneter Arrangements zur Investierung kuweitischer Gewinne;

c) Verhinderung der Ausbreitung von Kommunismus und Pseudo-Kommunismus in diesem Gebiet und darüber hinaus sowie, als Vorbedingung, Verteidigung des Gebiets gegen jene Art von arabischem Nationalismus, den die sowjetische Regierung augenblicklich als Deckmantel für ihre Avancen benutzt.«

Freigegebene US-Dokumente äußern sich entsprechend: Großbritannien »versichert, daß seine finanzielle Stabilität ernsthaft bedroht wäre, wenn das Erdöl aus Kuwet und der Golfregion nicht zu vernünftigen Preisen geliefert, Großbritannien der dort getätigten umfangreichen Investitionen verlustig gehen und der Sterling nicht mehr durch das Öl gestützt würde«. Dies und die Einsicht, daß sichere Ölquellen für die weitere wirtschaftliche Stabilität Westeuropas wichtig sind, ist für die USA ein Argument, »die Briten bei der Anwendung von Gewalt zur Aufrechterhaltung der Kontrolle über Kuweit und die Golfregion zu unterstützen oder, falls notwendig, ihnen beizustehen«. Allerdings könnten dadurch die »Beziehungen zu neutralen Ländern in anderen Regionen gefährdet werden«. Im November 1958 empfahl der Nationale Sicherheitsrat »die Anwendung von Gewalt als letztem Mittel«, um den Zugang zum arabischen Öl zu sichern.[221]

Anfang der siebziger Jahre brauchten die USA das Öl vom Golf, um die eigene angeschlagene Wirtschaft zu stärken. Die nach Großbritannien und Amerika fließenden Kapitalströme aus Saudi-Arabien, Kuweit und anderen Golfstaaten nützten den Konzernen, den Banken und der nationalen Wirtschaft ganz allgemein. Aus diesen und anderen Gründen waren die beiden Länder steigenden Ölpreisen oft nicht abgeneigt. Gerade die enormen Erhöhungen von 1973/74 – denen ebenso beträchtliche Preissteigerungen bei US-amerikanischer Kohle,

Uran und landwirtschaftlichen Exporten vorangingen – brachten den Volkswirtschaften zeitweilige Vorteile und bescherten den Konzernen durch teures Öl aus Alaska und der Nordsee, das bislang vom Markt ferngehalten worden war, erhebliche Gewinne. Die Vereinigten Staaten konnten steigende Energiekosten durch militärische und andere Exporte in die Ölförderländer sowie durch umfangreiche Bauprojekte, die sie dort realisierten, ausgleichen. Außerdem wurden die Gewinne der Ölstaaten vielfach in den Vereinigten Staaten und Großbritannien angelegt.

Die oben skizzierten politischen Richtlinien führten auch zur Intervention, mit der Washington und London auf den im August 1990 erfolgten Einmarsch von Saddam Hussein in Kuweit reagierten. Damit wollten sie auf jeden Fall verhindern, daß der Rückzug zur Verhandlungssache und die Krise entschärft würde. Andere Staaten ließen sich nur sehr zögernd darauf ein, bei dieser im wesentlichen unilateralen Angelegenheit mitzumachen. Wie sonst auch standen Wirtschaftsinteressen im Vordergrund; wie in Lateinamerika, durfte es auch im Nahen Osten keinen »ökonomischen Nationalismus« geben. Die Regierungen baten um Unterstützung bei der Entwicklung von warenproduzierenden Industrien, doch die USA beharrten auf »gesunden wirtschaftlichen Grundsätzen«, d. h. auf der Arbeitsteilung zwischen Rohstoffproduktion am Golf und industriell-technologischer Verarbeitung im Westen.

Auch hier bietet Ägypten ein instruktives Beispiel. Als man in den vierziger Jahren das britische Joch endlich abgeworfen hatte, sollte das Land industrialisiert werden, doch reagierten die USA ähnlich wie Palmerston ein Jahrhundert zuvor.[222] Der Direktor der Amerikanischen Wirtschaftsmission im Nahen Osten, James Landis, wies in einer Rede vom Dezember 1944 darauf hin, daß die Vereinigten Staaten Ägypten nicht helfen würden, wenn es dem Pfad »des Merkantilismus, der unwirtschaftlichen und politisch motivierten Subventionen, einem engstirnigen Nationalismus und der Bevorzugung bestimmter Gruppen folgt« – also genau das tut, was auch die USA getan haben, um sich wirtschaftlich und industriell entwickeln zu können. Die ägyptische Industrie solle sich, riet ein anderer Bericht »auf eine Reihe von einfachen, den Fähigkeiten des ägyptischen Arbeiters entsprechenden, Operationen beschränken« und im wesentlichen Primärproduzent bleiben, wenn es finanzielle oder technische Entwicklungshilfe erwarte.

Doch wurden die Daumenschrauben noch weiter angezogen. Auf Druck einheimischer Baumwollproduzenten ergriffen die USA Maßnahmen zum Schutz der Produktion vor ägyptischen Konkurrenten, was in Ägypten zu einer Dollarknappheit führte und die dortige Nationalbank zu der Bemerkung veranlaßte, daß die USA »die anderen Ländern gepredigte Entdiskriminierung des Handels selbst nicht vollständig umsetzen«. Das ist in der Tat die übliche Strategie, von dem Memorandum über die »Erdölpolitik« bis zu Clintons »nationaler Exportstrategie«. Ganz einfach drückte es 1949 der Ölmagnat Howard Pew aus: Amerikanische Zölle, meinte er, solle man nicht »als Hindernisse für den Freihandel, sondern als Verteidigungsmechanismen« sehen.

Da nun die Dollars fehlten und auch Großbritannien nicht bereit war, Ägyptens Industrie zu fördern, schloß die Regierung 1948 ein Handelsabkommen mit der Sowjetunion, was ihr eine Rüge seitens des US-Außenministeriums eintrug: Solche Maßnahmen würden »den Handel in unwirtschaftliche Kanäle lenken und den Umfang des Welthandels sowie dessen Vorteile mindern«. Da Ägypten offensichtlich kein Verständnis für gesunde wirtschaftliche Grundsätze hatte, stießen seine »Anfragen nach Kapitalhilfe von den Vereinigten Staaten auf taube Ohren«. Die Privatinvestitionen folgten den nämlichen Regeln. Sie waren, wie der libanesische Diplomat George Hakim bemerkte, »nicht auf die allgemeine Entwicklung der nahöstlichen Länder gerichtet, sondern lediglich auf den Export von Rohöl für den europäischen Markt«. Es waren sehr gegensätzliche Erwartungen, die da aufeinanderprallten.[223]

3. Machtstrukturen

Die USA setzten in der Nahostregion im wesentlichen die vom britischen Imperialismus betriebene Politik fort. Die Briten hatten während des Ersten Weltkriegs erkannt, daß direkte Kolonialherrschaft nicht länger möglich war und übertrugen daher die lokale Verwaltung einer »arabischen Fassade« schwacher und fügsamer Herrscher, während die Kolonien den »Status eines Protektorats, einer Einflußsphäre, eines Pufferstaats« erhielten, was kostengünstiger war als die direkte Herrschaft (Lord Curzon und das Ostkomitee, 1917/18). Doch dürfen wir niemals das Risiko eingehen, die Kontrolle zu verlieren, warnte John Foster Dulles. Die Fassade würde aus familiären Diktaturen bestehen, die tun, was man ihnen sagt und vor allem garantieren, daß die Gewinne aus dem Ölgeschäft an die USA, Großbritannien und deren Energiekonzerne fließen. Geschützt werden sie durch Regionalmächte vorzugsweise nicht-arabischer Provenienz (die Türkei, Israel, Schah-Iran, Pakistan). Britische und amerikanische Verbände stehen in Reserve, mit Stützpunkten von den Azoren über Nordafrika bis zum Indischen und Pazifischen Ozean. Dieses System hat sich über einen langen Zeitraum bewährt und jetzt erneut gute Aussichten.[224]

Die Erfolge waren spektakulär. Billiges Öl war der Treibstoff des »Goldenen Zeitalters« der Nachkriegsepoche. »Mehr als traumhafte Gewinne« flossen in die Kassen der Konzerne und stabilisierten die schwächelnde britische, später auch die amerikanische Wirtschaft.[225] Die Nachkriegsordnung hielt auch weiterhin große Teile der Bevölkerung in der Golfregion vom Ölreichtum fern und ließ nur die Oberschichten der »arabischen Fassade« davon profitieren. Diese »empörend einseitige Eigentumsverteilung in der waffenstarrendsten Region der Welt mit ihrer langen Geschichte von Gewalt und Unsicherheit dürfte auch in der Zukunft für Destabilisierung und Aufstände sorgen«, warnt Dilip Hiro. »Eine zunehmende Zahl von arabischen Intellektuellen und religiösen Führern« dürfte mittlerweile die von Saddam Hussein am 10. August 1990 geäußerten Ansichten teilen, auch wenn sie deren Urheber ablehnen. Hussein sagte damals:

»Durch die Teilung der [arabischen] Länder hat der westliche Imperialismus schwache Kleinstaaten entstehen lassen und dort Familien die Herrschaft übertragen, deren Dienste sein [ausbeuterisches] Vorgehen erleichterten. So hat er die Mehrheit der Söhne der Völker und der [arabischen] Nation daran gehindert, den ihnen zustehenden Reichtum genießen zu können. Dieser geriet vielmehr in die Hände einer Minderheit in der [arabischen] Nation und nützte lediglich den Ausländern und den wenigen neuen Herrschern, was zu finanzieller und gesellschaftlicher Korruption in diesen Kleinstaaten führte ... die sich [von dort aus] in viele Bereiche der Bevölkerungsmehrheit in den arabischen Ländern ausbreitete.«

Die Vereinigten Staaten, schreibt Hiro, sind gegen demokratische Verhältnisse, weil es »sehr viel einfacher ist, ein paar herrschende Familien zu manipulieren, die umfangreiche Waffenkäufe tätigen und dafür sorgen, daß der Ölpreis niedrig bleibt, als sich um eine Vielzahl von Persönlichkeiten und politischen Strategien kümmern zu müssen, die den Unwägbarkeiten eines demokratischen Systems unterworfen sind«. Zudem könnten gewählte Regierungen sich den Forderungen nach Eigenständigkeit und islamischer Gefolgschaft öffnen. Aus diesem Grund ist Washingtons Politik der »Unterstützung von Diktaturen zwecks Wahrung stabiler Verhältnisse« (Achmed Tschalabi) so dauerhaft.[226]

Hiros Analyse ist überzeugend. Die Wurzeln der Politik liegen in fest etablierten institutionellen Machtstrukturen, deren Auswirkungen bisweilen von westlichen Politikern bedauert werden. So meinte der britische Premierminister Harold Macmillan angesichts der Nahostpolitik seines Landes, es sei »ziemlich traurig, daß die Umstände uns zwingen, reaktionäre und überlebte Regimes zu unterstützen, nur weil wir wissen, daß die neuen Kräfte zwar als gemäßigte antreten, später jedoch gern revolutionäre und antiwestliche Positionen einnehmen«.[227] Als »revolutionär« und »antiwestlich« werden natürlich vor allem Positionen bezeichnet, die den vom Westen errichteten Machtstrukturen ins Gehege kommen.

Die regionalen Akteure genießen Rechte gemäß ihrer Stellung in der dreischichtigen strategischen Konzeption. Auf der lokalen Ebene haben die Manager der »arabischen Fassade« Rechte, solange sie ihre Arbeit tun, und das gilt auch für die Regionalmächte. Die USA verfügen über uneingeschränkte Rechte, während Kurden, Palästinenser, Slumbewohner in Kairo usw., d. h. all jene, die für die Macht und ihren Erhalt uninteressant sind, keine staatlich verbrieften Rechte besitzen und höchstens für Bauernopfer gut sind wie etwa die Kurden, die im Interesse des damals noch amerikahörigen Iran Anfang der siebziger Jahre gegen den Irak unterstützt und danach fallengelassen wurden, was Henry Kissinger zu der Bemerkung veranlaßte, Außenpolitik sei nun einmal keine Missionarsarbeit.

Heutzutage ist Eisenhowers Klage, wir seien »einer Haßkampagne ausgesetzt, die nicht von den Regierungen, sondern von der Bevölkerung ausgeht«, leicht zu verstehen. Aber warum war das schon 1958 so, als wir Frankreich, Großbritannien und Israel von dem 1956 von ihnen besetzten ägyptischen Territorium wieder vertrieben hatten und die »Sonderbeziehung« zu Israel noch gar nicht existierte? Die iranische Bevölkerung war uns, fünf Jahre nach der Beseitigung Mossadeghs, sicher nicht freundlich gesonnen und auch anderenorts spürte man, daß Washington eine unabhängige Entwicklung in der Region nicht duldete. Ein Jahrzehnt CIA-Operationen in Syrien könnten weiteres Licht auf die Sache werfen.

Syrien war traditionell proamerikanisch gewesen, doch eine heimliche US-Intervention führte zum Ende einer langen Freundschaft. 1948 nahm die CIA zum syrischen Stabschef Husni Zaim Kontakt auf, um die »Möglichkeit einer von der Armee gestützten Diktatur« zu erörtern. Tatsächlich stürzte Zaim die

Regierung einige Monate später, bestätigte die US-Konzession für die Aramco-Pipeline und forderte Friedensgespräche mit Israel, wobei er anbot, 250 000 palästinensische Flüchtlinge anzusiedeln, was Israel ablehnte. Kurze Zeit später wurde er selbst gestürzt, und 1951 putschte sich Adib Schischakli mit geheimer Unterstützung durch die USA an die Macht. Danach geriet die Entwicklung erneut außer Kontrolle, und im März 1956 befürwortete Eisenhower das Projekt OMEGA, das zum Ziel hatte, die zunehmend Nasser-freundliche Regierung zu beseitigen und auf diesem Wege Nasser selbst zu schwächen. Die mit dem britischen Geheimdienst geplante »Operation Straggle« sollte (wohl auf britische Initiative) am Tag der Invasion in Ägypten stattfinden, von der Washington jedoch gar nichts wußte. Allerdings hatte der syrische Geheimdienst die Verschwörung aufgedeckt und vereitelt. Weitere Versuche dieser Art schlugen fehl.

Die vom US-Kongreß im März 1957 bestätigte »Eisenhower-Doktrin« autorisierte den Präsidenten zu Hilfsmaßnahmen auch militärischer Art, »um die territoriale Integrität und politische Unabhängigkeit jener Nationen [im Nahen Osten] zu gewährleisten, die solche Hilfe gegen offene, bewaffnete Aggression seitens einer vom internationalen Kommunismus kontrollierten Nation anfordern«. Das zielte auf Ägypten, aber auch auf Syrien, das die USA schon weitgehend in den Fängen des Kommunismus sahen. Indes war es die US-Politik, die zur Feindseligkeit Syriens und zu dessen Beziehung zur Sowjetunion führte, woraufhin man sich in Washington ernsthaft Sorgen machte, daß »der ganze Nahe Osten an den Kommunismus verlorengehen« könne.[228]

Ganz ähnlich lief es in Lateinamerika, Südostasien und Afrika.

4. Die regionalen Akteure

Die amerikanischen Beziehungen zu den regionalen Akteuren im Nahen Osten gestalteten sich aus der Perspektive der strategischen und wirtschaftlichen Interessen Washingtons zumeist erfolgreich, was vor allem Saudi-Arabien, den Iran unter dem Schah und Israel betraf. In Syrien war die Sache nach hinten losgegangen.

Ägypten ist wegen seiner herausgehobenen Stellung in der Region und der Komplexität des Falls ein besonders wichtiges Beispiel. Anfänglich sahen sich die USA bei der Integration des Landes in die Neue Weltordnung der Nachkriegszeit zwei Problemen gegenüber: Das erste war Ägyptens Interesse an einer unabhängigen wirtschaftlichen Entwicklung, also der bereits erwähnte »ökonomische Nationalismus«, das zweite betraf die Rolle Großbritanniens. In Washington war man nicht darüber erfreut, daß London den Währungsausgleich blockierte und auch sonst amerikanische Handelsinitiativen behinderte.[229] Erst Ende der fünfziger Jahre hatten die USA die Briten weitgehend aus dem Wettbewerb verdrängt.

Anfänglich stand man in Washington dem 1952 durch eine Revolution an die Macht gelangten Nasser-Regime durchaus positiv gegenüber, doch ab Mitte der fünfziger Jahre änderte sich diese Haltung, weil Nasser einen neutralistischen und unabhängigen Kurs eingeschlagen hatte, der schließlich, als Reaktion auf westliche Feindseligkeiten (wie der US-Geheimdienst erkannte), zu engeren Bindungen an die Sowjetunion führte.

Auf Anweisung Eisenhowers ließ Außenminister Dulles ein Memorandum (datierend vom 28. März 1956) anfertigen, das zur Grundlage für das Projekt OMEGA wurde. Nassers führende Position sollte durch die Unterstützung der Golf-Diktaturen und die Verweigerung von Hilfsleistungen insbesondere für den Bau des Assuan-Staudamms geschwächt werden. In einem Tagebucheintrag bemerkte Eisenhower über das Memorandum, »der wachsende Ehrgeiz« Nassers sei das Hauptproblem, das man, so hoffte er, beseitigen könnte, indem man »eine andere Person als zukünftigen Führer der arabischen Welt aufbaut ... Ich sehe diese Person in König Saud.« Im August 1956 informierte Dulles Kongreßabgeordnete, daß die USA britischen und französischen Absichten, Nasser gewaltsam zu stürzen, »nicht ablehnend gegenüberstehen könnten«. Warnend bemerkte er, daß »die Erfüllung von Nassers ehrgeizigen Absichten Westeuropa zu einer Dependenz machen« werde.

Dennoch wandten sich die USA gegen die von Frankreich, Großbritannien und Israel initiierte Invasion, die Ende Oktober 1956 stattfand. Zum einen wollten sie den Briten und Franzosen nicht das Gesetz des Handelns überlassen, sondern selbst das Heft in der Hand behalten, zum anderen war der Zeitpunkt aus ihrer Sicht ungünstig. Einige Wochen zuvor hatte Eisenhower internen Vorschlägen der Regierung, Nasser zu stürzen, eine Absage erteilt, weil in der arabischen Welt »augenblicklich eine feindselige Stimmung herrscht«. Man sollte die Ausführung auf die Zeit nach seiner eventuellen Wiederwahl, die im November anstand, verschieben. Außerdem kam die Invasion dem geplanten Putsch in Syrien in die Quere. Im Dezember, nachdem Eisenhower die Invasoren zum Rückzug gezwungen hatte, kabelte er an Dulles, der einem NATO-Treffen beiwohnte, er solle den Alliierten klarmachen, »daß wir Nassers schlechten Einfluß nicht billigen«, jedoch »der Zeitpunkt ... für korrigierende Maßnahmen falsch gewählt war«.[230]

Im Januar 1958 machte Washington sich ernste Sorgen über arabische Reaktionen auf die US-Politik. Der Nationale Sicherheitsrat stellte fest, daß »in den Augen der Mehrheit der Araber die Vereinigten Staaten der Verwirklichung der Ziele des arabischen Nationalismus ablehnend gegenüberstehen. Sie glauben, daß die Vereinigten Staaten ihr Interesse am Öl im Nahen Osten schützen wollen, indem sie den Status quo verteidigen und politischen oder wirtschaftlichen Fortschritt behindern«. Diese Annahme sei schwer zu widerlegen, weil »unsere wirtschaftlichen und kulturellen Interessen in der Region natürlicherweise zu engen Verbindungen mit jenen Elementen in der arabischen Welt geführt haben, deren Hauptinteresse darin liegt, die Beziehungen zum Westen und den Status quo in ihren Ländern aufrechtzuerhalten«. London wollte Washington davon überzeugen, daß die Anwendung von Gewalt zur Aufrechterhaltung westlicher Vorherrschaft notwendig sei: »Wir sind uns darin einig, daß Gewalt mißbilligt werden muß und Probleme dauerhaft nicht zu lösen imstande ist (vielleicht, weil die andere Seite mit stärkeren Gewaltmaßnahmen reagiert). Aber solche Theorien sind nicht sehr hilfreich, wenn der Mob an den Toren rüttelt.«[231]

Gewalt ist also gerechtfertigt, um den Mob unter Kontrolle zu halten, solange keine Gegenmacht zu fürchten ist.

Unterdessen war auch der Libanon zum Problem geworden, weil das Schamun-Regime um sein Überleben kämpfte. Im Mai 1958 informierte Dulles Präsident Schamun, daß US-Truppen einsatzbereit wären, falls seine Regierung der zunehmenden Opposition im Land nicht Herr werde. Dulles gab dem Präsidenten auch sorgfältige Instruktionen, wie das Ersuchen um militärische Hilfe formuliert werden müsse. Es sei nicht möglich, sich auf die Eisenhower-Doktrin zu berufen, weil eine »bewaffnete Aggression« seitens eines kommunistisch kontrollierten Staats nicht vorliege. US-Truppen könnten jedoch die doppelte Aufgabe wahrnehmen, »a) amerikanisches Leben und Eigentum zu schützen und b) der Regierung bei ihrem Militärprogramm zur Bewahrung der Unabhängigkeit und Integrität des Libanon, die für die nationalen Interessen der USA und den Weltfrieden lebenswichtig ist, behilflich zu sein«. Zudem solle die Regierung sich bei der UNO über eine Einmischung in die inneren Angelegenheiten des Landes beschweren, wobei die Briten darauf hinwiesen, daß ein »bewaffneter Angriff« zumindest angegeben werden müsse, damit nicht der Eindruck entstehe, der Frieden werde durch die amerikanische Intervention bedroht.

Hauptverantwortlicher für die Schwierigkeiten Washingtons war natürlich der »äußerst gefährliche Fanatiker« Gamal

Abdel Nasser, der, so Dulles im Mai 1958 zum israelischen Botschafter Abba Eban, »einen panarabischen Traum hegt, so wie Hitler seinen pangermanischen Traum verfolgte«. Leider gebe es, meinte Dulles weiter, »keine internationalen Maßnahmen, um mit dieser Art von Intervention umgehen zu können«. Ganz ähnlich hatte das britische Außenministerium zehn Jahre zuvor die »wirtschaftliche und ideologische Infiltration« aus dem Osten als »etwas, das der Aggression sehr nahe kommt«, bezeichnet.

Die anderen Alliierten hegten ähnliche Empfindungen. Für den israelischen Premierminister David Ben-Gurion war die Libanonkrise von 1958 die »vielleicht letzte Möglichkeit für die USA, zu verhindern, daß der ganze Nahe Osten den Sowjets in die Hände fällt«. Abba Eban stellte die Sicherheit des Libanon mit der Israels auf eine Stufe: »Wenn der Libanon fällt, ist als nächstes Jordanien an der Reihe, und so nimmt der Nasserismus an Kraft und Stärke zu.« Israel bot den Rückzug von an der libanesischen Grenze stationierten Truppen an, damit Schamun seine Armee effektiver gegen die innere Opposition einsetzen könne. Der Schah, der im Juli Washington besuchte, forderte eine militärische Intervention, »um den Libanon davor zu bewahren, Nasser oder den Kommunisten in die Hände zu fallen«. Auch er vertrat die schon von Eban skizzierte (damals noch nicht unter diesem Namen bekannte) »Domino-Theorie«.[232]

Allerdings fanden UN- und US-Spezialisten, die damals die Verhältnisse im Libanon untersuchten, keine glaubhaften Beweise für die angeblich bevorstehende Intervention ägyptischer oder syrischer Streitkräfte; allerdings hatte Schamun bereits 80 Prozent seines Territoriums an die interne Opposition verloren.

Unterdessen stellte die CIA in einem Bericht vom 12. Juli 1958 fest, daß Nasser »weder Kommunist noch Sympathisant der kommunistischen Lehre ist«. Die einheimischen Kommunisten würden von ihm unterdrückt, und er betrachte die Sowjetunion lediglich als Großmacht, deren Interessen zufälligerweise mit den seinen übereinstimmten. »Die arabischen Ziele – Bewahrung der Unabhängigkeit und Nutzung der Gewinne aus arabischem Öl – sind mit zwei vorrangigen US-amerikanischen Interessen vereinbar, nämlich mit der Verhinderung sowjetischer Vorherrschaft in der Region und der weiteren Sicherung westlichen Zugangs zu den Ölquellen«. Aber derlei hörte man im Weißen Haus nicht gern.

Am 7. Juli hatte Dulles betont, daß die USA eine Lösung suchen müßten, »die einen politischen Kompromiß Schamuns mit den Rebellen ausschließt, weil das ein Sieg für Nasser wäre«. Eine Woche später, am Vorabend des Irak-Putsches, landeten Marinetruppen im Libanon. Das Ergebnis wird in einer Geschichte des Marinekorps wie folgt beschrieben:

»Die Präsenz amerikanischer Truppen auf ihrem Grund und Boden ernüchterte die Libanesen und weckte in ihnen ein Gefühl für Verantwortung. Dadurch konnte ein politischer Kompromiß erzielt werden ... Der neue Präsident [Gen. Tschabab] beruhigte die argwöhnischen Muslime, indem er die Erhöhung der Anzahl von Repräsentanten im Parlament vorsah und einige prominente Ex-Rebellen in sein Kabinett aufnahm. Diese Reformen wurden jedoch nicht freiwillig durchgeführt. Erst die implizite Drohung, daß die USA ihre Truppen einsetzen würden, um ein Abkommen zu erzwingen, führte die Libanesen auf den Weg zu politischer Stabilität.«

Über diese »Stabilität« muß man kein Wort verlieren. In der politischen Rhetorik der Ära nach dem Kalten Krieg hätte man wahrscheinlich von einer »humanitären Intervention« gesprochen, die auf Bitten der Bevölkerung um Hilfe mit weniger Respekt für nationale Grenzen als bislang üblich reagiert.

In diesen Zusammenhängen entwickelte sich dann die oben beschriebene »Sonderbeziehung« zwischen Israel und den Vereinigten Staaten.

5. Auf der Suche nach Frieden: Die großen Hindernisse

Nach dem Sechstagekrieg von 1967 hatte, wie bereits erwähnt, das Bündnis zwischen Israel und den USA feste Konturen angenommen, der Iran war ein verläßlicher Partner, und die Ölmonarchien ließen den Status quo, sofern sie ihn nicht stillschweigend unterstützten, zumindest unangetastet. Der Krieg hatte die Welt, wie Robert McNamara später einräumte, an den Rand eines größeren Konflikts der Supermächte geführt, als die US-Flotte »im Mittelmeer einen [sowjetischen] Frachter einkreiste«. McNamara äußerte sich nicht zu Details, aber der Zwischenfall ereignete sich möglicherweise während Israels Besetzung der Golanhöhen nach dem Waffenstillstand, worauf die Sowjetunion mit nachdrücklichen Warnungen reagierte. Es gab Kontakte über den »heißen Draht«, und bei einem dieser Gespräche soll Kossygin, so jedenfalls McNamara, Präsident Johnson gesagt haben: »Wenn ihr Krieg haben wollt, könnt ihr ihn haben.« Immerhin wurde der Nahostkonflikt als zu bedrohlich eingeschätzt, um ignoriert werden zu können, und so gab es erneute diplomatische Bemühungen um seine Lösung.[233]

Daß es zu keiner Lösung kam, lag, wie geschildert, an der Verweigerungshaltung, die Israel und die USA einnahmen und an der sie beharrlich festhielten: kein unabhängiger Staat für die Palästinenser. Angeblich spielten israelische Sicherheitsbedenken eine Rolle, doch lag das eigentliche Problem woanders. In einem Tagebucheintrag vom Dezember 1948 bemerkt David Ben-Gurion, damals Premierminister: »Ein arabischer Staat in Westpalästina [d. h. im Westjordanland] wäre weniger gefährlich als ein an Transjordanien und morgen vielleicht an den Irak angeschlossener Staat.« Die Gründe liegen auf der Hand und sind auch heute noch gültig: Ein unabhängiger Staat im Westjordanland würde die israelische Expansion und damit den Zugang zu den Wasserquellen erschweren.[234]

Die Bedeutsamkeit dieses bereits erwähnten Faktors läßt sich kaum überschätzen. Haim Gvirtzman von der Hebräischen Universität, einer von Israels führenden Spezialisten in Fragen der Hydrologie, der auch schon das US-Verteidigungsministerium beraten hat, verweist auf ein »kleines Geheimnis«, das zwei Jahrzehnte lang ein solches geblieben ist: »Die Ma'arach, unter deren Ägide bis 1977 die ersten Siedlungen [im Westjordanland] entstanden, achtete darauf, daß sie in Regionen errichtet wurden, die für die Kontrolle der von Israel benötigten Wasserressourcen von entscheidender Bedeutung waren.« Gvirtzman bemerkt, daß »jeder Student der Hydrologie« eine Karte mit diesen Regionen anlegen könnte. 1993 wurden von den 600 Millionen Kubikmetern Wasser, die jährlich aus den Quellen im Westjordanland entnommen werden, 500 Millionen von israelischen Bürgern genutzt, was etwa einem Drittel ihres Gesamtbedarfs (für Städte und Bewässerungsanlagen) entspricht. Daran dürfte sich auch bei verändertem Status des Westjordanlands nichts ändern, meint Gvirtzman und führt aus, daß die seit neunzehn Jahren andauernde Nutzung dieser Ressourcen Israel ein mit der internationalen Gesetzgebung vereinbares Recht auf diese Quellen verschafft. Auch die Besetzung der Golanhöhen verfolgte das Teilziel, Kontrolle über den Oberlauf des Jordan zu erlangen.

Gvirtzman vertritt die Ansicht, daß die palästinensischen »Autonomiebehörden niemals das Verfügungsrecht über die Wasserressourcen in ihrer Region erhalten dürfen«, so wie die Palästinenser unter der Besatzung nur ganz flache Brunnen ausheben durften. Die einzigen Alternativen wären (teure) Entsalzungsanlagen für Meerwasser oder die Umleitung des Litani im Südlibanon. In einem autonomen pälästinensischen Gebiet, erklärt Gvirtzman, »darf Israel im Hinblick auf die Palästinenser nur für einen minimalen Lebensstandard sorgen, d. h. ihnen Wasser nur für urbane Bedürfnisse zugestehen, was sich auf etwa 50 bis 100 Millionen Kubikmeter pro Jahr beliefe. Dieser Verlust wäre zu ertragen; allerdings dürfen wir den Palästinensern nicht gestatten, weitere Gebiete für die Landwirtschaft zu erschließen, weil das auf Kosten der israelischen

Landwirtschaft ginge. Auf keinen Fall dürfen die Palästinenser für die Wasserversorgung des Gazastreifens das Grundwasser aus den Bergregionen verwenden. Wenn die Meerwasserentsalzung eine realistische Lösung ist, sollen sie diese Methode anwenden, um die Bewohner des Gazastreifens mit Wasser zu versorgen«.

Als sich das Problem der Autonomie noch nicht stellte, fährt er fort, »bewies Israel, daß es jeden Konflikt um Wasser in einen *casus belli* verwandeln konnte. Ich kann mir nicht vorstellen, daß wir Autonomie gewähren, ohne vorher bindende Regeln zur Kontrolle der Ressourcen festzulegen. Wir werden den Palästinensern nicht gestatten, das Wasser zu ›rauben‹, während uns die Hände gebunden sind. Die Kibbuzim würden nicht zulassen, daß wir tatenlos zusehen, wie die Palästinenser Brunnen bohren und ihnen das Wasser stehlen!«

Und auch die israelischen Stadtbewohner wären mit Recht über einen solchen Diebstahl erbost.

Der amerikanische Wirtschaftsexperte Thomas Stauffer, der sich seit Jahren mit diesem Thema beschäftigt, schätzt, daß 40 Prozent des von Israel genutzten Wassers aus den 1967 eroberten Gebieten stammen und daß es Israel eine Milliarde Dollar oder mehr kosten würde, wenn eine Friedensregelung diese Ressourcen auch den Einwohnern des Libanons, Syriens, Jordaniens und des Westjordanlands zugutekommen ließe. Er ist, wie andere, der Ansicht, daß die Kontrolle über die Golanhöhen und den südöstlichen Libanon es »Israel ermöglicht, das System von Kanälen, Pumpen und Leitungen zu schützen, mit deren Hilfe das Wasser des Jordans durch Israel bis in die nördliche Negev-Wüste geschleust wird«.[235]

Weitere Illusionen über Israels Sicherheitsbedürfnis betreffen die Haltung gegenüber der PLO. Der Libanonkrieg von 1982 diente, wie auch der israelische Spezialist für Militärstrategie Avner Janiv betont, dem Ziel, die Gefahr einer auf Mäßigung und Friedensverhandlungen bedachten PLO zu bannen. Eine »gemäßigte – eher politisch als terroristisch handelnde – PLO ... konnte sehr viel gefährlicher werden als die gewalttätige PLO der früheren Jahre«, erklärte er 1987. Arafats Hinwendung zur Diplomatie »erschreckte die israelische Regierung mehr als alles andere«, und so war es notwendig, »äußersten militärischen Druck auszuüben«, um »die Position der gemäßigten Kräfte in den Reihen [der PLO] zu schwächen« und Arafat daran zu hindern, die Unterstützung der PLO für eine »große Geste«, vermutlich die »bedingte Annahme der UN-Resolution 242« zu gewinnen. Das erstrangige Ziel des Libanonkriegs von 1982 bestand darin, den Aufstieg der PLO zu »politischer Respektabilität« zu verhindern. Solange sie an ihren nationalistischen Forderungen festhielt, mußte sie nicht als Verhandlungspartner anerkannt werden.

Allerdings stieß Israel im Libanon auf unerwartet heftigen Widerstand, der die fortwährende Besetzung erschwerte und verteuerte, weshalb es sich auf seine »Sicherheitszone« zurückzog und sich das Recht zu weiteren Angriffen vorbehielt, deren vorerst letzter im Juli 1993 stattfand, als intensive Bombardements, die eine Woche anhielten, Dutzende von libanesischen Ortschaften zerstörten und Hunderttausende von Bewohnern zur Flucht in den Norden zwangen. Premierminister Rabin informierte die Knesset, daß die Hisbollah nach der Tötung ihres Führers Scheich Abbas Mussawi (samt Frau und Kind) durch israelisches Militär im Februar 1992 »die Spielregeln geändert hat und nun auf unsere Militärschläge nördlich der Sicherheitszone durch Beschießung israelischen Gebiets reagiert«. Die israelische Operation habe nicht nur der Zerstörung gegolten, erklärte Rabin, »sondern die Bevölkerung nach Norden treiben sollen, damit die Zentralregierung die Zeichen erkennt« und Druck auf die Hisbollah ausübt, zu den alten »Spielregeln« zurückzukehren. Außerdem habe man, wie hohe israelische Regierungsbeamte hinzufügten, die libanesische Regierung zu einem Separatfrieden mit Israel veranlassen wollen.[236]

Verständlicherweise will Israel sich das Recht vorbehalten, im Libanon agieren zu können, ohne Vergeltungsschläge fürchten zu müssen. Zudem können Separatabkommen zur Verwirklichung der Ziele der israelisch-amerikanischen Politik beitragen.

In den USA wurde zwar anfänglich über die klaren Aussagen der israelischen Führung zum neuerlichen Angriff auf den Libanon berichtet, doch schließlich gewann eine Version die Oberhand, die besagte, daß die Israelis damit »auf die Tötung von sieben Soldaten in der Sicherheitszone und auf Raketenangriffe gegen Siedlungen in Nordisrael« reagiert hätten – obwohl die Presse wußte, daß diese Angriffe *ihrerseits* eine Reaktion auf die israelischen Operationen waren. Die »Große Lüge« (Nabeel Abraham) wurde Schritt für Schritt zur etablierten Wahrheit gemacht, vergessen dagegen die »vor Schmerzen schreienden Frauen und Kinder in den Krankenhäusern, ihre Körper übersät mit Brandwunden, verursacht von israelischen Phosphorgranaten«, wie Robert Fisk notiert, einer der wenigen Reporter, die über den Angriff direkt aus dem Libanon berichteten, während Präsident Clinton die Hisbollah für die Ereignisse verantwortlich machte und »alle Seiten« zur »Zurückhaltung« aufrief.[237]

Ungeachtet aller dieser Tatsachen zeichneten Apologeten Israels ihren Lieblingsstaat weiterhin als unschuldiges Opfer. In England schrieb Conor Cruise O'Brien: »Israels Aktion war ein Vergeltungsschlag für Bombardements, die von libanesischem Territorium ausgingen«. Wenn, so O'Brien weiter, die IRA regelmäßig England von Dublin aus bombardierte, würde Großbritannien sicherlich mit Luftangriffen dagegenhalten, um die irische Regierung zur Beendigung der Bombardements zu zwingen. Allerdings vergißt er dabei einige Facetten der Analogie. Wie sähe das Bild aus, wenn britische Truppen gegen die Anweisungen des UN-Sicherheitsrats in der Republik Irland eine »Sicherheitszone« besetzt hielten, wo sie die Bevölkerung terrorisierten und nach Angriffen einer irischen

Widerstandsgruppe auf diese Truppen mit der Bombardierung von Zielen in ganz Irland reagierten, woraufhin die IRA Raketen auf britisches Territorium lenken würde? Dann wäre Großbritannien, O'Brien zufolge, berechtigt, große Teile Irlands zu zerstören und die Bevölkerung nach Dublin zu treiben, damit die Regierung die alten »Spielregeln« wiederherstellt. Derartige Ansichten sind um so befremdlicher, als in Großbritannien hinsichtlich dieser Themen ein sehr viel breiteres Meinungsspektrum herrscht als in den USA.[238]

Auch nach dem Angriff vom Juli 1993 und dem am 13. September unterzeichneten Abkommen zwischen Arafat und Israel wurden die Bombardierungen fortgesetzt. Eine Woche später griffen israelische Flugzeuge Hisbollah-Stützpunkte nördlich der »Sicherheitszone« an. Die Hisbollah, so berichtete AP, »ist gegen das Friedensabkommen zwischen Israel und der PLO und strebt die Vernichtung des jüdischen Staats an«, so jedenfalls die US-Standardversion. Es stimmt, daß die Hisbollah gegen das Abkommen ist; allerdings wäre das ebensowenig eine Rechtfertigung für die Bombardements wie die behauptete Vernichtung Israels. Indes sehen israelische Kommentatoren die Sachlage ganz anders und meinen, die Aktionen der Hisbollah richteten sich gegen die Besetzung ihres Landes durch israelische Truppen. Die Bombardements waren ein Vergeltungsschlag für die Beschießung zweier Außenposten der israelischen Söldnerarmee SLA (South Lebanon Army), die das Gebiet durch Terrormaßnahmen kontrolliert. Einige Wochen später brachte die *Financial Times* ein Foto mit zwei Jungen, die aus den Trümmern ihres Hauses schauen, das nach einem israelischen Hubschrauberangriff auf ihr Dorf zerstört worden war. Im März 1994 gab es israelische Angriffe gegen Ortschaften im von UNO-Friedenstruppen kontrollierten Gebiet. Zu den Opfern gehörte auch ein UN-Soldat. Israel reagierte damit auf eine Bombenexplosion im israelisch besetzten Südlibanon. Einige Wochen später kam bei der Beschießung von Nabatija (als Vergeltung für einen Angriff auf israelische Besatzungstruppen im Südlibanon) ein Schulmädchen ums Leben, 22 weitere Schulkinder wurden verletzt. Am nächsten Tag schlugen Katjuscha-Raketen in Nordisrael ein.[239]

Die Angriffe auf den Libanon sind, wie die Maßnahmen in den besetzten Gebieten, von der militärischen und diplomatischen Unterstützung der US-Regierung abhängig, die deshalb bestenfalls milde Verweise äußert und rein taktische Kritik übt. Das gilt auch für die Regierung Clinton, die darüber hinaus neue Methoden entwickelt hat, um den Weg zu einem Friedensprozeß, dessen Grundlage nicht mehr die bisherige Verweigerungshaltung wäre, zu blockieren. Auf der UNO-Sitzung vom Dezember 1993 wollten die Vereinigten Staaten UN-Aktivitäten zum Palästinakonflikt beschränken oder beenden, indem sie behaupteten, daß vergangene Resolutionen durch das jüngste Abkommen zwischen Israel und der PLO »obsolet und anachronistisch« geworden seien. Washington plädierte für die Auflösung des Sonderkomitees für die Rechte der Palästinenser, das »einseitig, überflüssig und unnötig« sei. Zudem weigerte sich die US-Regierung, die israelischen Siedlungsaktivitäten zu verurteilen, weil es »unproduktiv ist, die rechtlichen Aspekte dieses Themas zu erörtern«. Außerdem beendete Clinton die Unterstützung der USA für die UN-Resolution 194 vom 11. Dezember 1948, die den palästinensischen Flüchtlingen und Vertriebenen das Recht auf Rückkehr in ihre Heimat garantierte. Zum ersten Mal votierten die USA gemeinsam mit Israel gegen die Resolution, die mit 127 gegen 2 Stimmen erneut bekräftigt wurde. In den USA gab es darauf, wie üblich, keine Reaktion.[240]

Die Resolution 194 war eine direkte Anwendung des Artikels 13 der am 10. Dezember 1948 einmütig von der UN-Vollversammlung verabschiedeten Erklärung der Menschenrechte. Diesem Artikel zufolge hat »jeder das Recht, jedes Land, auch sein eigenes, zu verlassen und *in sein eigenes Land zurückzukehren*« (Hervorhebung von mir). Die Erklärung der Menschenrechte gilt überall, auch in den USA als »übliches internationales Recht« und als »letztgültige Definition« anerkannter menschenrechtlicher Maßstäbe. Artikel 13 gehört sicherlich zu den bekanntesten Rechtsfestsetzungen, auf den am 10. Dezember jeden Jahres, dem Tag der Menschenrechte, unfehlbar verwiesen wird. In den USA wurde dabei gerne die Sowjetunion verurteilt, die ihren jüdischen Bürgern die Ausreise verweigere, während die (von mir hervorgehobene) zweite Hälfte unter den Tisch fiel. Mit dieser Heuchelei ist es nun, nach dem Zerfall der Sowjetunion, vorbei: Die erste Hälfte hat ihre Bedeutung verloren und die zweite Hälfte wird von den USA ganz offiziell verworfen.

Nach dem Massaker eines amerikanisch-jüdischen Siedlers, dem am 25. Februar 1994 etwa dreißig Palästinenser zum Opfer fielen, verabschiedete die UNO am 18. März die Resolution 280, in der Maßnahmen zum Schutz der palästinensischen Zivilbevölkerung gefordert wurden. Außer den USA stimmten alle vierzehn Mitglieder des Sicherheitsrats der Resolution ohne Einschränkungen zu. Die Regierung Clinton hatte die Abstimmung zunächst wochenlang mit verschiedenen Einwänden hinausgezögert und nahm schließlich Anstoß an einigen Paragraphen. Zum einen wandte sie sich gegen die Formulierung, der zufolge das Massaker »die Notwendigkeit unterstreicht, für die Sicherheit und den Schutz des palästinensischen Volks zu sorgen«, zum anderen war sie, wie Donald Neff bemerkt, dagegen, »besetzte Gebiete als palästinensisch und Ost-Jerusalem als zu den besetzten Gebieten gehörig zu bezeichnen«. Auch das ist eine Abkehr von der bisherigen Haltung, denn nunmehr gelten die »seit 1967 besetzten Gebiete mit Einschluß von Jerusalem« nur noch, wie die UN-Botschafterin Madeleine Albright erklärte, zu den »umstrittenen Gebieten«.[241]

Die Frage, welche Rolle Gewalt und/oder Diplomatie im Nahen Osten laut Einschätzung der USA spielen sollen, hängt auch davon ab, welche Funktion sie diesen Mitteln im Weltmaßstab zuweisen. Daß Washington im Zweifelsfall lieber auf Gewalt setzt, ist seit dem Zusammenbruch der Sowjetunion mehr als deutlich geworden, doch die Leitlinien dieser Politik waren auch vorher schon in Kraft. Allerdings wäre die Welt kaum besser dran, wenn ein anderes Land die den USA entsprechende Machtposition innehätte.

6. Auf der Suche nach Frieden: Die Interessen der Hauptakteure

Um zu verstehen, was im Nahen Osten geschieht und wie die Aussichten auf Frieden beschaffen sind, muß man wissen, worum es den Hauptakteuren, d. h. den Vereinigten Staaten sowie ihren Verbündeten und Vasallen im wesentlichen geht.

Konventionellerweise wird die US-Politik durch den »Schutz nationaler Interessen« geleitet, die im Nahen Osten drei Hauptkomponenten haben: 1) »die große Furcht vor sowjetischer Vorherrschaft« und vor »militärischer Konfrontation«, 2) Zugang zum Erdöl, und 3) »die Sicherheit Israels« (William Quandt).[242]

Dazu sind einige Klarstellungen nötig. Was den ersten Punkt betrifft, so haben US-Strategen seit den fünfziger Jahren erkannt, daß die Sowjetunion sich in der Region weitgehend passiv verhielt und im wesentlichen auf US-Initiativen reagierte. Die militärische Konfrontation stellte zweifellos eine erhebliche Gefahr dar, die jedoch oft durch jene Initiativen verschärft wurde. Nach dem Ende des Kalten Kriegs gab Washington dann zu, daß die »Bedrohung unserer Interessen« im Nahen Osten »nicht dem Kreml in die Schuhe geschoben werden konnte«.

Zum zweiten Punkt ist zu bemerken, daß es nicht um den Zugang ging, sondern um die Kontrolle über die Ölquellen, und das schon seit dem Ersten Weltkrieg. David Painter faßt die Problematik in seiner Untersuchung dieses Themas adäquat zusammen:

»Unterschiedliche Meinungen innerhalb der Regierung ließen die grundsätzliche Übereinstimmung darin, daß die USA notwendigerweise irgendeine Art der Kontrolle über die Ölressourcen der Welt ausüben mußten, in den Hintergrund treten ... wobei die Vorstellung, daß die Vereinigten Staaten ein präemptives Recht auf diese Ressourcen besaßen, im Zweiten Weltkrieg keinem Widerspruch mehr unterlag ... Um ein internationales Umfeld zu sichern, in dem private Konzerne Gewinne realisieren konnten, beteiligte sich die US-Regierung aktiv daran, die Stabilität im Nahen Osten zu erhalten, den Wirtschaftsnationalismus einzudämmen und private Vorkehrungen zur Kontrolle des Öls zu unterstützen und zu fördern ... Die Ölpolitik wurde nicht nur von der Struktur der Ölindustrie, sondern auch von der ›privilegierten Position der Privatwirtschaft‹ in den Vereinigten Staaten geprägt. Der Einfluß der Konzerne sorgte für bestimmte Entscheidungen und, was noch wichtiger war, für die Definition politischer Ziele ... Alternative politische Ansätze betreffend die Produktion und den Verbrauch von Öl gerieten in Konflikt mit gut organisierten politischen und wirtschaftlichen Interessen, tiefsitzenden ideologischen Vorstellungen und dem ›strukturellen Gewicht eines Wirtschaftssystems, in dem die meisten Investiventscheidungen in privaten Händen liegen‹.«[243]

Der Nahe Osten ist natürlich nur ein Sonderfall der Leitdoktrin, der zufolge die USA in wirtschaftlich kritischen Regionen ein Militärprotektorat aufrechterhalten müssen, damit seine Handels- und Finanzbeziehungen nicht durch politische Aufstände gefährdet werden.

Der dritte Punkt ergibt sich aus der von Israel und den USA betriebenenen Strategie der Verweigerung: Für die einheimische Bevölkerung des ehemaligen Palästinas und anderer Länder in der Region ist »Sicherheit« kein die USA interessierendes Thema, und in den US-Medien käme niemand darauf, es zu einem solchen zu machen. »Amerikas größtes Interesse« bei Verhandlungen gelte, so die Kommentatoren, »der erweiterten Sicherheit für Israel und einem dauerhaften Frieden in der Region«. Natürlich können rein zufällig auch andere davon profitieren.[244]

Der zweite Hauptakteur ist Israel, mittlerweile kaum noch ein unabhängiger Staat, dessen Wirtschaft fast vollständig auf Kapitalzufluß aus dem Ausland angewiesen ist und dessen Politik den Erfordernissen der US-Interessen gehorcht. Zum Ausgleich stützt Washington die israelische Politik in den besetzten Gebieten. Hier sind sich die beiden Hauptlager, Arbeiterpartei und Likud, einig, den Palästinensern eine Art von Autonomie zu gewähren, die jedoch, wie der israelische Journalist Danny Rubinstein anläßlich der jüngsten Phase des »Friedensprozesses«, die im Oktober 1991 in Madrid begann, schreibt, eher der Automie »in einem Kriegsgefangenenlager gleicht, wo die Gefangenen ganz ›autonom‹ ihre eigenen Mahlzeiten kochen und kulturelle Ereignisse organisieren können«. Er fügt hinzu, daß auch die Befürworter eines »Groß-Israel« nicht für die direkte Annektierung der besetzten Gebiete eingetreten seien, weil dann den Bewohnern zumindest die Rechte gewährt werden müßten, die Israels de facto zweitklassige arabische Bürger besitzen. Dem ist auf jeden Fall eine Variante des augenblicklich existierenden Systems vorzuziehen, bei dem Israel Zugang zu billigen Arbeitskräften, kontrollierten Märkten, Ressourcen und bestimmten Regionen für die Besiedlung hat (wie etwa Vorortgebiete von Tel Aviv und Jerusalem), ohne für die Masse der Bevölkerung irgendwelche Verpflichtungen und Verantwortungen übernehmen zu müssen.[245]

Vor allem die Gewinne, die Israel mit billigen palästinensischen Arbeitskräften macht, sind beträchtlich, stoßen aber im Land selbst auch auf Kritik. So hat Israel, wie kürzlich bekannt wurde, mindestens eine Milliarde Dollar für Sozialleistungen kassiert, die nie geleistet wurden. Neben der Praxis, diesen Arbeitskräften Versicherungsbeiträge abzuziehen, ohne daß sie entsprechende Rechte wahrnehmen könnten, werden sie noch, wie der Arbeitsrechtler Frances Radai von der Hebräischen Universität feststellte, durch bestimmte Lohnsteuersätze »bestraft«. Zudem behalten sie ihren Status als Tagelöhner auch dann bei, wenn sie ihren Job schon seit zwanzig Jahren machen, wodurch ihre Rechtlosigkeit ebenfalls fortgeschrieben wird. Am 24. Juni 1993 verabschiedete die Knesset ein Gesetz, das diese Praktiken nachträglich legalisiert und wohl zu ihrer Fortdauer beitragen wird.[246]

Völlig unklar ist weiter, wieviele Palästinenser in den von Israel annektierten Gebieten leben werden. Von Interesse ist dabei der von der israelischen Friedensinitiative (Frieden jetzt) neben anderen Vorschlägen untersuchte Scharon-Plan (Likud) von 1992, der elf voneinander isolierte »Kantone« für die palästinensische Autonomie vorsieht, wobei die überwiegende Mehrzahl der Palästinenser (378 000 von 393 000) in den annektierten Gebieten des Westjordanlands leben soll, was besagt, daß dem Gazastreifen weitgehende Selbständigkeit eingeräumt würde. Diese offenkundige Bereitschaft, sich aus großen Teilen des Gazastreifens zurückzuziehen, ist verständlich, denn hier sind die Lebensbedingungen unter der Besatzung untragbar und die Kosten für Israel, vor allem nach der Intifada, zu hoch geworden. Israel habe, schreibt Ze'ev Schiff (im April 1993), den Krieg dort »praktisch verloren«. Was jetzt stattfinde, sei »eine Schlacht um die Bedingungen für den weiteren Rückzug«, der sich bald darauf auch vollzog.[247]

Jerusalem, dessen Ostteil mit seinen 105 000 Palästinensern auf jeden Fall unter israelischer Herrschaft bleiben soll, wird wohl zu »Groß-Jerusalem«, d. h. zu einer »Metropole mit sehr viel weiter gezogenen Grenzen als nach der Annexion von 1967« ausgebaut werden, bemerkt Nadav Schragay. Vor allem an der Peripherie werden in großem Tempo Siedlungen gebaut. Schnellstraßen, Abwassersysteme und Wasserleitungen sind so angelegt, daß sie eine bis nach Ramallah und Bethlehem reichende Region, die auch viele arabische Ortschaften umfaßt, durchziehen. »Tatsächlich existiert bereits ein Stadtgebiet von Groß-Jerusalem, dessen Grenzziehung auf Entscheidungen israelischer Regierungen beruht« und in dem 750 000 Bewohner, die Hälfte davon Araber, leben.[248] Nichts davon wird palästinensischer Rechtsprechung zugeordnet werden.

1993 wurde ein weiterer Plan bekannt. Autor war Jitzhak Beilin, Orientalist an der Universität von Tel Aviv, der ihn zusammen mit einer Karte in *Ha'aretz* veröffentlichte. Der Plan war von den Regierungen Rabin und Peres (beide Arbeiterpartei) nicht offiziell angenommen, aber de facto umgesetzt worden und aktualisiert die unterschiedlichen Vorschläge zur »Kantonisierung« der besetzten Gebiete. Die grundlegende Idee besteht darin, Gebiete palästinensischer »Autonomie« voneinander getrennt zu lassen und von dem Schnellstraßennetz und den Regionen entwickelter Wirtschaft zu isolieren. Der Beilin-Plan sieht drei solcher Enklaven für das Westjordanland vor, die weniger als die Hälfte des gesamten Territoriums ausmachen würden. Das Übrige, inklusive fast aller augenblicklich existierenden jüdischen Siedlungen, würde unter israelische Souveränität fallen und vielleicht zu einem späteren Zeitpunkt annektiert werden. Verwaltet würden die Kantone von Jordanien, was faktisch dem offiziellen Plan von Israel und den USA entspricht, der die Grundlage jener diplomatischen Bemühungen bildete, die zum Osloer Abkommen vom August 1993 führten.[249]

Im Januar 1993 stimmte die Regierung Rabin formell einem Straßenbau-, Entwicklungs- und Siedlungsplan zu, der solche Vorschläge in die Tat umsetzt, wobei erwartet wird, daß die US-Regierung auch weiterhin für Finanzierungsmöglichkeiten sorgt und die Verwendung von Krediten für diesen Zweck gestattet. Das Ziel ist, die Kantonisierung der palästinensischen Gebiete und ihre Integration in israelisches Territorium so weit wie möglich voranzutreiben, bevor ein Abkommen über die palästinensische Autonomie ausgehandelt ist.[250]

Auch die ausführlichen Entwicklungs- und Erschließungsprogramme der letzten Jahre waren eine Grundlage für die weitere Umsetzung dieser Pläne. In einem detaillierten Überblick berichtet Anthony Coon, Direktor des Planungszentrums an der Universität von Strathclyde in Schottland von Schätzungen palästinensischer und israelischer Experten, denen zufolge Mitte 1991 etwa 60 Prozent des Westjordanlands in israelischer Hand waren, »zuzüglich eines umfassenden Gebiets mit allgemeiner Nutzungs- und Zugangsbeschränkung, die schon einer Enteignung gleichkam«. Vielfach werden diese Gebiete, in denen jüdische Siedlungen vorgesehen sind, als »Staatsland« ausgewiesen, was implizit bedeutet, daß das Land ungenutzt ist und sich aus der Aneignung keine negativen Folgen für die Palästinenser ergeben. De facto aber, bemerkt Coon, waren 95 Prozent des unter der Kontrolle jüdischer Siedlungen befindlichen Lands Privatbesitz.[251]

Im übrigen zeigen die Analysen, wie wenig sich die politischen Blöcke in Israel hinsichtlich ihrer Pläne für die besetzten Gebiete unterscheiden. So ist Ahdut Avodah, der größte Sektor der Kibbuz-Bewegung und zentraler Bestandteil der Arbeiterpartei, nicht weniger expansionistisch als Menachem Begins Herut-Partei und der Likud-Block.[252] Differenzen gibt es allenfalls hinsichtlich der Verteilung der arabischen Bevölkerung, wobei die Arbeiterpartei stärker als Likud darauf bedacht ist, sie aus Gebieten, die von Israel übernommen werden sollen, fernzuhalten. Das Osloer Abkommen vom August 1993 fällt ziemlich genau in den Bereich dieses politischen Spektrums.

Die US-Regierungen vor Clinton hatten die Politik der Arbeiterpartei bevorzugt, die rationaler ist als die des Likud. Letztere wußte nicht so recht, was sie mit der Bevölkerung in den besetzten Gebieten anfangen sollte, außer ihr einen »Transfer« (also die Vertreibung) zu oktroyieren, während die Pläne der Arbeiterpartei (allesamt Varianten des Allon-Plans) die Palästinenser entweder staatenlos lassen oder jordanischer Verwaltung anheimstellen wollte. Möglich war auch ein aus kosmetischen Gründen »Staat« genanntes Gemeinwesen mit (wenn überhaupt) höchst begrenzter Unabhängigkeit.

Taktische Differenzen zwischen Israel und den USA führten bisweilen, wie bei den Unstimmigkeiten zwischen George

Bush und Schamir 1991 über Kredite, die zeitweilig storniert wurden, zu Konflikten, die jedoch niemals prinzipieller Natur waren. Im Endeffekt beugte sich Israel den Vorgaben aus Washington, und der Sieg der Arbeiterpartei wenige Monate später zeigte, daß die Zeichen verstanden worden waren. Die Belohnung blieb nicht aus. Neben den ohnehin großzügigen Subventionen gab es einen Kredit von 10 Milliarden Dollar, der theoretisch für die Ansiedlung jüdischer Einwanderer aus Rußland bestimmt war, allerdings, wie offen zugegeben wurde, großenteils für die Entwicklung der Infrastruktur und die Belebung von Wirtschaftsinvestitionen genutzt wurde und auf diese Weise, so Finanzminister Avraham Schohat, eine beträchtliche Hilfe darstellte. Ohne diese Finanzspritzen wäre das ökonomische Wachstum von 1992/93 kaum möglich gewesen.[253] Und während die jüdischen Siedlungen weiterhin florierten und expandierten, versank die palästinensische Bevölkerung in den besetzten Gebieten in Elend und Verzweiflung, wozu noch die von Rabin im März 1993 angeordnete Abriegelung beitrug. Ausgenommen davon waren die jüdischen Siedler. In der US-Berichterstattung fanden diese Maßnahmen erwartungsgemäß keinen, geschweige denn kritischen, Widerhall.

Es wäre irreführend, das alles als »israelische Politik« zu bezeichnen. Sie wird zwar von israelischen Regierungen geprägt und durchgesetzt, ist aber, gemessen am Grad der Abhängigkeit, letztlich US-amerikanische Politik.

Zu den weiteren Verbündeten der USA gehören die lokalen Verwalter des Ölreichtums. Die stillschweigende Allianz zwischen dieser »arabischen Fassade« und den regionalen Gendarmen, die sie vor nationalistischen Strömungen schützt, tritt jetzt deutlicher zutage und findet sogar in den US-Medien einige Aufmerksamkeit. In der *New York Times* berichtet Thomas Friedman, daß Saudi-Arabien hinsichtlich der Kontrolle über die »progressiven, potentiell radikalen Palästinenser« Israel höher einschätzt als die PLO oder Jordanien.[254] Dem kann man nur zustimmen.

Andere regionale Akteure spielen, sofern sie sich ruhig verhalten und die »Stabilität« bewahren, keine große Rolle. Washington und London haben sich niemals groß um die Menschenrechtsverletzungen im Irak gekümmert, und das gilt auch für Saudi-Arabien, Kuwait, Ägypten, die Türkei, Syrien usw. Syriens Herrscher Hafed al-Assad wurde als nützliches Kontrollelement dem amerikanischen System einverleibt und konnte mit stillschweigendem Einverständnis wie bereits 1976 im Libanon wirksam werden, als er die Palästinenser und ihre Nationalbewegung verfolgte. Demokratische Verhältnisse in der arabischen Welt müssen nicht unbedingt sein; zumindest dürfen sie die etablierten Machtverhältnisse nicht aus dem Gleichgewicht bringen. Nachdem der säkulare Nationalismus in allen seinen Formen versagt hatte oder unterminiert wurde, gelten momentan vor allem der islamische Fundamentalismus (in seiner offen aggressiven Variante) und die »Schurkenstaaten« Iran, Irak, Libyen und der Sudan als gefährlichste Bedrohung. Der religiöse Fundamentalismus gilt als unannehmbare Form des »Ultranationalismus«, weil er an die unteren Bevölkerungsschichten appelliert und in irgendeiner Weise auf ihre Interessen reagiert und insofern nicht weniger gefährlich ist als der säkulare Nationalismus.

7. Auf der Suche nach Frieden: Die jüngste Phase

Ende der achtziger Jahre war es für die US-Regierung und die amerikanischen Medien schwierig geworden, die von der arabischen Welt und der PLO ausgehenden Initiativen für eine politische Regelung des Nahostkonflikts weiterhin zu ignorieren, wollte man sich nicht zum Gespött der übrigen Welt machen. Im Dezember 1988 erklärte Washington ärgerlich, man habe einen »Sieg errungen«, weil zumindest die PLO gezwungen worden sei, George Shultzs »magische Worte« zu äußern.

Wie Shultz in seinen vielgepriesenen Memoiren *Turmoil and Triumph* schrieb, sei es darum gegangen, Arafat, der einerseits »Onk, Onk, Onk«, andererseits »kel, kel, kel« sagte, dazu zu bringen, endlich »Onkel« zu äußern und den Terrorismus nicht zu verurteilen, sondern ihm »abzuschwören« und somit einzugestehen, daß die PLO terroristisch tätig gewesen sei (wobei sie allerdings mit Shultz und seinen Vorgängern kaum konkurrieren konnte). Ziel war es, einen geschwächten Gegner in den Staub zu treten, was den Mächtigen immer große Freude bereitet und ihnen viel Respekt einträgt. Dagegen wurden die Forderungen der PLO nach »beiderseitigem« Gewaltverzicht immer als lächerlich abgetan.[255]

Natürlich haben in den Augen Washingtons die Opfer der von US-Vasallen ausgeübten Gewalt kein Recht auf Widerstand, und da die Medien diesen Standpunkt für axiomatisch halten, muß man auch nicht über Israels Vorgehen in den besetzten Gebieten oder im Südlibanon berichten.

Fairerweise ist festzuhalten, daß in dieser Hinsicht die israelische Berichterstattung sehr aufrichtiger ist. Nach der Deportierung von vierhundert Hamas-Aktivisten im Dezember 1992 bemerkte ein Leitartikel in der israelischen Presse: »Wir können Hamas nicht des willkürlichen Terrors gegen unschuldige Frauen und Kinder beschuldigen, weil das nicht stimmt ... Vielmehr waren ihre Aktivitäten vor der Ausweisung gegen Soldaten gerichtet.« Diesen Punkt machte Uzi Mahanaimi, ein geachteteter, durchaus der »Falkenfraktion« zuzurechnender Kommentator, auch für die Hisbollah geltend. Im Zusammenhang mit dem israelischen Angriff von 1993 auf den Libanon versicherte er, Hisbollah sei »keine Terrororganisation«, weil sie keine Zivilisten angreife, es sei denn, als Vergeltung für israelische Angriffe auf libanesische Zivilisten. Außerdem unterscheide sie »zwischen der israelischen Eroberung des Südlibanon und der Existenz des Staates Israel« und sehe ihre Aufgabe allein darin, diese Eroberung rückgängig zu machen, d. h. legitimen Widerstand gegen eine Armee zu leisten, die in Verletzung von Anordnungen des UN-Sicherheitsrats fremdes Territorium besetzt halte. Andere Kommentare werfen dem US-Außenministerium vor, der Hisbollah größeres Prestige zu verleihen, indem es sie zur »auffälligsten Terrororganisation der Welt« erkläre. Demgegenüber folgen die US-Medien strikt den Vorgaben des Außenministeriums.[256]

Mahanaimis sicherlich richtige Analyse wirft sofort die Frage auf, warum Israel auf der Besetzung des Südlibanon beharrte. Sicherheitsgründe können es, wie die geschichtlichen Tatsachen und Mahanaimis Beobachtungen zeigen, nicht gewesen sein. Vielfach wird vermutet, daß es wiederum um die Kontrolle über die Wasservorräte in der Region geht, doch da genauere Untersuchungen fehlen, muß die Frage vorerst offenbleiben.

Kehren wir zum Dezember 1988 zurück. Zwar zeigen einschlägige Dokumente deutlich, daß es zwischen den Positionen Washingtons und denen der PLO keine Annäherung gegeben hatte, doch konnte das Außenministerium seine Sicht der Dinge als die einzig wahre verkaufen.

Als Belohnung dafür, endlich »Onkel« gesagt und Demut gezeigt zu haben, wurde der PLO das Recht eingeräumt, an einem »Dialog« mit dem US-Botschafter Robert Pelletreau in Tunis teilzunehmen. Die *Jerusalem Post*, die durchgesickerte Protokolle des ersten Treffens veröffentlichte, zeigte sich sehr erfreut darüber, daß der »amerikanische Vertreter die israelischen Positionen übernahm«. Pelletreau hatte nämlich von der PLO verlangt, zwei entscheidende Bedingungen zu akzeptieren: Sie müsse zum einen die Idee einer internationalen Konferenz fallenlassen und zum anderen die »Aufstände« in den besetzten Gebieten (d. h. die Intifada) beenden, »die wir als gegen Israel gerichtete terroristische Handlungen betrachten«. Die PLO sollte, kurz gesagt, für die Wiederherstellung des Status quo sorgen, damit Israel in den besetzten Gebieten so verfahren kann wie bisher. Eine internationale Konferenz wiederum war nicht erwünscht, weil die Beteiligung anderer Staaten außer den USA und ihren Vasallen das Thema eines unabhängigen

Palästinenserstaats auf die Tagesordnung gebracht und die israelisch-amerikanische Verweigerungshaltung in Frage gestellt hätte. Die Kennzeichnung der Intifada als »terroristisch« (wozu die USA ein Jahr später im UN-Sicherheitsrat auch die Verweigerung von Steuerzahlungen in Beit Sahur rechneten) folgt aus der Ablehnung des Rechts auf Widerstand gegen militärische Besatzung, das von einer UN-Resolution, die dem Terrorismus eine eindeutige Absage erteilte, festgeschrieben worden war (153 Staaten stimmten dafür, Honduras enthielt sich, die USA und Israel stimmten dagegen). Israelische Beobachter allerdings gehen davon aus, daß der Widerstand der Palästinenser durch das »Übermaß an Erniedrigungen und wie beiläufig ausgeübten Brutalitäten« hervorgerufen worden war.

Im Februar 1989 traf sich Premierminister Rabin mit fünf führenden Vertretern der israelischen Friedensbewegung, wobei er sich zufrieden über den Dialog zwischen der PLO und den USA äußerte. Es sei eine »erfolgreiche Operation« gewesen, weil bei den Diskussionen ernsthafte Themen nicht zur Sprache gekommen seien. Die Amerikaner »sind jetzt zufrieden und suchen keine [politische] Lösung, und sie werden uns zumindest ein Jahr Zeit lassen«, um die Situation auf unsere Weise, nämlich durch Gewalt, zu bereinigen. »Die Einwohner der Gebiete sind starkem militärischem und wirtschaftlichem Druck ausgesetzt«, erklärte Rabin. »Das wird sie schließlich brechen« und dazu führen, daß sie Israels Bedingungen akzeptieren.[257]

Ein hochrangiger US-Regierungsbeamter, der diesen Ansichten im wesentlichen zustimmte, forderte Israel auf, die öffentlichen Einwände gegen den Dialog einzustellen, weil das dessen eigentlichem Ziel, der Ablenkung der Aufmerksamkeit von der gewaltsamen Unterdrückung der Intifada, schaden könne. Darauf liefen auch Vorschläge der Regierung Bush hinaus. Israel solle die Maßnahmen gegen die Intifada begrenzen, die PLO die »gewalttätigen Demonstrationen« und die Verteilung »aufrührerischer Flugblätter« beenden, d. h. letztlich, mit

Israel bei der Durchsetzung einer härteren – aber nicht *zu* harten – Version des Status quo kooperieren.[258]

Die im Dezember 1988 eingeschlagene Taktik zeitigte bei den US-Medien die gewünschte Wirkung. Die Berichterstattung aus den besetzten Gebieten ging noch weiter zurück, und die Aufmerksamkeit konzentrierte sich auf den von Washington initiierten »Friedensprozeß«, nicht auf die sich verschärfende Unterdrückung, der die Palästinenser ausgesetzt waren.

Zwar fanden die israelischen Gewaltmaßnahmen gegen die Intifada einige Aufmerksamkeit in den USA, doch ein genaues Bild dessen, was die Palästinenser zu erdulden hatten und haben, blieb der amerikanischen Öffentlichkeit vorenthalten.[259] Bezeichnender als die hier und da verübten Massaker, die auch bei uns nicht übersehen werden können, sind die zahllosen Fälle, die viel zu unbedeutend erscheinen, als daß über sie berichtet werden müßte. So wurde z. B. in Gaza kurz vor dem Ausbruch der Intifada ein palästinensisches Mädchen namens Intissar al-Atar auf dem Schulhof von dem Bewohner einer nahegelegenen jüdischen Siedlung erschossen. Der Mörder, Schimon Jifrah, wurde einen Monat später verhaftet und auf Kaution freigelassen, weil das Gericht »das Vergehen für nicht schwerwiegend genug hielt«, um eine Untersuchungshaft zu rechtfertigen. Im September wurde Jifrah von allen Anklagepunkten freigesprochen und nur der fahrlässigen Tötung bezichtigt. Der Richter meinte, er habe das Mädchen mit dem Schuß lediglich erschrecken wollen, sei aber kein Krimineller, der bestraft und eingesperrt werden müsse. Jifrah erhielt sieben Monate Haft auf Bewährung. Bei der Urteilsverkündung fingen die Siedler im Gerichtssaal zu singen und zu tanzen an.[260]

Während Rabins »militärischer und wirtschaftlicher Druck« die gewünschten Effekte zeitigte, segnete Washington eine Version des »Friedensprozesses« ab, die die beiden Grundbedingungen – keine Einmischung von außen und keine Rechte für die Palästinenser – erfüllte. Am 14. Mai 1989 übernahm die in

Israel regierende Koalition aus Arbeiterpartei und Likud einen detaillierten »Friedensplan« mit folgenden drei Prinzipien:
> 1. Kein zusätzlicher palästinensischer Staat im Gazadistrikt und dem Gebiet zwischen Israel und Jordanien [denn Jordanien ist bereits ein ›palästinensischer Staat‹].
> 2. Keine Veränderung im Status von Judäa, Samaria und Gaza außer in Übereinstimmung mit den grundlegenden Richtlinien der israelischen Regierung.
> 3. Keine Verhandlungen Israels mit der PLO.«

Unter diesen Bedingungen könnten »freie Wahlen« abgehalten werden, die allerdings unter militärischer Kontrolle Israels und zu einem Zeitpunkt stattfänden, zu dem viele PLO-Führer ohne Anklage im Gefängnis sitzen oder im Exil sind.[261]

Die Vereinigten Staaten billigten diese Vorschläge, hielten ihre wesentlichen Inhalte jedoch unter Verschluß. Offizielle Bezugnahmen darauf gab es jedenfalls nicht, obwohl das »beträchtliche und vielversprechende Potential« dieser Initiative gelobt wurde.[262] Als Außenminister James Baker im Oktober erklärte, es sei »von Anfang an unser Ziel gewesen, bei der Umsetzung der Schamir-Initiative behilflich zu sein, und unsere Arbeitsgrundlage ist einzig diese Initiative«, kann er nur die Vorschläge vom 14. Mai gemeint haben, nicht die vom April, die niemals offiziell präsentiert worden waren.

Im Dezember gab das US-Außenministerium Bakers Fünf-Punkte-Plan bekannt, in dem festgesetzt wurde, daß Israel in Kairo an einem »Dialog« mit Ägypten und für Israel und die USA annehmbaren Palästinenservertretern teilnehmen werde. Diese könnten jedoch nur die Umsetzung der israelischen Vorschläge erörtern: »Die Palästinenser nehmen am Dialog teil, um in Übereinstimmung mit Israels Vorschlägen die Wahlen und den Verhandlungsprozeß zu erörtern und können darlegen, auf welche Weise ihrer Meinung nach die Wahlen und der Verhandlungsprozeß erfolgreich zu gestalten und durchzuführen sind.«[263]

Die Palästinenser dürfen sich, kurz gesagt, zu den technischen Modalitäten der israelischen Vorschläge äußern, aber natürlich nur solche Palästinenser, die keinerlei Verbindung zur PLO besitzen. Das richtete sich insofern gegen die PLO, als bekannt war, daß diese Verbindungen existierten und die PLO den Verhandlungsprozeß steuerte.

Während Bush und Baker mit diesem Plan zwei Fliegen mit einer Klappe schlugen, nämlich die gewaltsame Unterdrückung der Intifada förderten und zugleich den Palästinensern weitergehende Rechte verweigerten, setzten sie unverdrossen ihre Golfpolitik fort, zu der auch die Förderung Saddam Husseins gehörte. Im Oktober 1989 wollte das Weiße Haus bei einem hochgeheimen Treffen gegen die Bedenken des Finanz- und Handelsministeriums durchsetzen, daß der Irak eine weitere Milliarde Dollar an Krediten zugesprochen bekam, weil er »für die amerikanischen Interessen im Nahen Osten von großer Bedeutung« und von »erheblichem Einfluß auf den Friedensprozeß« sei und »bei der Erhaltung der Stabilität in der Region eine Schlüsselstellung einnimmt, weil er US-Gesellschaften umfangreiche Handelsmöglichkeiten einräumt«. Einige Wochen später – die Kredite waren nicht bewilligt worden –, gab es einen erneuten Vorstoß zur Aufhebung des Verbots. Man wolle »die US-Exporte erhöhen und bei Verhandlungen über die Menschenrechte eine bessere Position einnehmen können«, erklärte das US-Außenministerium unbewegten Gesichts.[264]

Um das Funktionieren der amerikanischen Demokratie zu verstehen, sollte darauf hingewiesen werden, daß in den Mainstream-Medien nichts von all dem zu lesen oder zu hören war.

Die Regierung Bush unterstützte Hussein bis zu dessen Einmarsch in Kuweit im August 1990. Danach nutzte die Regierung die Möglichkeit, durch eine Demonstration von Gewalt die ölproduzierenden Regionen noch fester in den Griff zu bekommen.

Aus den Folgen des Golfkriegs erwuchs die Notwendigkeit, aber auch die Gelegenheit, den »Friedensprozeß« wiederzubeleben. Die Notwendigkeit ergab sich aus der traurigen Hinterlassenschaft am Golf: Tod und Zerstörung, die durch Sanktionen sich verschärfende Menschenrechtskatastrophe, die vor demokratischem Druck von unten abgesicherten Diktaturen, Saddam Husseins neu befestigte Macht, nachdem er Aufstände mit schweigender US-Unterstützung niedergeschlagen hatte. Alles in allem kein Bild, das der Öffentlichkeit, die vor kurzem noch nationalistisch begeistert ihrem Kriegsführer gehuldigt hatte, im Gedächtnis bleiben durfte.

Die Gelegenheit ergab sich aus der internationalen Lage. Europa hatte den Nahen Osten endgültig den USA überlassen und würde keine eigenen Initiativen mehr lancieren, sondern sich, wie Norwegen 1993, der Verweigerungsdoktrin anschließen. Die Sowjetunion war zerfallen, die UNO praktisch zu einer US-Agentur geworden. Die »blockfreien Länder« spielten keine Rolle mehr, weil es keine Blöcke mehr gab, und die Dritte Welt, noch unter den Folgen der kapitalistischen Krise der achtziger Jahre leidend, wurde vom westlich dominierten »Markt« diszipliniert. Der arabische Nationalismus hatte durch Saddams Terror und Aggression einen weiteren Rückschlag erlitten, und die Taktik der PLO war noch unbeholfener als zuvor, so daß die arabischen Herrscher es nicht mehr nötig hatten, auf Druck aus der eigenen Bevölkerung mit pro-palästinensischen Gesten zu reagieren. So konnten die USA ihre Verweigerungsstrategie ohne weitere Störungen durchsetzen und sich dabei an Bakers Fünf-Punkte-Plan orientieren.

Der »Friedensprozeß« wurde mit großem Getöse im Herbst 1991 in Madrid wieder in Gang gesetzt. Das »bemerkenswerte Tableau« zeige, so R. W. Apple, Auslandskorrespondent der *New York Times*, »wieviel sich geändert hat«, da »George Bush und die Vereinigten Staaten heute die Früchte des Siegs im Golfkrieg ernten konnten«. Bush könne jetzt vom Frieden im Nahen Osten träumen und seine »Vision von der Zukunft« in die Tat umsetzen, weil nicht mehr zu befürchten sei, daß »regionale Spannungen« zu einer Konfrontation der Supermächte führen würden, und die USA müßten sich auch nicht länger »mit Ländern herumstreiten, deren Widerspenstigkeit durch Moskaus Interesse an fortwährender Unruhe bestärkt wurde«. Damit meinte er das Festhalten der Sowjetunion am internationalen Konsens, dem sich die USA so beharrlich veweigern.[265]

Ebenso erfreut wie Apple waren natürlich auch die US-Diplomaten. Bei der Eröffnung der Madrider Verhandlungen bemerkte Alfred Leroy Atherton, unter den Präsidenten Ford und Carter Beauftragter für nahöstliche Angelegenheiten und Teilnehmer an den Verhandlungen von Camp David: »Mindestens seit 1967 ist kein arabisch-israelisches Abkommen ohne eine aktive Beteiligung der USA zustandegekommen, und die Notwendigkeit dieser Beteiligung existiert auch weiterhin.« Doch nun »wird die Aufgabe der USA sicherlich einfacher sein, weil die Sowjetunion als Störfaktor nicht mehr vorhanden ist«. Das stimmt, denn die USA haben es geschafft, die Monroe-Doktrin von Lateinamerika auf den Nahen Osten auszuweiten, wobei sie von der Sowjetunion, die auf dem internationalen Konsens beharrte, empfindlich »gestört« wurden.[266]

Viele Kommentatoren fühlten sich von Bushs Erklärung, es sei »die Zeit gekommen, den arabisch-israelischen Konflikt zu beenden« höchst inspiriert, spreche hier doch »ein amerikanischer Präsident auf der Höhe seiner Macht ... von seiner umfassenden Vision eines Friedensgebäudes im Nahen Osten«, so Helena Cobban. Auch ein Kritiker wie Anthony Lewis zeigte sich beeindruckt: Bush habe »verdeutlicht, daß er der hypothetischen Kreatur des nahöstlichen Friedensprozesses Leben einhauchen« wolle. Der palästinensische Gelehrte Walid Khalidi, Berater der jordanisch-palästinensischen Delegation, begrüßte »das persönliche Engagement des Präsidenten der Vereinigten Staaten ... für eine gerechte und umfassende Regelung«. Auch in den besetzten Gebieten gab es, gut informierten Palästinensern zufolge, große Erwartungen und Hoffnungen.[267]

Und noch etwas hatte sich, sehr zur Freude der US-Presse, geändert: Bei den Palästinensern sei »ein neuer Pragmatismus«

entstanden, gefördert, so Thomas Friedman von der *New York Times*, durch Bakers wohltätigen Einfluß in Madrid. Bis dahin hätten sich »beide Seiten hinter dem Argument versteckt ... es gebe auf der anderen Seite keinen Verhandlungspartner« – obwohl die PLO sich immer an Israel gewandt hatte, aber immer, auch von den USA, abschlägig beschieden worden war. Die palästinensische Delegation, schreibt Friedman bewundernd, habe sich in Madrid »explizit für eine Zwei-Staaten-Regelung ausgesprochen« – was die PLO selbstverständlich nie getan hat. Der große Erfolg von Madrid war, daß die Palästinenser »die Wirklichkeit akzeptierten« und damit »eine Periode der Autonomie bei fortwährender israelischer Vorherrschaft« – eine Periode, die Israel nutzen kann, um die Bedingungen für seine dauerhafte Vorherrschaft zu schaffen, womit auch gleich nach den Madrider Verhandlungen begonnen wurde. Die Bereitschaft, den Vorgaben der USA zu folgen, hat, wie Clyde Haberman zustimmend bemerkt, »die negativen Klischees beiseite geräumt«. Nunmehr sind die Palästinenser willens, »mit Israel zu reden, ihre Alles-oder-nichts-Haltung aufzugeben und zumindest eine Hälfte«, eben die »Periode der Autonomie«, zu akzeptieren.[268]

Die Madrider Konferenz wurde unter unilateraler Führung der Vereinigten Staaten organisiert, wobei ein unterwürfiger russischer Partner als internationalistisches Feigenblatt diente. Die palästinensische Delegation wurde, nachdem sie von Israel und den USA auf ihre Legitimität geprüft worden war, von James Baker darüber informiert, daß die Verhandlungen allein auf Grundlage der UN-Resolution 242 geführt würden, die den Palästinensern nichts bietet. Die Weiterentwicklungen im internationalen Konsens blieben unberücksichtigt, allerdings lockerte Baker jene Forderung aus seinem Fünf-Punkte-Plan, die die Mitwirkung der Palästinenser auf die technischen Details der Wahlen und des Verhandlungsprozesses gemäß den israelischen Vorschlägen beschränkte.[269]

Wie von Anfang an deutlich war, bestand das Ziel der letzten Phase des »Friedensprozesses« darin, zwischen den Staaten der Region zu einer Regelung zu kommen, ohne den Palästinensern nationale Rechte zugestehen zu müssen. Aus Washingtons Sicht wäre eine Regelung am besten, die der traditionellen strategischen Konzeption eine öffentliche Form verleiht und stillschweigendes Einverständnis in einen formellen Vertrag überführt. Wenn das Palästninenserproblem durch irgendeine Art lokaler Autonomie beseitigt werden kann, um so besser. Unterdessen können Sicherheitsabkommen zwischen Israel, Ägypten, der Türkei und den Vereinigten Staaten ausgeweitet werden und eventuell andere Staaten einbeziehen, sofern diese sich mit der Vasallenrolle begnügen.

Während die Verhandlungen ohne konkretes Ergebnis fortgesetzt wurden, verschärfte Israel die Unterdrückung in den besetzten Gebieten gemäß den Vorstellungen Rabins vom Februar 1989. Der Erfolg war beträchtlich, und insbesondere die Abriegelung der Gebiete versetzte der schwächelnden palästinensischen Wirtschaft einen harten Schlag. Zudem war sie ein wichtiger Schritt hin zur beabsichtigten »Kantonisierung«, indem sie westjordanische Palästinenser von ihren Einrichtungen (Krankenhäuser usw.) in Ost-Jerusalem abschnitt und die Reisemöglichkeiten zwischen dem nördlichen und dem südlichen Teil des Westjordanlands praktisch unterband, weil die hauptsächlichen Verkehrsverbindungen durch Ost-Jerusalem verlaufen.

Die augenblickliche Situation wird, wie ich meine, von General Schlomo Gazit höchst plausibel eingeschätzt. Gazit, ehemaliger Chef des militärischen Geheimdienstes, hochrangiger Angehöriger der Militärverwaltung in den besetzten Gebieten und führend an den Geheimtreffen beteiligt, auf denen die Sicherheitsvorkehrungen für die Umsetzung des Osloer Abkommens entwickelt wurden, schreibt:

»Nach dem Zusammenbruch der Sowjetunion hat sich Israels hauptsächliche Aufgabe keineswegs verändert und bleibt von entscheidender Bedeutung. Seine Lage im Zentrum des arabisch-muslimischen Nahen Ostens prädestiniert Israel zum

Wächter über die Stabilität in den umliegenden Ländern. Seine Rolle liegt darin, die existierenden Regimes zu schützen, indem es Radikalisierungsprozesse unterbindet und der Expansion fundamentalistisch-religiösen Eifertums Einhalt gebietet.«[270]

Oder andere Formen des »radikalen Nationalismus« verhindert. Bei dieser Aufgabe braucht es, offener als zuvor, die Unterstützung anderer Verbündeter der USA. Das sind Vorstellungen, die US-Strategen bereits vor fünfunddreißig Jahren entwickelt hatten; der einzige Unterschied besteht darin, daß damals noch gewisse »Störfaktoren« existierten.

Verschiebungen in der US-Politik nach Bush machen Gazits Einschätzungen noch glaubwürdiger. In Israel erkannte man sehr schnell, daß die Regierung Clinton bei der Verweigerung palästinensischer Rechte noch weiter ging als die israelische Regierung selbst. So wies Amnon Barzilai darauf hin, daß die Vorschläge aus den USA zum ersten Mal vorsehen, »alle Optionen offenzulassen«, darunter sogar »die Forderung nach vollständiger Annektion der Gebiete« unter »israelischer Souveränität«. In dieser Hinsicht gehe, so Barzilai, Clinton sogar noch weiter als die regierende Arbeiterpartei, die nur den »territorialen Kompromiß« gefordert hatte. Die US-Initiative wird daher »bei den Palästinensern den Verdacht nähren, daß es Grund gebe, eine von den USA gestützte israelische Verschwörung zu fürchten«. De facto allerdings würde niemand in den USA oder Israel die vollständige Annektion wirklich in Betracht ziehen. Die Gründe haben wir bereits genannt.[271]

In einem Bericht aus Washington äußerte Ron Ben-Jischai sich ähnlich wie Barzilai. Er bezeichnete die neue Nahostpolitik des Weißen Hauses als »revolutionär« und »in ihrer Haltung völlig anders als die der vorherigen Regierungen«. Aus israelischer Sicht sei sie als »völlig positiv« zu bewerten. Hochrangige Regierungsbeamte hätten deutlich gemacht, daß die Araber »von Israel keine durch amerikanischen Druck diplomatischer oder wirtschaftlicher Art eingeräumten Konzessionen zu erwarten haben«. Auch die Sicherheitsbeziehungen sollen verbessert werden. Insider werten die erweiterte »Unterstützung für Israel als Teil einer umfassenderen Globalkonzeption, die dem Nahen Osten für die Ära nach dem Kalten Krieg und dem Golfkrieg eine neue Rolle zuweist« und dabei vor allem im Hinblick auf den »östlichen Teil« eine Politik doppelter Eindämmung betreibt, die auf den Iran und den Irak gleichermaßen zielt. »Man muß betonen, daß kein politischer Führer in Israel und auch nicht in Riad oder Kuwait gegen diese globale Konzeption Einwände erheben würde.«[272]

Das mag wohl auch für Kairo und andere Hauptstädte gelten, die ihre eigenen Gründe haben, bösartige Außenseiter wie den Iran oder den Sudan für jene Gewalttätigkeiten verantwortlich zu machen, die in beträchtlichem Maß aus ihrer eigenen Sozial- und Wirtschaftspolitik resultieren.

Ben-Jischai weist auch darauf hin, welche möglichen Folgen sich aus der Berufung von Clintons Beratern ergeben. Eine der zentralen Personen in diesem Team ist Martin Indyk, der bis Januar 1993 das Washingtoner Institut für Nahostpolitik leitete. Vor Clintons Amtsantritt hatten Indyk und Robert Satloff, der stellvertretende Direktor des Instituts, ein Memorandum zur Neugestaltung der Nahostpolitik vorgelegt, das nun unter Indyks Leitung umgesetzt wird. Indyk, ein Australier, der kurz vor seiner Berufung die amerikanische Staatsbürgerschaft erhalten hatte, gehörte zur israelischen Lobbyorganisation AIPAC, die vorwiegend den rechten Flügel des politischen Spektrums repräsentiert. Nachdem Indyk diese Organisation verlassen hatte, gründete er das Institut, um den Einfluß von Washingtoner Denkfabriken, die von der Lobby für anti-israelisch gehalten wurden, zu mindern. Einige dieser Think-tanks hatten nämlich empfohlen, daß die Vereinigten Staaten sich dem internationalen Konsens für eine friedliche Regelung anschließen sollten.[273] Das Institut hatte es Reportern ermöglicht, amerikanisch-israelische Propaganda als Bericht über Tatsachen zu verkaufen, indem sie einen vom Institut gestellten »Experten« zitierten, der die von ihnen vorgetragenen Ansichten untermauerte.

Clintons Politik entsprach dem von israelischen Kommentatoren entworfenen Bild. Eine der ersten Aufgaben der Regierung bestand darin, den Unmut aus der Welt zu schaffen, der durch die Deportation von vierhundert Palästinensern im Dezember 1992 hervorgerufen worden war. Israel beschuldigte die Deportierten, für »terroristische Handlungen« verantwortlich zu sein. Gemeint waren Angriffe gegen die Besatzungsarmee, die, wie auch die israelische Presse (s. o.) einräumte, nicht eigentlich als terroristisch gewertet werden können. Danny Rubinstein wies darauf hin, daß etwa die Hälfte der angeblichen »Hamas-Aktivisten« in religiösen Einrichtungen tätig war. Dazu gehörten Lehrer, Prediger, »viele junge Leute, die den wachsenden Bedarf an religiöser Praxis abdeckten« sowie Freiberufler, die »das islamische Netzwerk von Bildungs- und Wohlfahrtseinrichtungen – Kliniken, Kindergärten, Armenküchen und Hilfsorganisationen für die Familien und Gefangenen, für Invalide und Waisen – aufbauen«. Rubinstein fügte hinzu: »Unter den Deportierten befinden sich keine Mitglieder des militärischen Flügels von Hamas oder des islamischen Dschihad.« Das wurde durch Untersuchungen von Middle East Watch bestätigt. Diese Menschenrechtsorganisation fand heraus, daß die Hälfte der Deportierten aus Imams, Religionsgelehrten, Richtern der Scharia, Universitätsprofessoren, Ärzten (sechzehn davon dem UNRWA-Stab angehörig), Lehrern, Geschäftsleuten, Studenten und Arbeitern bestand. Ganze vier waren gerichtlich verurteilt worden, weitere acht hatten sich in Gewahrsam befunden (Gefängnishaft ohne Anklage oder Gerichtsverfahren). Middle East Watch beschrieb die unzumutbaren Verhältnisse in einer »Schlangengrube« im Libanon, wohin die Deportierten verfrachtet worden waren, und forderte Israel auf, diesen »Verstoß gegen die vierte Genfer Konvention« zu beenden.

Israelische Geheimdienste bestätigten diese Einschätzung. *Ha'aretz* zitierte einen »hohen Regierungsbeamten«, dem zufolge die Geheimdienste Premierminister Rabin *sechs Namen* von Hamas-Aktivisten genannt und auf Anweisung, »die Zahl zu erhöhen«, einen weiteren hinzugefügt hätten. Sie seien sehr »erstaunt« gewesen zu erfahren, daß über vierhundert Personen deportiert worden waren.[274]

Die US-Presse zog eine andere Version vor, die in der *New York Times* von dem israelischen Arabisten Ehud Jaari, der Verbindungen zu Indyks Institut unterhielt, präsentiert wurde. Jaari, der die Geheimdienstberichte und andere israelische Quellen ignorierte, behauptete: »Etwa 300 von den 413 Deportierten bildeten das Kommandonetzwerk von Hamas im Westjordanland und dem Gazastreifen.« Das steht im Einklang mit der Einschätzung, die Josef Harisch, der Rechtsberater des israelischen Kabinetts, verkündete, als er vor dem Obersten Gerichtshof die Ausweisung begründen sollte. Auf die Frage, wieviele Bewohner der besetzten Gebiete terroristischen Organisationen angehörten, antwortete er: »Meiner Meinung nach alle.«[275]

Der UN-Sicherheitsrat forderte in einer Resolution, die Deportierten sofort in ihre Heimat zurückzuschicken, was Israel ablehnte und sich die Entscheidung vorbehielt. Die Regierung Clinton verkündete daraufhin, Israel handle gemäß der Forderung des Sicherheitsrats, und erklärte die Diskussion für beendet, die daraufhin auch sofort aus den Medien verschwand. Der vielzitierte Robert Satloff meinte, die Palästinenser sollten ob dieser Entscheidung Mut fassen: »Es ist für die Verhandlungen zu ihrem Vorteil, daß zwischen den USA und den Israelis eine Beziehung existiert, wie sie jetzt sich darstellt.«[276]

Zwar sind die Veränderungen in der Nahostpolitik nicht so revolutionär, wie Ben-Jischai sie sieht, aber durchaus bezeichnend. Nach dem Verschwinden der Sowjetunion werden die tradierten strategischen Konzeptionen und Zielvorstellungen keineswegs aufgegeben, sondern, wie General Gazit vermerkte, noch nachdrücklicher als bislang verfolgt, und das gilt auch für die übrige Welt. Was sich jetzt ereignet, läßt erkennen, wie verlogen die Propaganda über den Kalten Krieg gewesen ist, denn die »neue« Politik verfolgt Ziele und Strategien, die schon seit jeher zur amerikanischen Vorstellungswelt gehörten.

8. Die ideologische Eroberung der Geschichte

Auch in der Aufbereitung der Diplomatiegeschichte feierte die Propaganda Triumphe. Im Fall des Nahostkonflikts wurde die übliche Unterordnung unter die Machtstrukturen noch durch die Zuneigung befördert, die Israel nach dem Sieg im Sechstagekrieg von vielen amerikanischen Intellektuellen auch des linksliberalen Spektrums entgegengebracht wurde – eine wichtige, aber viel zu wenig erörterte Sache, weil die Fakten nicht besonders attraktiv sind.[277] Viel nützlicher für Propagandazwecke ist das Bild von den »Unterstützern Israels« als einem kleinen, fast verlorenen Außenposten in einem Meer von israelfeindlichen Presseleuten und Intellektuellen. Die PLO sei, meint Thomas Friedman, der »Liebling vieler westlicher Liberaler gewesen«, womit er wohl meint, daß einige dieser Liberalen die PLO für zumindest halbwegs menschlich hielten. Die Verfälschung streift die Grenzen zum Komischen, ist aber funktional für den Machterhalt und deshalb zulässig.[278]

Für die Verschleierung der Realität ist ein ganz neues Vokabular entwickelt worden. So bezieht sich der Begriff »Friedensprozeß« nicht auf die Friedenssuche, sondern einzig auf das, was die Vereinigten Staaten tun, auch wenn sie Friedensinitiativen blockieren. Die ganzen Bemühungen der arabischen Welt seit 1971, die Vorstöße Europas und der UdSSR und die Resolutionen der UNO sind infolgedessen kein Bestandteil des »Friedensprozesses« und aus der offiziellen Geschichtsschreibung entfernt worden. Nur die USA treiben den Prozeß voran, indem sie die »Extremisten« aller Seiten zur Mäßigung zu bewegen suchen.

Innerhalb dieses Rahmens erhalten die Begriffen »gemäßigt« und »extremistisch« ihre Bedeutung: Gemäßigt sind all jene, die sich den Plänen Washingtons anbequemen, Extremisten dagegen diejenigen, die eigene Vorstellungen entwickeln. Die Gemäßigten können mithin auch »Pragmatiker«, die Extremisten »Radikale« oder »Hardliner« genannt werden. Pragmatiker sind, was den Nahen Osten angeht, Befürworter der amerikanischen Verweigerungshaltung. So lesen wir, daß ein dem damaligen US-Außenminister Cyrus Vance 1977 übermittelter sowjetischer Vorschlag »bemerkenswert ausgewogen war. Er enthielt keine Forderungen nach einem Palästinenserstaat oder einer Beteiligung der PLO« und unterschied sich von der amerikanischen Einstellung nur durch »eine Bezugnahme auf palästinensische Rechte, die einen Schritt über die in der US-Nahostpolitik übliche Auffassung betreffend die Interessen der Palästinenser hinausging«. Die amerikanische Einstellung ist natürlich per definitionem ausgewogen.[279]

Ungewöhnlich ist die nahöstliche Situation, weil die amerikanischen Intellektuellen seit 1967 *zwei* Staaten gegenüber loyal sind, nicht nur, wie sonst, *einem*. Das führt bisweilen zu Abweichungen vom üblichen Verhalten. Als Präsident Carter im Oktober 1977 einer sowjetisch-amerikanischen Erklärung zustimmte, die »die Beendigung des Kriegszustands und die Einrichtung normaler, friedlicher Beziehungen« zwischen Israel und seinen Nachbarn sowie international garantierte Grenzen und entmilitarisierte Zonen forderte, übte die israelische Regierung daran scharfe Kritik. Statt wie sonst der Politik Washingtons zu folgen, stellten sich die US-Medien auf die Seite Israels und behandelten Carter fast wie einen Staatsfeind, woraufhin dieser seine Zustimmung zurückzog und der »Friedensprozeß« in den gewohnten Bahnen weiterverlief. Arabische Ansichten fanden in der Berichterstattung so gut wie keinen Widerhall.[280]

Die erwähnten terminologischen Konventionen führen zu wahren Wundern der Berichterstattung. Als Bakers Fünf-Punkte-Plan Ende 1989 Gestalt annahm, wies ein Israel-Korrespondent der *New York Times* auf eine Schwierigkeit hin: »Mit Ausnahme der Vereinigten Staaten hat noch keine Nation dem [israelischen] Plan zugestimmt«, der damals, wie Baker klar machte, als einziger Geltung beanspruchen durfte. Ein paar Tage nach der Verkündung des Baker-Plans bemerkte die *New York Times* indes Zeichen einer Besserung. Unter der Überschrift »Sowjets wollen im Nahen Osten mitspielen« schrieb Alan Cowell: »Die Sowjetunion hat die Politik der Konfrontation mit den Vereinigten Staaten ausgesetzt und deutet nun an, daß sie bei der Nahost-Diplomatie die Partnerschaft mit Washington sucht«, was sie »dem Mainstream der Nahost-Diplomatie näherbringt«. Anders gesagt: Die Sowjetunion darf vielleicht im Nahen Osten mitspielen, wenn sie sich der Verweigerungshaltung der USA annähert, die, gegen die übrige Welt, den »Mainstream« der nahöstlichen Diplomatie ausmacht. Wer diese Konventionen nicht verinnerlicht hat, wird in den USA nicht ernstgenommen.[281]

Neben dem Begriff »Verweigerungshaltung«, der, wie bereits geschildert, hierzulande nur für jene verwendet wird, die den Juden das Recht auf nationale Existenz absprechen, also rassistisch geprägt ist, ist auch der Terminus »gegenseitige Anerkennung« (zwischen Israel und den Palästinensern) in den USA höchst eigenwillig interpretiert worden. Ursprünglich bezog er sich auf die Anerkennung der Rechte Israels durch die Palästinenser gemäß UN-Resolution 242 und auf Israels Anerkennung vergleichbarer Rechte der Palästinenser auf nationale Selbstbestimmung innerhalb der Grenzen ihres Territoriums, aus dem sich Israel gemäß dem internationalen Konsens zurückziehen muß. Demzufolge war in den USA diese »gegenseitige Anerkennung« lange Zeit keine Option, die in dem Sinne erwähnt wurde, daß es »Rechte der Palästinenser« gäbe, die von Israel anzuerkennen wären. Erst als die USA und Israel zu dem Schluß kamen, daß die (mittlerweile in Tunis untergeschlüpfte) PLO-Führung bereit sein könnte, mehr Konzessionen zu machen als Vertreter der Palästinenser vor Ort, wurde eine »gegenseitige Anerkennung« auf einmal denkbar, nämlich die »zwischen Israel und der PLO«.²⁸² Das ist natürlich nicht das, was die PLO jahrzehntelang angestrebt hatte; vielmehr soll sie nun »dem Terrorismus abschwören« und »Israels Existenzrecht« formell anerkennen – ein Recht, das keinem anderen Staat im internationalen System zugebilligt wird und womit gesichert werden soll, daß die Palästinenser offiziell nicht nur die Tatsache, sondern auch die Rechtmäßigkeit ihrer Vertreibung anerkennen. Im Gegenzug wird die PLO von Israel »anerkannt«, nicht aber das Recht der Palästinenser auf nationale Selbstbestimmung, sondern lediglich eine lokale »Autonomie« unter israelischer Supervision. Das mag für die Palästinenser einen Fortschritt bedeuten, aber wirkliche Gegenseitigkeit liegt diesem »Anerkennungs«-Konzept nicht zugrunde.

Weitere Begriffe dieser Art sind »territorialer Kompromiß« und »Land gegen Frieden«, die hübscher klingen als »Verweigerung«, aber genau das bedeuten. Sie beziehen sich auf den von den USA unterstützten Allon-Plan (oder eine seiner Versionen), der etwas abgemildert wird, um »Autonomie« zu ermöglichen.

Es gibt noch weitere Begriffe, mit deren Hilfe abweichendes Denken diskriminiert und aus dem Mainstream-Diskurs verbannt wird. So können die US-Stabschefs, der Nationale Sicherheitsrat, geheimdienstliche Analysen, Kongreßabgeordnete, israelische Generäle und andere ganz offen davon reden, daß Israel von den USA gebraucht wird, um den »radikalen arabischen Nationalismus« zu bekämpfen. Doch wenn ein Kritiker der US-Außenpolitik dafür Beweise erbringt und diese Strategie zudem noch in einem globalen Rahmen politischer Planungen und Praktiken der USA verortet, ist er ein »Verschwörungstheoretiker«, »dogmatischer Marxist« und Anhänger sonstiger altmodischer Ideologien. Der offiziellen Doktrin zufolge betreiben die USA nämlich, anders als alle anderen Staaten in Vergangenheit und Gegenwart, keine kohärente Politik, sondern lassen sich immer von ihrem guten Willen leiten, und es gibt auch keine inneren Machtstrukturen, die dem demokratischen Pluralismus, dessen Entscheidungen den Willen der Bevölkerung widerspiegeln, ins Gehege kommen könnten. Das gilt auch für die ideologische Aufbereitung des Nahostkonflikts, deren Erfolge durchaus spektakulär zu nennen sind.[283] Als Zeitung von Weltruf war die *New York Times* (»The Newspaper of Record«) besonders darauf bedacht, die offiziell bevorzugte Version der laufenden Ereignisse zu verbreiten, wobei es vor allem darum ging, die Vereinigten Staaten und Israel als gemäßigte Kräfte erscheinen zu lassen, die trotz des Terrors und der unnachgiebigen Verweigerungshaltung ihrer arabischen, insbesondere palästinensischen, Gegner den Frieden suchen. So wurde die PLO-Inititative von 1976, die vom Recht Israels auf eine Existenz innerhalb gesicherter Grenzen usw. sprach, dem Vergessen anheimgegeben; und als Jassir Arafat im April und Mai 1984 wiederholt Verhandlungen mit dem Ziel gegenseitiger Anerkennung forderte, fand sich in der *New York Times* dazu kein Wort. Noch nicht einmal Leserbriefe zu diesem Thema wurden abgedruckt. Als Thomas Friedman einige Monate später aus Jerusalem über »Zwei Jahrzehnte Friedenssuche im Nahen Osten« berichtete, fehlten die arabischen Initiativen, und die Diskussion blieb auf den offiziellen »Friedensprozeß« beschränkt. Vier Tage später hieß es in einem Kommentar: »Die wichtigste Tatsache ist, daß die Araber schließlich mit Israel verhandeln müssen«, aber Arafat steht dem im Weg »und spricht immer noch von einem unerreichbaren unabhängigen Staat«, statt Premierminister Peres in dessen »gesundem Pragmatismus zu bestärken« und König Hussein von Jordanien als Sprecher der westjordanischen Palästinenser anzuerkennen.

Die Beiträge Thomas Friedmans, die ihm wegen der »ausgewogenen und kenntnisreichen Berichterstattung« den zweiten Pulitzerpreis und die Beförderung zum leitenden Auslandskorrespondenten der *New York Times* eintrugen, sind in dieser Hinsicht besonders bemerkenswert. So berichtete er am 10. Dezember 1986 aus Jerusalem, daß die israelische Friedensorganisation »betrübt sei wie nie zuvor«, weil ihr »ein arabischer Verhandlungspartner fehlt«. Am 27. März 1987 zitierte er Schimon Peres, der diesen Mangel ebenfalls beklagte und meinte, die PLO könne nicht an Verhandlungen teilnehmen, »solange sie sich auf das Schießen beschränkt«. Auch hier sind die PLO-Initiativen von 1976 und 1984 vergessen und verweht.

Sechs Tage vor Friedmans Artikel vom 10. Dezember lautete eine Schlagzeile im israelischen Massenblatt Ma'ariv: »Arafat deutet gegenüber Israel an, daß er bereit ist, in direkte Verhandlungen einzutreten«. Der Pressesprecher von Premierminister Peres, dem »gesunden Pragmatiker«, bestätigte den Bericht, den er wie folgt kommentierte: »Es gibt einen prinzipiellen Einwand gegen jeden Kontakt mit der PLO, gemäß unserer Einstellung, daß die PLO kein Verhandlungspartner sein kann.« Jossi Beilin, ein enger Vertrauter von Peres, bemerkte: »Der Vorschlag ... wurde abgelehnt, weil es ein trickreicher Versuch zu sein schien, direkte Kontakte zu einem Zeitpunkt herzustellen, da wir auf Verhandlungen mit irgendeiner PLO-Beteiligung nicht vorbereitet sind.« Jossi Ben-Aharon, Leiter des Büros von Peres und politischer Berater Jitzhak Schamirs, ging noch weiter, indem er betonte: »Im israelischen Lager läßt sich kein Keil zwischen die Regierungskoalition und den Likud treiben.« Alle sind sich darin einig, daß »die PLO an keinerlei Diskussionen oder dergleichen teilnehmen kann ... Soll es Hoffnungen auf Vorkehrungen zur Lösung dieses Problems geben, muß zuallererst die PLO ihrer Wurzeln in dieser Region beraubt werden. Politisch, psychologisch, sozial, wirtschaftlich, ideologisch. Sie darf auch nicht den geringsten Einfluß mehr ausüben ... Kein Journalist darf Fragen über die PLO oder ihren Einfluß stellen. Schon die Vorstellung daß die PLO ein Diskussionsthema in der israelischen Presse sein könnte, ist unangemessen. Hier muß Einigkeit darüber herrschen, daß die PLO kein Faktor sein darf, zu dem Israel irgendwelche Kontakte entwickeln kann.«

Auch darüber kein Wort in den amerikanischen Mainstream-Medien, wobei nur Friedman die Gelegenheit nutzte, einen seiner Klagerufe über das bittere Schicksal der einzigen Friedensmacht im Nahen Osten, der ein arabischer Verhandlungspartner fehlt, ertönen zu lassen.

Insofern kann nicht überraschen, daß die Presse Arafat lobte, als er im August 1993 schließlich die amerikanisch-israelischen Bedingungen (das Osloer Abkommen) akzeptierte, weil er endlich von seinem Dogma, Israel müsse zerstört werden, abgerückt sei. Die *New York Times* sympathisierte mit Israels Zögern, »der PLO zu trauen, einer Gruppe, die lange Zeit die arabischen Schwüre, Israel und seine jüdischen Bewohner ins Meer zu treiben, verkörperte« und bis vor kurzem den bewaffneten Kampf als einziges Mittel zur Befreiung Palästinas gepriesen hatte. Aber sie hat sich wohl endlich »zu einer realistischeren Organisation entwickelt«, mit der Israel ein Abkommen avisieren könnte. In einem geschichtlichen Überblick für die *New York Times* schrieb Friedman: »Seit fast einhundert Jahren hat sich der Konflikt zwischen Israelis und Palästinensern als unlösbar erwiesen, weil keine der beiden Seiten die andere als legitimen Feind anerkennen wollte. Für Israel waren die Palästinenser entweder Terroristen oder Individuen, aber keine Nation mit einem legitimen Anspruch auf das historische Palästina; für die Palästinenser waren die Israelis entweder ›Kolonisatoren‹ oder Mitglieder einer religiösen Gemeinschaft, aber keine Nation mit rechtmäßigem Anspruch auf das Land Israel.« Nun hat sich alles geändert, dank dem plötzlichen Sinneswandel der PLO.

Als Arafat und Rabin nach Washington aufbrachen, um das Osloer Abkommen zu ratifizieren, berichtete die *New York Times* an prominenter Stelle von einem möglichen Foto, auf dem Arafat mit Rabin und Clinton einen Händedruck tauscht. Das wäre ein »spektakuläres Bild«, das »Mr. Arafat in einen Staatsmann und Friedensbringer verwandelte«, der »schließlich eine Organisation zu Ehren gebracht hat, mit der zu verhandeln Washington sich jahrelang weigerte« (Elaine Sciolino). Dagegen *sind* Rabin und Clinton bereits Staatsmänner und Friedensbringer, weil sie nicht, wie Arafat, jeden wachen Moment der Vernichtung ihres Feindes und der Verweigerung aller Kompromisse gewidmet haben. Am nächsten Tag hieß es in Sciolinos Bericht: »Nach lebenslangem, gewaltsamem Kampf um eine palästinensische Heimat setzte Jassir Arafat heute den Fuß auf amerikanischen Boden und gab der Hoffnung Ausdruck, daß ein Abkommen mit Israel dem Nahen Osten Frieden bringen würde.« Anthony Lewis, der jahrelang von jüdischen Organisationen als Verteidiger palästinensischer Rechte boykottiert worden war, betonte, die Palästinenser hätten zwar vor 1947 und nachher »wiederholt den Kompromiß abgelehnt«, seien jetzt aber zum ersten Mal bereit, »den Frieden zu ermöglichen«.[284]

So sangen sie in der *New York Times*, und viele andere Kollegen in anderen Zeitungen sangen mit. Es ist doch wichtig, gerade in Gesellschaften, in denen Freiheit herrscht und die öffentliche Meinung nicht einflußlos ist, eine totalitär anmutende intellektuelle Kultur zu bewahren.

9. Die Berliner Mauer fällt ein zweites Mal

Spätestens mit dem Ausbruch der Intifada wurde deutlich, daß die PLO-Führung ihre breite Unterstützung in den besetzten Gebieten allmählich verlor. Zwar erkannten lokale Aktivisten säkular-nationalistischer Provenienz die PLO weiterhin als einzigen Repräsentanten bei Verhandlungen an, sprachen aber mit offener Verachtung von ihrer Korruption, ihren persönlichen Machtspielen, ihrem Opportunismus und ihrer Mißachtung der Interessen und Meinungen derer, die zu vertreten sie beanspruchte. Die Unzufriedenheit wuchs, allen Anzeichen nach, in den folgenden Jahren, während die von Israel anfänglich geförderte fundamentalistische Opposition immer stärkeren Zulauf erhielt, als das von Rabin im Februar 1989 skizzierte

Programm brutaler Unterdrückung mit wirtschaftlicher, ideologischer und diplomatischer Unterstützung der USA in die Tat umgesetzt wurde und wachsende Unzufriedenheit und Demoralisierung hervorrief.[285] Der Ansehensverlust der PLO in den besetzten Gebieten und der arabischen Welt insgesamt machte sie für die Politstrategen in Israel und den USA auch deshalb attraktiv, weil die Intifada Erinnerungen an den Widerstand auslöste, der Israel aus dem Libanon vertrieben hatte, und so kam es zu immer häufigeren Kontakten mit der PLO, die ihren Höhepunkt im Osloer Abkommen fanden.

Natürlich beobachtete die israelische Presse die wachsende Krise in der PLO mit großer Aufmerksamkeit. Ende August 1993 berichtete Danny Rubinstein, die PLO sei »bankrott«. Die Krise war jedoch nur zum Teil finanzieller Natur, wichtiger war die Kritik an Arafats Methoden, die zu großen Protesten und Rücktrittsdrohungen geführt hatten. Dutzende von Aktivisten und Führern in den besetzten Gebieten und der Diaspora befolgten nicht länger den Grundsatz, »keine schmutzige Wäsche in der Öffentlichkeit zu waschen« und griffen die PLO-Führung scharf an. PLO-Kreise machten Arafat persönlich für den »Niedergang« der Organisation verantwortlich und kündigten an, auch gegen seine Einwände einen »nationalen Kongreß« einzuberufen. Am 22. August forderte Faisal Husseini von der palästinensischen Verhandlungsdelegation eine »Regierung der nationalen Rettung, die den völligen Zusammenbruch der palästinensischen Institutionen verhindern soll«. Am darauffolgenden Tag forderte der militärische Führer der Al-Fatah im Libanon Arafat zum Rücktritt auf. In den besetzten Gebieten äußerten führende Persönlichkeiten die Auffassung, daß angesichts Arafats »schwieriger Position« eine Demokratisierung der PLO an der Zeit sei. Im arabischen Ost-Jerusalem, berichtete Nadav Ha'etzni, »wurde immer häufiger geäußert, daß die Tage der PLO, der Al-Fatah und Arafats gezählt sind«, während »amüsanterweise das Zentrum der Unterstützung für Arafat nach West-Jerusalem gewandert ist«.

»Dies ist ein entscheidender Augenblick«, bemerkte der israelische Journalist Hami Schalev. »So wie der Golfkrieg die Palästinenser an den Verhandlungstisch zwang« – an den sie gleichwohl seit Jahren wollten –, »so zwingt ihre gegenwärtige Krise sie zu aus israelischer Perspektive außergewöhnlichen Zugeständnissen«.[286]

Auch die israelischen »Tauben« verfolgten den Niedergang der PLO mit wachsendem Interesse. Im August 1993 verwies Schmuel Toledano, ein Spezialist für arabische Angelegenheiten vom linken Flügel der Arbeiterpartei, auf die fortschreitende Spaltung zwischen der PLO in Tunis und den palästinensischen Unterhändlern, die »nicht bereit waren, dem Befehl der PLO, auf die US-Vorschläge [der Regierung Clinton] positiv zu reagieren, Folge zu leisten«. Toledano fragte: »Ist das nicht ein weiterer Grund dafür, direkte Gespräche mit der PLO in Tunis zu suchen?« Vor allem, da die PLO bereit scheint, die Rechte der Palästinenser anheimzugeben, um Reste der Autorität durch Anerkennung seitens der USA und Israels zu retten?

Toledano bemerkte weiter, daß schon im Januar 1991 die PLO ganz offiziell einen von den USA unterstützten Vorschlag gutgeheißen habe, dem zufolge anerkannt werden sollte, daß es »keine kollektive Rückkehr von Flüchtlingen geben wird, daß die Flüchtlinge ausschließlich im palästinensischen Staat angesiedelt werden, und daß bei der Wiedergutmachung für palästinensische Flüchtlinge und für jüdische Flüchtlinge aus den arabischen Staaten gleiche Regeln gelten sollen, was israelische Regierungen seit Jahrzehnten gefordert haben«, und was die Weltgemeinschaft wegen der offenkundigen Asymmetrie abgelehnt hatte. Niemand leugnet, daß auf die Flucht oder Vertreibung von Palästinensern die Flucht von Juden aus arabischen Gebieten folgte, die von dem neuen jüdischen Staat indes begrüßt, erleichtert und gefördert wurde, weil er so hoffte, die demographischen Verhältnisse zu seinen Gunsten beeinflussen zu können. Aber selbst wenn wir solche entscheidenden Tatsachen beiseite lassen, würde ein symmetrisches Verhältnis nur erreicht, wenn alle Flüchtlinge das Recht besäßen, in ihre jeweilige Heimat zurückzukehren und im Fall der Ablehnung Wiedergutmachung zu erhalten. Doch diesen Vorschlag würden Israel und die USA weit von sich weisen.

Zur gleichen Zeit berichtete Lamis Andoni aus Amman ähnlich Alarmierendes über den Niedergang der PLO, die »die schwerste Krise seit ihrer Gründung durchmacht«. Im Prinzip werden die Beobachtungen Toledanos bestätigt: Die PLO ist kompromißwillig, um ihre Haut zu retten. Der Artikel von Toledano trägt die Überschrift: »Mit der PLO reden«, der von Andoni ist betitelt mit: »Arafat und die PLO in der Krise«. Das sind die zwei Seiten der Medaille, die ein paar Wochen später mit der Ankündigung geheimer Gespräche ersichtlich wurden und von denen die Autoren noch nichts wissen konnten, als sie ihre Beiträge verfaßten. Israels Regierung hatte die Initiative ergriffen und »redete mit der PLO«, um Arafat zu helfen, seine Autorität wiederzugewinnen in der Erwartung, er werde die nationalen Rechte der Palästinenser als Gegenleistung zum Opfer bringen.[287]

So nahm die Tragikomödie ihren Fortgang. Bei den Madrider Verhandlungen vom Oktober 1991 waren die palästinensischen Unterhändler wegen ihres »Pragmatismus« und »Realismus« gelobt worden, d. h. wegen ihrer Bereitschaft, sich den amerikanisch-israelischen Forderungen anzunähern. Doch Mitte 1993 wurde offensichtlich, daß Arafat sie übertreffen wollte, indem er sich noch »pragmatischer« und »realistischer« gab. In der Vergangenheit war er, wie die *New York Times* erklärte, »immer wie ein Falke aufgetreten, der die härtesten Positionen der Palästinenser vertrat«. Doch nun schien er zu Kompromissen bereit, die von der Bevölkerung in den besetzten Gebieten als »Ausverkauf« betrachtet wurden. Und auf einmal galten die palästinensischen Unterhändler als »Hardliner«, die man nicht mehr ernstnehmen konnte.[288]

Ende August 1993 wurde in Oslo durch persönliche Initiative ein Abkommen zwischen Israel und Jassir Arafat erreicht, das in den USA auf große Zustimmung stieß.²⁸⁹ Amerikas hauptsächliche Ziele im Nahen Osten und damit sein »größtes Interesse« – »vermehrte Sicherheit für Israel und Frieden in der Region« – seien, hieß es in der *New York Times*, »der Verwirklichung näher als je zuvor«. Bei dieser Identifikation der US-Regierungspolitik mit »Amerikas größtem Interesse« bleibt natürlich die Frage unerörtert, ob es tatsächlich im Interesse der amerikanischen Bevölkerung sein kann, die nationalen Rechte der Palästinenser und die Sicherheit anderer Staaten außer Israel einfach zu ignorieren.

Aber das spielt in den Medien keine Rolle. Hier wird nur gefragt, ob das Risiko für Israel akzeptabel ist. »Gegner dieses historischen Friedensabkommens werden einwenden, daß es in ein paar Jahren zu einem palästinensischen Staat und damit zu der gefährlichen Unterminierung Israels führen wird«, schreibt der Nahost-Diplomat Roger Harrison. Aber die Kritiker sind im Unrecht, sagt er, denn es liege im israelischen Interesse, diese Risiken zu akzeptieren. H. D. S. Greenway, der den Nahen Osten genau kennt und mit viel Sympathie über die Leiden der Palästinenser berichtet hat, argumentiert ähnlich:

»Am Ende bleibt es bei der alten Frage: Ist es sicherer, die besetzten Gebiete weiter zu kontrollieren und eine Million unglücklicher Araber zu bewachen, die nicht absorbiert werden können, wenn Israel ein jüdischer Staat bleiben soll? Oder ist es sicherer, den Besatzungsstatus, der Israels Energien aufzehrt, loszuwerden und Sicherheit durch den Kompromiß zu suchen? Risikoreich sind beide Strategien.«

Ob das Osloer Abkommen auch für die Palästinenser Risiken birgt, ist kein Problem, das auf die Tagesordnung gehört. Diese Einäugigkeit hängt sicherlich auch damit zusammen, daß z. B. die politische Führung des Irans oder die der Hamas sich ihrer Verweigerungshaltung bewußt sind, während die westlichen Pendants unfähig sind, die auf ihre eigene Verweigerungsstrategie hindeutenden vergleichbaren Tatsachen wahrzunehmen.²⁹⁰

Diese Einäugigkeit zeigte sich erneut, als die Planungen zur Umsetzung des Osloer Abkommens bekannt wurden. In einer Titelgeschichte berichtete der leitende Auslandskorrespondent von *Jediot Ahronot* aus Washington, daß sich die isralischen Polizei- und Geheimdienste mit Vertretern entsprechender Institutionen der PLO träfen, um in enger Kooperation die Sicherheitsbestimmungen für den Gazastreifen zu realisieren – d. h. die Sicherheitsbestimmungen für die Israelis und die PLO-Behörden, deren Kontrolle die lokale Verwaltung unterstellt wird. Einige Wochen später berichtete der *Boston Globe* von ähnlichen Treffen unter der Schirmherrschaft der American Academy of Arts and Sciences in Cambridge, die von dem Harvard-Professor Everett Mendelssohn, einem bekannten Repräsentanten der »Taubenfraktion«, geleitet wurden. Bei diesen Treffen verhandelten General Gazit, Joseph Alper (ein ehemaliges hochrangiges Mitglied des Geheimdienstes Mossad) sowie Ze'ev Schiff mit PLO-Vertretern über Maßnahmen zur Wahrung der israelischen Sicherheit in Gebieten, die von der PLO kontrolliert werden würden. Offensichtlich war die Sicherheit der Palästinenser in den von Israel militärisch besetzten Gebieten kein Thema, ebenso wenig wie die eventuelle Kontrolle der israelischen Armee, der Grenztruppen, der Geheimpolizei und Geheimdienste oder der jüdischen Siedler. Wer schwach ist, hat eben keinen Anspruch auf Sicherheit.[291]

Die Annahme der *New York Times*, mit dem Abkommen seien die seit langen erstrebten Ziele der amerikanischen Nahost-Politik ihrer Verwirklichung näher gekommen, dürfte zutreffend sein, denn das zu erwartende Ergebnis fällt in den Rahmen der von Israel und den USA betriebenen Verweigerungsstrategie. Soviel zumindest erhellt aus einem Beitrag des stellvertretenden israelischen Außenministers Jossi Beilin für die *New York Times*. Dort heißt es u. a.:

»Die dauerhafte Lösung wird auf Israels Rückzug aus dem Gazastreifen und den meisten Teilen des Westjordanlands beruhen. Wir stimmen einer konföderativen Regelung zwischen

Jordanien und den Palästinensern des Westjordanlands zu, werden aber nicht zu den Grenzen von vor 1967 zurückkehren. Das Vereinigte Jerusalem bleibt die Hauptstadt des Staates Israel.«

Als Gegenleistung »werden die Araber nach Jahren der Weigerung ... Israels Recht, als souveräner Staat innerhalb gesicherter und festgelegter Grenzen in dieser Region zu existieren, anerkennen«. Die Gründe dafür, eine konföderative Regelung der Unabhängigkeit vorzuziehen, wurden bereits erörtert. Wie das »Vereinigte Jerusalem« aussehen soll, steht noch nicht fest. Der Rückzug aus den besetzten Gebieten ist an die Bedingung geknüpft, daß auch danach »Israel weiterhin für die äußere Sicherheit sowie für die innere Sicherheit und öffentliche Ordnung betreffend die Siedlungen und die Israelis zuständig ist«. Außerdem dürfen israelische Militärkräfte weiterhin die Straßen in den betreffenden Gebieten ungehindert nutzen.

Man kann verstehen, daß die *New York Times* das Abkommen bejubelt; Thomas Friedman meinte sogar, es sei »das nahöstliche Gegenstück zum Fall der Berliner Mauer«. Und obwohl seine persönliche Empfehlung – Israel solle die besetzten Gebiete so behandeln wie die »Sicherheitszone« im Südlibanon – wohl nicht verwirklicht wird, stellt das Abkommen den »Triumph des Realismus über den Fanatismus und des politischen Muts über die politische Feigheit« dar. »Realisten« begreifen nämlich, daß es besser ist, den Anordnungen der USA zu folgen. Wer aber von der Gerechtigkeit der israelisch-amerikanischen Verweigerungshaltung nicht überzeugt ist, gehört zu den »Fanatikern« und »Feiglingen«. Allein die Rhetorik zeigt, um wieviel es geht.[292]

Der Entwurf des Abkommens läßt die *nationalen* Rechte der Palästinenser unerwähnt, und genau sie waren das Problem, an dem sich zwei Jahrzehnte lang die Geister schieden: hier die USA und Israel, dort der internationale Konsensus. In diesen Jahren herrschte allgemeine Einigkeit darüber (der sich ab Mitte der siebziger Jahre auch die PLO anschloß), daß eine Regelung auf den UN-Resolutionen 242 und 338 (die letztere eine Bestätigung der ersteren) beruhen sollte. Umstritten waren zwei Punkte: 1. Interpretieren wir die Rückzugsklausel von UN-242 in Übereinstimmung mit dem internationalen Konsens *oder* in Übereinstimmung mit der seit 1971 von Israel und den USA vertretenen Verweigerunghaltung? 2. Soll das Abkommen *allein* auf UN-242 beruhen, die den Palästinensern nichts bietet, *oder auf UN-242 und weiteren relevanten UN-Resolutionen*, wie die PLO in Übereinstimmung mit dem internationalen Konsens schon seit langem vorgeschlagen hatte? Soll also das Abkommen das Recht der Palästinenser auf nationale Selbstbestimmung oder das Recht der Flüchtlinge auf Rückkehr und Wiedergutmachung enthalten? (Letzteres hatte die UNO, zunächst mit amerikanischer Unterstützung, seit 1948 wiederholt bekräftigt.)

In beiden Punkten übernimmt das Abkommen eindeutig und explizit die israelisch-amerikanische Haltung. Artikel I, der das »Ziel der Verhandlungen« umreißt, legt fest, daß »die Verhandlungen über den dauerhaften Status zur Umsetzung der Resolutionen 242 und 338 des UN-Sicherheitsrats führen werden«. Mehr wird nicht erwähnt. Außerdem ist, wie Beilin erläuterte, UN-242 in der unilateral von den Vereinigten Staaten bestimmten Interpretation, nämlich als Teilrückzug, zu verstehen. Tatsächlich schließt das Abkommen nicht einmal die weitere israelische Besiedlung in großen Teilen des Westjordanlands oder sogar neue Landnahmen aus. Bei einem zentralen Thema wie der Wasserkontrolle ist nur von einer »Kooperation bei der Verwaltung von Wasservorräten im Westjordanland und dem Gazastreifen« sowie von »gerechter Nutzung gemeinsamer Wasservorräte«, die durch »Experten beider Seiten« festgelegt wird, die Rede. Wenn ein Elefant mit einer Fliege kooperiert, ist das Ergebnis unschwer vorherzusehen.

Beide Seiten stimmen darin überein, daß nur die Vorräte in den besetzten Gebieten solcher »Kooperation« unterliegen, was dem amerikanisch-israelischen Ziel der Unterordnung eines palästinensischen Autonomiegebiets unter ein erweitertes Israel entspricht, wobei die genauen Bestimmungen und Grenzen dieser Unterordnung unklar bleiben.

Die Verweigerer haben einen vollständigen Sieg errungen; und während Jossi Beilin sicherlich recht hat mit der Bemerkung, Israel hätte schon 1971 Frieden haben können, hat sich auch die von Henry Kissinger geteilte Überzeugung seiner Kollegen aus der Arbeiterpartei als richtig erwiesen, daß »wir mehr erhalten, wenn wir länger aushalten«.[293]

Wie umfassend dieser Sieg war, geht auch aus einem Briefwechsel zwischen Arafat und Rabin hervor.[294] Für die USA gab es, wie bereits erwähnt, kein Recht auf Widerstand in den besetzten Gebieten, weshalb sie die PLO aufforderten, die Intifada zu beenden. Auch dieses Ziel wurde erreicht. Arafats Brief betonte nicht nur erneut »Israels Recht auf Existenz in Frieden und Sicherheit«, sondern lehnte auch noch einmal den »Einsatz terroristischer Gewalt« und darüber hinaus »andere Gewaltmittel« ab und verpflichtete sich, für die Zustimmung aller Mitglieder und Abteilungen der PLO bei der »Verhinderung von Übertretungen und der Bestrafung von Gewalttaten« zu sorgen. Hier ist »Gewalt«, wie der israelisch-amerikanische Begleitkommentar verdeutlicht, ein sehr umfassender Begriff, dessen Inhalt letztlich durch die Sieger festgelegt wird. »Mr. Rabin zeigte sich in diesem Punkt unnachgiebig«, berichtete Clyde Haberman aus Jerusalem. »Mr. Arafats Entschlossenheit, ein Abkommen zu erreichen, werde daran gemessen, inwieweit er diesbezüglich zum Nachgeben bereit sei. obwohl die meisten Palästinenser in den [besetzten] Gebieten den Aufstand als unverzichtbares Mittel des Widerstands gegen die israelische Besatzung betrachten.«

Die Sieger bestimmen, was die PLO zu tun hat: Sie muß für eine Rückkehr zum Status quo ante sorgen, so wie es Israel und die USA gefordert hatten, als im Dezember 1987 der Widerstand gegen Unterdrückung und Erniedrigung sich nicht mehr eindämmen ließ. Die damals unter dem Vorwurf der Kollaboration aufgelöste palästinensische Polizei übernimmt wieder ihre alte Aufgabe, die Bevölkerung ruhig zu halten, und wenn sie dabei versagt, kann Israel das als Verletzung des Abkommens werten und nach Belieben darauf reagieren.

Diese Polizei besteht zum größten Teil aus Ausländern, die keine Verbindung zu den Kommunen haben, in denen sie eingesetzt werden. Es sind Soldaten der Palästinensischen Befreiungsarmee, die in anderen Ländern ausgebildet wurden. Auf diese Weise nutzen Israel und die USA Formen der imperialen Kontrolle, die bereits von den Briten in Indien, der Sowjetunion in Osteuropa, den Deutschen im besetzten Frankreich und den USA selbst in Lateinamerika angewandt wurden. Neunzig Prozent der britischen Militärkräfte in Indien bestanden aus einheimischen Söldnern, in Frankreich bedienten sich die Nationalsozialisten der Vichy-Regierung, in Lateinamerika setzten die USA seit den vierziger Jahren das jeweils landeseigene Militär ein, um die Dreckarbeit zu erledigen. Bei dem Massaker auf dem Platz des Himmlischen Friedens in Peking setzte China Truppen aus weit entfernten ländlichen Gebieten ein. Die augenblicklichen Pläne für den Gazastreifen und eventuell in Autonomie zu überführende Regionen des Westjordanlands sind ähnlich konzipiert: Auf diese Weise kann die Besatzungsmacht Kosten sparen und gelegentlicher internationaler Verurteilung aufgrund allzu extremer Greueltaten entgehen.

Auch ideologische Vorteile sind damit vermacht, denn die Unterdrückung der Bevölkerung durch einheimische Kräfte können westliche Kommentatoren als Zeichen der Zurückgebliebenheit werten, der gegenüber die israelische Besatzung sich als leuchtendes Beispiel moderner, aufgeschlossener Verwaltung abheben kann. In dieses Schema paßt auch die jüngste Rehabilitation der europäischen Kolonisierungspolitik.

Im Gegensatz zu Arafats Konzessionen enthielt Rabins Brief keine substantiellen Zugeständnisse, sondern bemerkte nur knapp, daß »angesichts der von der PLO eingegangenen Verpflichtungen die Regierung von Israel entschieden hat, die PLO als Repräsentantin des palästinensischen Volks anzuerkennen und mit ihr im Rahmen des nahöstlichen Friedensprozesses Verhandlungen zu beginnen«. Dagegen ließ Rabin nicht erkennen, daß er bereit sei, zumindest die härtesten Methoden der Besatzung – Folter, das Töten von Kindern, Kollektivstrafen, Haft ohne Anklage usw. – abzumildern oder die »Abriegelung« aufzuheben. Ebenso scheint er nicht bereit, die Ausweitung von Groß-Jerusalem verlangsamen oder die Siedlungstätigkeit und andere Arten der Landnahme in den besetzten Gebieten zurückzufahren.

Das einzig Neue ist die Anerkennung der PLO. Die israelische Presse hatte darauf verwiesen, daß das Osloer Abkommen »keine direkte Anerkennung« enthält. Vielmehr wird in der Präambel erklärt, daß »die Regierung von Israel und die das palästinensische Volk repräsentierende Gruppe der Palästinenser« in der jordanisch-palästinensischen Delegation die Verhandlungspartner sind. Rabins Brief konstatierte also erstmalig die Anerkennung der PLO, die jetzt wegen ihrer Nachgiebigkeit geeigneter erscheint als die Verhandlungsdelegation, so daß die »Bewahrung der nationalen Rechte der Palästinenser nicht mehr davon abhängt, die Rolle der PLO zu verteidigen«.[295]

Interessant ist, daß Israel zur Durchsetzung seiner Interessen Norwegen als Vermittler wählte und nicht die USA. Vielleicht erkannte Rabin, daß angesichts einer amerikanischen Nahostpolitik, die noch extremer ist als die Ziele der Arbeiterpartei, Israel palästinensischen Verschwörungsbefürchtungen neue Nahrung gegeben hätte, so daß Norwegen als Vermittler unverdächtiger erscheinen mochte.[296]

Zusammenfassend kann man sagen, daß die Vereinigten Staaten während der letzten zwei Jahrzehnte bei drei hauptsächlichen Problemen sich nahezu allein gegen den internationalen Konsens gestellt und ihre Vormachtstellung genutzt haben, um eine friedliche Regelung des Nahostkonflikts zu verhindern: 1. Rückzug, 2. Verweigerungshaltung, 3. Recht auf Widerstand.

Die USA waren seit 1971 gegen einen vollständigen Rückzug aus den besetzten Gebieten; sie haben das Lager der Verweigerer – keine nationale Selbstbestimmung für die Palästinenser – angeführt, und sie haben der palästinensischen Bevölkerung in den besetzten Gebieten das Recht auf Widerstand abgesprochen. Das Osloer Abkommen läßt in allen drei Punkten erkennen, daß die USA ihre Positionen durchsetzen konnten. Nicht nur Arafat, sondern die ganze Welt hat hier kapituliert, als nach dem Golfkrieg klar wurde, daß die Vereinigten Staaten, auch durch den Einsatz von Gewalt, willens und fähig waren, die Monroe-Doktrin auf den Nahen Osten auszudehnen.

Ein Blick auf die Situation im Gazastreifen zeigt, was unter »Rückzug« zu verstehen ist: die Wahrung der israelischen Interessen. Darauf weisen israelische Kommentare mit großem Nachdruck hin. Ein Interview mit Stabschef Ehud Barak in *Davar* ist mit folgendem Zitat überschrieben: »Wir werden Gaza nicht verlassen und überall dort sein, wo es für uns notwendig ist«.[297]

Baraks Erklärung ist mit dem Text des Osloer Abkommens durchaus vereinbar, denn dort ist Israels Recht, die Siedlungen und den Zugang zu ihnen zu kontrollieren, festgeschrieben. Die Siedlungen im Gazastreifen befinden sich entlang der Küste, in den wertvollsten Gebieten; Israel hält etwa 40 Prozent, je nachdem, wie weit oder eng man die Grenzen um diese Siedlungen zieht. Die Gebiete bestehen aus einem kleinen Abschnitt an der nördlichen Grenze zu Israel sowie aus der Region Gusch Katif, die sich von der ägyptischen Grenze aus nach Norden dehnt. Sie wurde unter den Regierungen Rabin und Peres zwischen 1974 und 1977 besiedelt und ist mit Stacheldraht- und Elektrozäunen umgeben, die, wie der Nahostexperte Geoffrey Aronson anläßlich eines Besuchs schrieb, »einen größeren Eindruck von Dauerhaftigkeit vermitteln« als die Siedlungen im Norden. Hier leben an die viertausend Siedler, die die begrenzten Wasservorräte dieser Wüstenregion für landwirtschaftliche Zwecke, aber auch für einen großen künstlichen See nutzen, der sich vor einem Luxushotel erstreckt. Dieser »Garten Eden« (so die Zeitung der Arbeiterpartei im März 1993) exportiert die Hälfte der israelischen Tomaten und einen großen Teil der Blumen, die hier mit der intensiven Nutzung billiger arabischer Arbeitkraft gezüchtet werden. Die Bautätigkeit boomte auch und besonders nach dem Wahlsieg der Linkskoalition Mitte 1992: Wasserleitungen wurden von Israel aus dorthin verlegt, neue Villen errichtet und Straßen gebaut, die den Zugang ermöglichen, ohne durch arabisch besiedelte Gebiete zu führen. Rabin hat bestätigt, daß die Siedlungen im Gazastreifen bei der Entwicklungsförderung höchste Priorität genießen.

Im März 1993 schrieb Ze'ev Schiff: »Wir haben auch weiterhin die Wasservorräte des Gazastreifens gestohlen, obwohl die Qualität von Jahr zu Jahr schlechter wurde ... und wir haben den ohnehin knappen Grund und Boden gestohlen, um dort immer weitere Siedlungen zu errichten, als wollten wir die Bewohner vorsätzlich zur Verzweiflung treiben und ihnen zu verstehen geben, daß sie nichts zu verlieren haben.« Das sei vom Standpunkt der israelischen Sicherheit aus absurd. Obwohl die Zahlen geheimgehalten werden, schätzen israelische und palästinensische Ökonomen, daß das von den israelischen Behörden für den Gazastreifen vorgesehene jährliche Budget sich auf etwa 30 Dollar pro Kopf beläuft (im Westjordanland sind es 120, in Jordanien 825 und in Israel 2113 Dollar). Die israelische Regierung hat aus ihrem eigenen Haushalt noch nie auch nur einen Schekel für die Araber in den besetzten Gebieten lockergemacht, wie Alex Fishman berichtet. Da der Fischfang verboten ist und der arabische Anbau insbesondere von Zitrusfrüchten darniederliegt, ist die Bevölkerung im Gazastreifen gezwungen, unter miserablen Bedingungen in Israel zu arbeiten oder, wie in der Frühzeit der industriellen Revolution, für die israelische Industrie Heimarbeit von Frauen und Kindern verrichten zu lassen. Unterdessen hat sich aus diesen und anderen Formen der Einbindung in die israelische Wirtschaft eine wohlhabende palästinensische Oberschicht entwickelt.

Die besetzten Gebiete sind, so Fishman, ein »riesiges Laboratorium gewesen«, in dem die Militärverwaltung ihre diversen Theorien über Kontrolle und wirtschaftliche Integration auf die Probe stellte.[298]

Im übrigen bot die israelische Zivilverwaltung nach dem Osloer Abkommen jüdischen Siedlern und Bauunternehmern im Gazastreifen Pachtverträge mit einer Laufzeit von 49 Jahren an. Ferner wurden Industriegebiete »auf fruchtbarem Grund und Boden errichtet, obwohl geeignetes Bauland zur Verfügung stand«, berichtet Sara Roy. Die Entwicklungspläne und Projekte zeigen ihrer Ansicht nach, daß Israel eine »restrukturierte Form der Integration« anstrebt, wofür die Abkommen lediglich das Feigenblatt darstellen.

Nach dem Sieg der Linkskoalition unter Rabin hat sich die Situation im Gazastreifen erheblich verschlechtert, u. a. durch die »Abriegelung« und die Exportbeschränkungen für Orangen. Neue Bestimmungen wurden erlassen, nach denen alle arabischen Produkte von israelischen Zwischenhändlern aufgekauft werden müssen (auch ihre Erdbeeren dürfen die arabischen Bauern nicht direkt vermarkten). So wird, auch durch das Verbot von Bankengründungen, eine unabhängige ökonomische Entwicklung verhindert, damit Teile des Gazastreifens in eine »Nebenwirtschaftszone« verwandelt werden können, bei der Israel die Kontrolle über knappe Ressourcen wie Land und Wasser ebenso behält wie über die Entwicklung in den zukünftig autonom verwalteten Gebieten.[299]

Ferner wurden weitere Schritte zur Annektierung des Gazastreifens unternommen. Von den Verhandlungen in Kairo, die im November 1993 stattfanden, berichtete die israelische Presse, daß »die Palästinenser Israels Sicherheitskonzeption akzeptiert haben, die die Verteidigung von drei großen Siedlungsblöcken im Gazastreifen vorsieht«, nämlich Gusch Katif und zwei weitere. Zudem kontrolliert die israelische Marine die Küste. Umstritten war dabei, was genau sie kontrollieren sollte: nur die jüdischen Siedlungen selbst, wie Formulierungen im Osloer Abkommen nahelegten, oder, wie Israel forderte, einen »Block«, zu dem die Siedlungen gehören? Letzteres wäre ein Schritt hin zur Annektierung der »Blöcke«. Daß die Palästinenser auch hier zu Konzessionen bereit waren, ist, wie der Leiter der israelischen Verhandlungsdelegation, General Amnon Schahak erklärte, keine Überraschung: »Es sei daran erinnert, daß es bei den Diskussionen nicht um auf Gegenseitigkeit beruhende Leistungen geht ... Wir gewähren das, was wir für angemessen halten und behalten, was uns als notwendig erscheint.« Unterdessen gab der Vorsitzende des israelischen Siedlerrats im Gazastreifen an, daß in den Monaten nach dem Osloer Abkommen sechzig neue Familien in Gusch Katif aufgenommen worden seien.[300]

Derweil wurde die Sicherheitslage im Gazastreifen immer schlechter, denn die Bevölkerung sah sich, wie Sara Roy berichtete, »zwei Unterdrückern gegenüber: Israel *und* der PLO«. Die PLO bevorzugt in den von ihr aufgebauten Institutionen Anhänger Arafats von der Al-Fatah, zu denen auch Kollaborateure gehören, eine Entscheidung, die »ungläubige Wut« auslöste. »Zunehmend wird die Fatah als reaktionäre Kraft gesehen, die Streit und Zwietracht fördert.« Roy bestätigt auch Berichte der israelischen Presse, denen zufolge die israelische Armee den Besitz von Waffen im Gazastreifen erlaubt, was zur »zunehmenden Gesetzlosigkeit beiträgt: Bewaffnete Banden von Jugendlichen formieren sich, der Drogenhandel nimmt wieder zu, während die Wirtschaft stagniert und Armut sich ausbreitet« – die klassischen Folgen imperialer Herrschaftsmechanismen.

Die militärische Besatzung selbst blieb dabei »brutal«, und ihre Praktiken waren, heißt es bei Roy weiter, »bösartig«. So wurden »zwischen der Unterzeichnung des Friedensabkommens und dem 31. Dezember 30 Bewohner von israelischen Soldaten getötet und 1100 verwundet, darunter 500 Kinder. Von den Verwundeten war die Hälfte mit scharfer Munition beschossen worden.« Außerdem bedienten sich die Sicherheitskräfte im Gazastreifen verdeckt operierender Einheiten, vergleichbar den Todesschwadronen in Lateinamerika, was bisweilen zu öffentlicher Aufmerksamkeit und sogar Entschuldigungen führte, wenn die falschen Ziele getroffen worden waren. Üblicherweise gehen diese Einheiten so vor, daß sie auf bewaffnete Männer, die Flugblätter verteilen, das Feuer eröffnen oder ohne Vorwarnung bewaffnete Palästinenser angreifen, wie ein Armeesprecher der Presse gegenüber erklärte, nachdem sechs PLO-Anhänger (»Fatah-Falken«) getötet worden waren, als sie von Autos aus Flugblätter verteilten. Diese Aktion sei, wie die israelische Regierung einräumte, ein Fehler gewesen. Die Operationen dienten, wie der Sprecher erläuterte, »dem Schutz unserer Soldaten«, privatim jedoch geben, wie Peter Ford mitteilt, Militärs zu, daß »massive Overkill-Aktionen auch den Vorteil haben, die Palästinenser in Furcht zu versetzen und sie daran zu hindern, gesuchte Leute zu verstecken«.[301]

Im Westjordanland ist es nicht anders, wie die Vorgänge um das vom jüdischen Siedler Baruch Goldstein am 25. Februar 1994 verübte Massaker in Hebron zeigten. Am Tag zuvor hatten israelische Soldaten ein Steinhaus nahe Jerusalem mit Panzergranaten beschossen und dabei einen Palästinenser getötet und einen weiteren verletzt. Beide »wurden von der Armee beschuldigt, einen Undercoveragenten umgebracht« und weitere illegale Aktionen durchgeführt zu haben, hieß es in der Presse. In den ersten acht Tagen nach dem Massaker wurden weitere dreiunddreißig Palästinenser von der israelischen Armee erschossen, obwohl in zumindest zwölf Fällen »kein Soldat gefährdet war«, wie die Menschenrechtsorganisation B'Tselem berichtete. Nach dem Massaker wurde die arabische Bevölkerung »hinter Schloß und Riegel gehalten«, während »die Siedler sich frei bewegen konnten, bis an die Zähne bewaffnet und von Soldaten eskortiert« (Graham Usher).[302]

Im Osloer Abkommen ist von Wahlen die Rede, doch dürfte ihre Bedeutung, selbst wenn sie stattfinden sollten, skeptisch zu beurteilen sein. Gut informierte Kommentatoren in Israel gehen von einem »stillschweigenden Einverständnis« zwischen den israelischen und PLO-Verhandlungspartnern aus, daß die »im Osloer Abkommen vorgesehene Autonomie nicht möglich sein wird« (Uzi Benzamin). Insbesondere sind beide Seiten gegen eine Demokratisierung der »autonomen« Regionen, die besser unter der direkten Herrschaft der PLO-Behörden zu belassen seien. »Israel unterstützt einen Prozeß, der die Chance für ein demokratisches palästinensisches Gemeinwesen (oder einen Staat) verhindert ... und zieht eine autokratische Form der Herrschaft, wie sie auch in den arabischen Staaten existiert, vor.« Statt freier Wahlen wird es eher eine von der PLO bestimmte und kontrollierte Verwaltung geben. Israel Schahak bemerkt dazu, daß die Ablehnung substantieller demokratischer Formen in der Region ohnehin weit verbreitet ist; hier können sich die arabischen Staaten, die zionistische Bewegung, die PLO und die Vereinigten Staaten die Hände reichen.[303]

Drei Monate später bekräftigte Benzamin seinen Verdacht. Der politischen Führung in Israel, schrieb er Anfang Dezember, »ist schon jetzt klar, daß die für den 13. Juli 1994 vorgesehenen Wahlen zum Autonomierat nicht stattfinden werden. Vielmehr wird die PLO im Gazastreifen (mit Ausnahme der israelischen Siedlungen) in der Weise herrschen, in der sie die Kontolle über Gaza und Jericho übernimmt, nämlich durch beschleunigte Übernahme der Amtsgewalt, die von der israelischen Militär- und Zivilverwaltung an die PLO übergeben wird.« Den Gazastreifen (und später das Westjordanland) beherrschen kann die PLO, so die Vermutung, jedoch nur, wenn sie »die Hamas-Opposition vernichtet«, weshalb Israel auch für gut bewaffnete PLO-Sicherheitskräfte eintritt. Die Erkenntnis, daß die PLO besser als Israel in der Lage ist, die oppositionellen Kräfte in den besetzten Gebieten zu identifizieren und auszuschalten, »könnte die Aussicht auf einen erfolgreichen Abschluß der Angelegenheit verbessern« und für Israel und Arafat »zu einem zeitlich früher erreichbaren Abkommen führen«.[304]

Die Berichte israelischer Teilnehmer an den Geheimverhandlungen in Cambridge gaben dem Skeptizismus weitere

Nahrung. Auf einer Pressekonferenz, die am 10. September in Tel Aviv abgehalten wurde, berichtete Joseph Alper, beide Seiten seien sich darin einig gewesen, daß die israelische Armee sich nur aus »friedlichen Gebieten« zurückziehen solle. Die Palästinenser hätten »explizit geäußert, daß die israelische Armee Spannungszonen in den Flüchtlingslagern erst dann räumen soll, nachdem [die PLO-Sicherheitskräfte] dort erfolgreich die Kontrolle übernommen hätten«. Außerdem solle es gemeinsame Patrouillen mit der israelischen Armee geben. General Gazit gab der Hoffnung Ausdruck, daß die palästinensischen Sicherheitskräfte »so effizient seien wie der Schabak«, Israels gefürchtete Geheimpolizei. »Er schloß die Möglichkeit einer Zusammenarbeit zwischen ihnen und den israelischen Geheimdiensten nicht aus«, berichtete die Presse. Gazit fügte hinzu, es gebe »in der arabischen Welt ausgezeichnete Spezialisten für die innere Sicherheit«, und man solle die Fähigkeit der Palästinenser, in dieser Hinsicht Verantwortung zu übernehmen, nicht unterschätzen.[305]

Wahlen zu verhindern oder gewaltmäßig zu kontrollieren, falls ein »falsches Ergebnis« droht, entspricht durchaus westlichen Vorstellungen von »Demokratie«, bei denen es immer um das *Ergebnis*, nicht um den Prozeß selbst und seine Bedingungen geht.

Israels politische Führung hielt mit dem, was sie erreicht hatte, nicht hinter dem Berg. Schimon Peres erklärte im israelischen Fernsehen: »Es hat bei *ihnen* Veränderungen gegeben, nicht bei *uns*. Wir verhandeln nicht mit der PLO, sondern einem Schatten ihres einstigen Selbst.« Diese Einschätzung bestätigte Premierminister Rabin einen Monat später in einem Interview: »Vielleicht ist es klüger, die zweite Phase ... ausfallen zu lassen, weil Arafat möglicherweise keine Wahlen will. Statt dessen könnte man direkt zu einer territorialen Lösung übergehen, bei der die israelische und die palästinensische Bevölkerung dauerhaft voneinander getrennt werden.« Allerdings verdeutlichte er, daß keine substantiellen Zugeständnisse gemacht würden. Die Vorstellung, eine größere Anzahl von Flüchtlingen könne in die palästinensischen Autonomiegebiete zurückkehren, sei »Unsinn«. »Mit Zehntausenden zu rechnen, ist ein Traum, eine Illusion«, bestenfalls könne es so etwas wie eine »erweiterte Familienzusammenführung« geben und vielleicht ein »nicht vollständig unabhängiges Gemeinwesen«.

Am 2. Oktober umriß Rabin vor dem Parteirat der Arbeiterpartei seine Erwartungen in puncto innerer Sicherheit. Die palästinensischen Kräfte sollten in der Lage sein, »mit Gaza umzugehen, ohne daß der Oberste Gerichtshof angerufen wird, ohne daß B'Tselem aktiv wird, und ohne daß es Probleme gibt, die von Müttern und Vätern und sonstwie blutenden Herzen aufgeworfen werden«.[306]

10. Nach dem Osloer Abkommen

Auch die israelische Armee war darum bemüht, eventuelle »Träume und Illusionen« möglichst schnell zu zerschlagen. Im September 1993 wurden in den besetzten Gebieten fünfzehn Palästinenser getötet und neun Häuser zerstört. Ebenso setzten die Todesschwadronen ihre Angriffe gegen Personen, die terroristischer Akte verdächtigt wurden, fort. Zu ihnen gehörte der Gemüsehändler Abdul-Rahman Jussif Aruri, das Opfer einer, so die Menschenrechtsorganisation Al-Haq, »vorsätzlichen Exekution«, wie sein Bruder Naseer Aruri, Professor an der Universität von Massachussetts, berichtete. »Er wurde direkt vor seinem Haus von zwei Kugeln aus einem Revolver mit Schalldämpfer getroffen, während seine im achten Monat schwangere Frau, drei Kinder und weitere Verwandte vom Fenster aus in ungläubigem Schrecken zusahen.« Aruri habe, so ein Armeesprecher, eine »verdächtige Bewegung« gemacht. Die Täter waren, wie üblich, als Araber verkleidet.[307]

Siedler randalierten, griffen Palästinenser an und zerstörten deren Eigentum, während die Armee zuschaute. »Die Araber sollen wissen, wer hier in Hebron das Sagen hat«, erklärte ein religiöser Siedler von Kirjat Arba. »Unsere schönen Frauen zünden die Kerzen an und die Männer die Anwohner«, fügte der Rabbi einer nahegelegenen Siedlung hinzu, womit er auf die regelmäßig am Freitagabend stattfindenden Krawalle religiöser Siedler in und um Hebron anspielte. Offiziere einer paramilitärischen Einheit der israelischen Armee, die in der Region ihren Dienst versah, reichten dem Verteidigungsministerium eine Petition ein, in der sie die Siedler beschuldigten, Gewalt- und Sabotageakte zu verüben und die Palästinenser zu erniedrigen und zu provozieren. »Die arabische Bevölkerung verhält sich ruhig, nur die Siedler sind aktiv«, sagte ein Offizier. Um die Lage zu entschärfen, wurde über die arabische Bevölkerung von Hebron ein von Sonnenuntergang bis Sonnenaufgang geltendes Ausgehverbot verhängt.

Außerdem begann die israelische Armee mit der »Verhaftung von Palästinensern, die gegen Arafat oder das Abkommen agitierten«, berichtete die hebräische Presse. Zuerst traf es einen Rechtsanwalt aus Ramallah, der wegen Besitzes »aufrührerischer Flugblätter« vor ein Militärgericht gestellt wurde. Wer sich der Opposition gegen den »Friedensprozeß« verdächtigt macht, kann zur Zielscheibe verdeckter Operationen werden, und Gefangene bleiben in Haft, wenn sie sich, wie z. B. Angehörige der Hamas, nicht zum »Friedensprozeß« bekennen, wie der israelische Verhandlungsteilnehmer General Amnon Schahak freimütig erklärte.[308]

Die gewalttätigen Operationen der Sicherheitskräfte und der Siedler in den besetzten Gebieten sind nichts Neues, sondern gehen auf die frühesten Tage der Okkupation zurück, woran die israelische Presse in den Wochen und Monaten nach dem Abkommen, als Gewaltaktionen sich häuften, bisweilen erinnerte. Im November berichtete der *Ha'aretz*-Korrespondent Jossi Torpschtein aus Hebron, was dort geschah, seit die ersten religiösen Siedler Mitte der siebziger Jahre einen Teil der Altstadt übernommen hatten. Dort hatten damals 25 000 Palästinenser gelebt, waren jedoch von den Neuankömmlingen nach und nach »durch systematischen Druck, tägliche Provokationen und Ausübung von Terror« vertrieben worden. Die Siedler zerstörten Eigentum, schossen wild um sich und »griffen Frauen und Kinder an sowie Muslime, die in der Höhle Machpela beteten«, wo im Februar 1994 Baruch Goldstein sein Massaker verübte. Der Zorn der Palästinenser über diese progromähnliche Atmosphäre wurde durch die Reaktion der Armee noch verstärkt: Die Soldaten griffen nicht ein, sondern schauten weg, als Siedler direkt neben einer Einrichtung der Armee Palästinenser mit Steinen bewarfen und dabei ein Schulmädchen, die Tochter eines Fakultätsmitglieds der Universität von Bir Zeit, schwer verwundeten.

»Die einfache Wahrheit ist, daß ein Araber, der auf einen Juden schießt, sein Leben verwirkt hat – und das mit Recht«, schrieb Amnon Denkner Anfang Januar 1994, »während ein Jude, der auf einen Araber schießt, von den Soldaten nichts zu befürchten hat, wenn sie gemäß den Anweisungen der Armee handeln. Sie werden ihn nicht daran hindern, einen Araber umzubringen, sie werden nicht auf seine Füße oder über seinen Kopf hinweg schießen und ihn ganz gewiß nicht erschießen, bevor er sein feiges Verbrechen ausführen kann.« Diese Anweisungen waren zu der Zeit, da Denkner seine Sätze schrieb, von einem Oberstleutnant, der eine Militäreinheit befehligte, publik gemacht worden. Auf die Frage, wie er reagieren dürfe, wenn er einen Juden sähe, der auf einen Palästinenser mit erkennbarer Tötungsabsicht zielt, antwortete er: »Ich darf hinüberlaufen und den Araber mit meinem Körper schützen, doch unter keinen Umständen darf ich auf einen Juden das Feuer eröffnen.« Diese Anweisungen sind »eine Einladung für alle fanatischen Siedler, auf Araber zu schießen, weil sie sicher sein können, daß ihnen dabei kein Haar gekrümmt wird«, kommentiert Denkner. Ebenfalls zu der Zeit mußten Fernsehzuschauer »mit Schrekken sehen ... wie israelische Soldaten davonrannten, während Siedler in Hebron auf Palästinenser schossen«, berichtete Peter Ford nach dem Massaker.[309] Nach der Tat von Goldstein herrschte in Israel großes Entsetzen über den »doppelten Maßstab« der seit siebenundzwanzig Jahren in Geltung befindlichen Anweisungen. In diesem Zusammenhang erinnerte Joel Greenberg an ein Dokument der Armee vom Dezember 1993, in dem es heißt: »Es muß betont werden, daß ein Soldat seine Waffe nicht gegen einen Israeli einsetzen soll.« Einige Zeit nach dem Massaker unterstrich (wie David Horovitz berichtet) General Barak, es sei »nach wie vor die wichtigste Aufgabe der Armee in den besetzten Gebieten, gegen den palästinensischen Terrorismus zu kämpfen. Die zweitwichtigste Aufgabe ist die Sicherung der Straßen für den israelischen Reiseverkehr.«[310]

Barak machte diese Bemerkung, nachdem die Armee in Hebron bei einer Schießerei vier Palästinenser getötet hatte. Dabei waren schwere Waffen zum Einsatz gekommen, um das Haus, in dem die Männer sich aufhalten sollten, zu demolieren. Sie standen im Verdacht, der militanten Hamas anzugehören, berichtete die *New York Times* unter Berufung auf General Danny Jatom, und waren angeblich an der Tötung von zwei Israelis aus der Siedlung Kirjat Arba beteiligt. Barak zufolge waren sie unterwegs, um eine Vergeltungsaktion durchzuführen und gehörten »zu den wichtigsten Mitgliedern der Hamas in Hebron«. Zeugen zufolge tötete die Armee bei dem Schußwechsel eine schwangere Palästinenserin. Außerdem besetzten Soldaten ein Kinderkrankenhaus, um von dort aus zu schießen, was einen der seltenen Proteste des Internationalen Roten Kreuzes hervorrief, das sich über die »Verletzung eines der heiligsten Grundsätze internationalen Rechts« beschwerte. Nach dem Vorfall wurden Hebron und Umgegend zum militärischen Sperrgebiet erklärt, was die Lage der Bevölkerung noch weiter erschwerte. Das Rote Kreuz wollte dreitausend Einwohner Hebrons mit Lebensmitteln versorgen, was die Armee mit der Begründung untersagte, es könne zu Unruhen führen. Premierminister Rabin äußerte, er sei über die Lage der Palästinenser in Hebron »beunruhigt«.[311]

Nachdem einige Tage später acht israelische Juden von arabischen Attentätern umgebracht worden waren, wurden die gesamten besetzten Gebiete auf unbestimmte Zeit abgeriegelt, während Israel 18 000 neue »Gastarbeiter« aus Rumänien, Bulgarien, Thailand und der Türkei ins Land brachte, deren Zahl sich damit auf über 35 000 erhöhte. Viele Palästinenser dagegen hatten keinen Ersatz für den Wegfall ihrer einzigen Einkommensquelle, so etwa die arabischen Ärzte und Krankenschwestern, die nicht zu ihren Krankenhäusern und Patienten in Ost-Jerusalem gelangen konnten usw. Doch für die israelische Regierung waren solche Nachteile »zweitrangig gegenüber dem Ziel, den Israelis nach mehreren tödlichen Angriffen wieder das Gefühl von Sicherheit zu geben«.[312] Die Abriegelung galt natürlich nicht für Juden, und die Reaktion auf die Bluttat war die übliche: Wenn ein Araber Juden umbringt, wird die gesamte arabische Bevölkerung kollektiv bestraft, und das gilt auch, wenn ein Jude Araber tötet.

Die Menschenrechtsorganisation B'Tselem übergab der Schamgar-Kommission, die das Massaker von Hebron untersuchte, einen Bericht, in dem die Regierung beschuldigt wurde, »dem Leben von Palästinensern gegenüber völlige Geringschätzung gezeigt zu haben«. Die Vorsitzende von B'Tselem, Gila Svirsky, betonte, daß »Goldsteins Tat nicht in einem Vakuum stattfand, sondern das Ergebnis fortwährender Aufhetzung gegen die Palästinenser gewesen ist«. Die Regierung habe sich als unfähig erwiesen, die von Siedlern ausgeübte Gewalt zu unterbinden. Die Gerichte seien äußerst nachlässig, was die Bestrafung israelischer Übergriffe gegen Palästinenser angehe, würden aber, wie ein Bericht von B'Tselem aus dem Jahr 1992 mitteilt, ein Vorgehen gegen Palästinenser dulden, »das einer Mißhandlung gleichkommt und dem entspricht, was gemeinhin unter Folter verstanden wird«. Auf diese Weise werden »Geständnisse« erzwungen, so daß die Verurteilungsrate bei 95 Prozent liegt. Zur gleichen Zeit forderte auch das Internationale Rote Kreuz die israelische Regierung auf, solche Verhörmethoden unverzüglich zu beenden, weil sie gegen die Genfer Konvention verstießen und eine faire Verhandlung unmöglich machten.[313]

Nach den ersten Enthüllungen der Schamgar-Kommission schrieb der israelische Journalist Haim Baram: »Nur radikale israelische Rassisten können bezweifeln, daß die Palästinenser bewaffneten, blutrünstigen Siedlern und deren treuen Verbündeten, der israelischen Armee und der Grenzpolizei, absolut schutzlos ausgeliefert sind.« Dieses Bündnis kann nicht erstaunen, wenn man erfährt, daß viele Offiziere und Soldaten der in den besetzten Gebieten dienenden Truppen aus den dort befindlichen jüdischen Siedlungen stammen. Das jedenfalls berichtete der Befehlshaber einer Einheit, Jisrael Blumenthal von Kirjat Arba, in einer Fernsehsendung, in der er von Baruch Goldstein als einem »im Kampf gefallenen Soldaten« sprach. Das wird von vielen religiösen Siedlern, aber auch in Amerika, genau so gesehen.[314]

Die Bautätigkeit in den besetzten Gebieten wurde derweil von Rabin zügig vorangetrieben, und schon bald konnte er sich rühmen, daß »unter seiner Ägide in den Gebieten mehr Häuser errichtet worden sind, als in irgendeinem anderen Zeitraum seit 1967«, wie der Washingtoner *Bericht über die israelische Besiedlung* vermerkte. Im Oktober 1993 verkündete der Wohnungsbauminister Binjamin Ben-Eliezer, wie die *Jerusalem Post* meldete, daß die Bautätigkeit im ehemals arabischen Ost-Jerusalem trotz »amerikanischer und palästinensischer Forderungen, sie zu stoppen« fortgesetzt würde. Einen Monat später forderte ein neuer Regierungsplan die Entwicklung des Gebiets »von der Ostgrenze Jerusalems bis zur Peripherie von Jericho«. In dieser neuen Siedlung namens Gusch Adumim sollen 70 000 Israelis eine Unterkunft finden. Zudem wird dadurch das noch verbleibende palästinensische Gebiet geteilt und die israelische

Kontrolle über die Gesamtregion Jerusalem ausgeweitet. Das alles vollzieht sich sehr viel schneller als unter Ariel Scharon, dessen Bauvorhaben in Washington einigen Unmut hervorriefen. Die Pläne gehen in allen Richtungen über die bisherigen Grenzen von Jerusalem hinaus. Givat Ze'ev, »eine Vorstadtsiedlung sieben Kilometer nördlich von Jerusalem«, soll um mehr als das Doppelte vergrößert werden, ebenso Ma'ale Adumim im Osten, das, wie der stellvertretende Verteidigungsminister Mordechai Gur erklärte, »zu Jerusalem gehört«.

Ben-Eliezers Pläne, die zunächst, da die Ausweitung der Bautätigkeit in Jerusalem »eine besonders delikate Angelegenheit« ist, geheimgehalten worden waren, riefen bei ihrer Publikmachung in den USA kein besonderes Interesse hervor. Sie verstoßen nicht gegen den Wortlaut des Osloer Abkommens und dürften mit den Zielen Washingtons in Einklang stehen.[315]

In der israelischen Presse war von weiteren Einzelheiten zu lesen. Michal Sela beschrieb die Errichtung von Givat Ze'ev und der Schnellstraße, die dort hinführte. Obwohl die Palästinenser unter Mangel an Wohnraum leiden, wurde für sie in der Siedlung nichts Entsprechendes vorgesehen. »Israel verfolgt die Absicht, nicht nur die Innenstadt von Jerusalem aus den Verhandlungen herauszuhalten, sondern alles, was das Wohnungsbauministerium in ›Groß-Jerusalem‹ noch an Projekten vorhat.« Dieser schnell wachsende urbane Raum trennt die nördliche von der südlichen Hälfte des Westjordanlands (Judäa und Samaria) und macht so alle Aussichten auf eine sinnvolle Autonomie zunichte. Schon wirken die arabischen Ortschaften »wie im Meer versprengte Inseln«, wobei Israel »auf einer Regelung besteht«, die den Arabern, da sie nicht direkt durch Ost-Jerusalem fahren dürfen, einen langen und beschwerlichen Umweg zumutet, wenn sie von Bethlehem nach Ramallah wollen.

Einige Wochen später verkündete die israelische Regierung die Annektierung von Ländereien, die Givat Ze'ev mit der Grenze von Jerusalem verbinden. Wie ein Regierungsvertreter mitteilte, seien die Pläne Ausdruck der schon oft bekundeten Politik, die Kontrolle über »Groß-Jerusalem«, insbesondere nach Givat Ze'ev und Ma'aleh Adumim, zu verstärken. Außerdem sollten östlich und westlich von Givat Ze'ev weitere Siedlungen gebaut werden.[316]

In der israelischen Zeitschrift *Challenge* untersuchten zwei Experten für israelische Siedlungspolitik die »Einflußzone von Groß-Jerusalem«, die sich von Ramallah über Hebron bis zur Grenze der nahe Jericho gelegenen Siedlung Ma'ale Adumim erstreckt. Ihren Schätzungen nach umfaßt dieses Gebiet etwa dreißig Prozent der Fläche des Westjordanlands. »Ziel der gegenwärtigen Siedlungstätigkeit ist es, die aneinander grenzenden jüdischen Siedlungen im Einflußbereich von Groß-Jerusalem so zusammenzuschließen, daß die palästinensischen Gemeinden eingekreist und in ihrer Entwicklung behindert werden. Damit soll jede Möglichkeit, Ost-Jerusalem zur Hauptstadt eines palästinensischen Staats zu machen, ausgeschlossen werden. Außerdem sollen die Siedlungen das Westjordanland in zwei geographisch voneinander getrennte Regionen aufteilen, deren eine die Gebiete nördlich von Ramallah und deren andere Hebron und den Süden umfaßt.« Ferner gebe es Pläne für eine palästinensische Siedlung nordöstlich von Jerusalem, die den Namen »al-Quds« – so nennen die Araber Jerusalem – erhalten soll. »Wir müssen eine Hauptstadt für die Palästinenser finden, einen Ort für al-Quds«, erklärte Uzi Veksler, Leiter der Entwicklungsbehörde für Jerusalem.

Anfang Oktober berichtete die Zeitung *Hadaschot* über einen Besuch von Arjeh Mizrachi, des Leiters der isralischen Siedlungsbehörde, im Jordantal. Er kündigte dort, auf Anweisung des Premierministers, den Bau neuer Siedlungen an, um die Kontrolle über das Gebiet zu gewährleisten. Zu den Anreizen gehören niedrige Preise und großzügige Subventionen, die um ein Zehnfaches höher liegen als in Israel selbst.[317]

Auch sonst unternahm das Siedlungsministerium alles Mögliche, um die besetzten Gebiete zukünftigen Bewohnern schmackhaft zu machen. So wurden z. B. Busse angemietet, um Einwanderer aus Äthiopien, die in der Nähe von Netanjahu wohnten, Siedlungen im Westjordanland zu zeigen, damit sie dort Wohnungen mieten sollten. Im Januar berichteten die israelische Presse und der Rundfunk über geheime Regierungspläne, denen zufolge Groß-Jerusalem bis fast nach Jericho ausgedehnt werden sollte. Dazu gehörten Bauprojekte, u. a. für den Tourismus, entlang der Nordküste des Toten Meers, Investitionen von etwa 700 Million Dollar für neue Verbindungsstraßen, die an palästinensischen Ortschaften vorbeiführten, und Maßnahmen zur Beseitigung der offiziellen Grenze (der »Grünen Linie«) durch den Bau von Siedlungen und Zuwegen, wozu die Konfiszierung palästinensischer Ländereien erforderlich ist. Ben-Eliezer bestätigte, daß es im Bereich von Groß-Jerusalem »keine Baubeschränkungen gibt« und daß die Bautätigkeit sich bis südlich von Bethlehem erstrecken soll, wo die Siedlungen »integraler Bestandteil von Jerusalems Verteidigungsumfeld« sind. Mordechai Gur konstatierte, daß die neuen Entwicklungsprogramme die »territoriale Kontinuität« befestigen sollen, die von der Siedlung »Vered Jericho über Ma'ale Adumim bis nach Jerusalem reichen wird; eine Errungenschaft, die Israel palästinensischen Verhandlungspartnern als geographische Tatsache darstellt«. Nach dem Massaker von Hebron versicherte Gur den dortigen Siedlern, daß die Regierung nicht an Evakuierungen aus diesem Gebiet denke. Premierminister Rabin verdeutlichte das Prinzip: »Wichtig ist das, was innerhalb der Grenzen liegt, und es ist nicht so wichtig, wo die Grenzen verlaufen, solange der Staat [Israel] den größten Teil des Territoriums von Eretz Israel [des ehemaligen Palästinas] innehat und die Hauptstadt dieses Staats Jerusalem ist.«[318]

Der Status der syrischen Golanhöhen soll in Verhandlungen mit Syrien geklärt werden, aber auch hier scheint Israel präsent bleiben zu wollen. Der Siedlungsrat vom Golan kündigte Ende Dezember an, daß Finanzminister Avraham Schochat 40 Prozent der vom Rat für das Haushaltsjahr 1994 vorgesehenen 50 Millionen Schekel (etwa 17 Millionen Dollar) bewilligt habe; Ausgaben, die dazu dienen sollen, innerhalb der nächsten vier Jahre die Zahl der Siedler um die Hälfte zu erhöhen. Neben 1700 neuen Wohnungen sind, mit Hilfe von Subventionen der Regierung, neue Industrieanlagen geplant, so daß die Investitionen des Jahres 1993 in Höhe von 117 Millionen Schekel noch überschritten werden. Im Januar weihte Minister Ben-Eliezer ein neues Viertel in der »Hauptstadt« Katzrin ein, das 550 Wohnungen umfaßt, von denen 20 Prozent schon bezogen sind. Kurz vor den Osloer Verhandlungen zitierte die Presse den Vorsitzenden des Siedlerrats, Jehuda Wallman, der sich zu neuen Bauvorhaben äußerte, deren Umfang alles bisher Dagewesene übertreffe. Der Bericht, vom August 1993, war mit »Ruhe, wir bauen« betitelt, eine Anspielung auf die traditionelle Strategie der Arbeiterpartei, Fakten zu schaffen, während andere wegschauen. Das gilt insbesondere für die USA, die mit ihren umfangreichen Hilfsprogrammen und Krediten dafür sorgen, daß Projekte wie die auf den Golanhöhen ungehindert verwirklicht werden können.[319]

Allerdings besteht immer einmal wieder die Gefahr, daß die wirkliche Geschichte mit allem, was sich daraus für das Osloer Abkommen ergibt, ans Licht kommt. Da traf es sich gut, daß inmitten der Euphorie über die Verträge »Ägypten, Rußland und die Vereinigten Staaten sich dazu entschlossen haben, zusammen mit Israel viele Resolutionen zum Nahen Osten, die von der Generalversammlung der Vereinten Nationen verabschiedet worden sind, zu eliminieren, zu revidieren oder aufzuschieben«, wie UNO-Korrespondent Paul Lewis von der *New York Times* berichtete. »Die Länder wollen Druck ausüben, damit die 32 Resolutionen, die meisten davon israel-kritischer Provenienz, umfassend revidiert werden.« Das ist ein beispielloser, aber überaus nützlicher Vorgang: Die Geschichte kann vergessen und begraben werden und mit ihr die unerledigt gebliebenen Probleme, nämlich die nationalen Rechte der Palästinenser, die Menschenrechtsverletzungen der israelischen Besatzungsarmee, die Siedlungen, die Weigerung Israels, sich zum Besitz von Atomwaffen eindeutig zu äußern, die schleichende Annektierung der Golanhöhen usw. Es ist an der Zeit, »sich der veralteten, anachronistischen und kontraproduktiven Resolutionen, die für die Lage im Nahen Osten irrelevant sind, zu entledigen«, meinte Israels UN-Vertreter Gad Jaacobi in einem Interview. Für die *New York Times* sind diese Bemühungen um die Vernichtung von Geschichte Bestandteil »des Strebens, die UN-Positionen dem neuen Status anzupassen« – der natürlich von den USA, Israel und der *New York Times* festgelegt wird. In Wirklichkeit hat sich unter dem »neuen Status« nichts geändert, denn die Umstände, die den Anlaß für die von den USA regelmäßig abgelehnten Resolutionen, existieren auch weiterhin, aber das kann man hierzulande natürlich nur vor tauben Ohren äußern.[320]

Die Initiativen der Regierung Clinton anläßlich der UN-Sitzungsperiode vom Dezember 1993 sind ein erster Schritt zur Realisierung dieser Pläne.

In einem Artikel der *New York Times* beschäftigt sich Thomas Friedman unter der Überschrift »Schöner neuer Naher Osten« mit dem bereits erwähnten Briefwechsel zwischen Arafat und Rabin. Für Friedman ist Arafats Brief »nicht nur ein Zeichen der Anerkennung, sondern der Kapitulation, eine weiße Fahne in Maschinenschrift, mit der der Vorsitzende der PLO alle Positionen, die er seit Gründung der Organisation 1964 zu Israel vertreten hat, widerruft«. Zwar stimmt das nicht so ganz, weil die PLO, wie gezeigt, schon sehr viel früher verhandlungsbereit war, doch hat Friedman recht, wenn er von »Kapitulation« spricht, und es ist verständlich, daß er sich darüber freut, ist Israel doch für ihn »wie eine alte Flamme ... Wir sind ineinander verliebt, da gibt es nichts dran zu deuteln.«[321]

Andere Kommentatoren waren weniger glücklich. Danny Rubinstein vermerkte, daß das Abkommen »keinen Hinweis auf eine Lösung der grundlegenden Probleme, die es weiterhin zwischen Israel und den Palästinensern gibt, enthält«, weder auf kurze, noch auf lange Sicht. Julian Ozanne und Andrew Gowers, Nahostkorrespondenten der *Financial Times*, sehen Arafats Zustimmung zu den Verträgen als »verzweifelten letzten Wurf eines geschwächten Führers, einen Teil von Palästina zu sichern, bevor alles verloren ist« - und vielleicht einen Teil seines Prestiges und zukünftigen Einflusses in dem Lehensgebiet, das man ihm zuweist, damit er dort für seine loyalen Anhänger sorgen und, wie alle Beteiligten hoffen, die Bevölkerung bestechen kann, auf daß sie ihre Hoffnungen begräbt und auf ihre Rechte verzichtet. »Aus Israels Sicht«, fahren Ozanne und Gowers fort, »ist das Abkommen ein Traum: Es läßt die jüdischen Siedlungen in den Gebieten intakt, sichert Israel die vollständige Kontrolle seiner Grenzen, rührt nicht an das dornige Thema Jerusalem (das Israel als seine ›ewige, unteilbare Hauptstadt‹ bezeichnet) und räumt den Palästinensern nicht die Aussicht auf einen Staat ein.«[322]

Einige von Israels radikaleren Unterstützern in den USA (wie etwa Norman Podhoretz und A. M. Rosenthal) sind dennoch nicht ganz zufrieden und befürchten, die Palästinenser könnten ihre territorialen Gewinne »als Basis für einen letzten Angriff« nutzen. Ruth Wisse, Professorin an der Universität Harvard, beklagt Israels »schrecklichen Fehler« und meint: »Zum ersten Mal tut eine israelische Regierung etwas, wofür ich als amerikanische Jüdin nicht die moralische Verantwortung tragen möchte« - ein interessanter und vielsagender Kommentar. Doch die Realisten begriffen, was Israel erreicht hatte. Die PLO sei gezwungen worden, »sich vernünftiger zu verhalten«, schrieb William Safire in der *New York Times*. Safire, seinen eigenen Worten nach ein »pro-israelischer Falke«, beobachtete mit Vergnügen, daß »Arafat endlich bereit zu sein scheint, Begins Vorschläge [von 1978] zu akzeptieren ... Offensichtlich haben fürnfzehn Jahre israelischen Hardlinertums ihn weichgemacht.«[323]

Für die Palästinenser in den Flüchtlingslagern und anderswo außerhalb der besetzten Gebiete bietet das Abkommen wenig Hoffnung, und sie haben sich mit verständlicher Bitterkeit darüber geäußert. Auch Jordanien, Syrien und der Libanon »kritisierten die PLO, weil ihre Konzessionen die nationalen Rechte der Palästinenser gefährden und die gemeinsame arabische Verhandlungsstrategie unterlaufen könnten«, weil »Israel damit freie Hand bekommt, [bei folgenden Verhandlungen] seine Bedingungen jedem arabischen Land einzeln aufzuzwingen«.[324]

Wenn Israel klug auf die »weiße Fahne« reagiert, wird es die Beschränkungen, die bisher jegliche Entwicklung in den besetzten Gebieten verhindert haben, aufheben und von der offiziellen Doktrin, der zufolge es »keine Erlaubnis für die Ausweitung von Landwirtschaft und Industrie, die mit dem Staat Israel in Konkurrenz treten könnte«, abrücken.[325] Vernünftig wäre es, für einen Zufluß ausländischer Investitionen zu sorgen, mit deren Hilfe ein Dienstleistungssektor für die israelische Industrie aufgebaut werden könnte. Außerdem wäre es profitabel, Fabriken dorthin zu verlegen, wo die Unternehmer sich nicht um Arbeiterrechte, Umweltverschmutzung und die Anwesenheit unerwünschter Araber in jüdischen Siedlungsgebieten kümmern müßten. Fabriken und Industrieanlagen im Gazastreifen und den palästinensischer Verwaltung überlassenen Kantonen im Westjordanland könnten billige Arbeitskräfte nutzen, ausländischen Investoren Gewinne bringen und zugleich dazu beitragen, die Bevölkerung unter Kontrolle zu halten. Israel steht unter beträchtlichem Druck seitens der USA, seine Wirtschaft, die bisher ein von amerikanischen Krediten und Hilfeleistungen abhängiges Kunstprodukt war, zu liberalisieren. Damit dürfte Israel noch stärker in die von transnationalen Konzernen beherrschte internationale Wirtschaft eingegliedert werden, was wiederum die Notwendigkeit erhöht, die besetzten Gebiete ebenfalls zu integrieren. Denkbar ist auch, daß die sozialdemokratischen Strukturen in Wirtschaft und Gesellschaft abgebaut werden, so wie die USA es mit Costa Rica gemacht haben.

Israelische Industrielle sind schon seit längerem dabei, diese Entwicklungen zu bedenken. »Eine ganze Generation israelischer Fabrikanten hat versucht, jede Möglichkeit einer kapitalistisch-industriellen Entwicklung in den [besetzten] Gebieten zu verhindern«, schrieb Ascher Davidi in *Davar* im Februar 1993, doch als sich abzeichnete, daß es »Autonomie« in irgendeiner Form geben werde, änderte sich ihre Denkweise. Mittlerweile besteht »völlige Einigkeit zwischen den Vertretern verschiedener Sektoren (Banken, Industrie, Großhandel) und der Regierung darüber, daß die wirtschaftliche Abhängigkeit des zukünftigen ›palästinensischen Gemeinwesens‹ erhalten bleiben muß«; schließlich sind die besetzten Gebiete für Israel ein Exportmarkt, der jährlich eine Milliarde Dollar einbringt. Zumindest israelische Großfabrikanten sehen Vorteile in einem Freihandelsmodell à la NAFTA. »Könnten die Forderungen der israelischen Industriellen realisiert und von den Vertretern der palästinensischen Bourgeoisie akzeptiert werden, liefe das auf den Übergang von kolonialen zu neo-kolonialen Verhältnissen hinaus«, bemerkt Davidi. »Die Situation wäre dann vergleichbar mit der Beziehung, die Frankreich zu vielen seiner ehemaligen Kolonien in Afrika unterhält.« Im Augenblick jedenfalls ist Israels Politik unzweideutig: »Wie Oberstleutnant Hillel Scheinfeld, der die Operationen in den Gebieten koordiniert, darlegte, ist das erklärte Ziel seiner Tätigkeit ›die Integration der wirtschaftlichen Verhältnisse in den Gebieten in die israelische Ökonomie‹.«[326] Diese Pläne dürften in Kraft bleiben und unter den jetzt gegebenen Umständen verwirklicht werden.

Erste Schritte dazu wurden mit dem am 4. Mai 1994 zwischen Israel und der PLO geschlossenen Kairoer Abkommen eingeleitet. Im *Wall Street Journal* heißt es dazu: »Die PLO stimmte, ob freiwillig oder gezwungen, dem Ansinnen zu, die von ihr zu regierenden Gebiete weiterhin im Rahmen der israelischen Wirtschaft zu belassen und schwor fürs erste allen Versuchen, mit den Anrainerstaaten einen gemeinsamen Markt zu betreiben, ab.« So werden israelische Gesellschaften weiterhin einen gesicherten Markt für ihre Produkte vorfinden, während die Palästinenser »höhere Preise zahlen müssen als ihre arabischen Nachbarn und palästinensische Arbeiter auch zukünftig in großer Zahl in Israel arbeiten«, soweit Israel das zuläßt. Israels hohe Einfuhrzölle erstrecken sich »auf fast alles, was vom Ausland auf den palästinensischen Markt kommt«, und obwohl die Preise in Jordanien nur ein Drittel dessen betragen, was im Gazastreifen und im Westjordanland üblich ist, »werden die Palästinenser in diesen Gebieten vom Import der meisten jordanischen Waren ausgeschlossen bleiben«. Das Abkommen, so das *Wall Street Journal* weiter, ist Ausdruck von Arafats Bestreben, »einen Staat unter israelischer statt arabischer Vormundschaft zu errichten«. Es widerspricht »einigen zentralen Handelsbedingungen, auf die sich die PLO mit Jordanien geeinigt hatte«, wobei es vor allem um finanzielle Regelungen geht, die für den Zufluß ausländischer Investitionen von Bedeutung sind. »Am stärksten betroffen sind die Nachbarstaaten jedoch von den schwindenden Aussichten auf einen gemeinsamen Handelsverkehr«, was in Jordanien, wo viele Geschäftsinhaber »palästinensischer Abstammung sind und noch familiäre und wirtschaftliche Beziehungen zum Westjordanland unterhalten«, mit besonderer Enttäuschung registriert wird.

Der vom israelischen Außenministerium veröffentlichte Text des Abkommens betont erneut, daß der »dauerhafte Status« allein auf der Grundlage der UN-Resolution 242 festgeschrieben wird; einen Hinweis auf nationale Rechte der Palästinenser gibt es nicht. Israel wird sich aus Jericho und Teilen des Gazastreifens zurückziehen, nicht jedoch »aus den Siedlungsgebieten Gusch Katif und Erez und den anderen Siedlungen mit Gazastreifen« und auch nicht aus dem Grenzgebiet zu Ägypten. Militärkräfte werden verlegt, um sicherzustellen, daß »Israelis wie auch israelische Streitkräfte im Gazastreifen und der Region Jericho die Straßen ungehindert benutzen können«. Israel behält die »notwendige legislative, judikative und exekutive Macht und Verantwortung«, die »von der Militärregierung ausgeübt wird«, und beide Seiten verständigen sich darauf, »feindselige Propaganda der einen gegen die andere Seite« zu unterbinden und gegen »alle Organisationen, Gruppen oder Individuen im Bereich ihrer Rechtsprechung vorzugehen«, die sich dieses Vergehens schuldig machen. Wie schon zuvor, gibt es Vorkehrungen für die Sicherheit von Israelis, nicht aber für die von Palästinensern unter israelischer Besatzung.

Die Abkommen von Oslo und Kairo ermöglichen es den Palästinensern, Banken zu eröffnen, Steuern einzuziehen und in begrenztem Umfang Handel zu treiben. Die wirtschaftliche Entwicklung entspricht in ihren Aussichten dem Modell von Drittweltländern. Die Weltbank beschloß ein dreijähriges Hilfsprogramm von insgesamt 1,2 Milliarden Dollar, mit dem vor allem die schlechte Infrastruktur verbessert werden soll. In diesem Zusammenhang wies die Weltbank darauf hin, daß die israelische Zivilverwaltung in den besetzten Gebieten während der 27 Jahre ihrer Herrschaft bemerkenswert wenig investiert habe, nämlich nur drei Prozent des Bruttosozialprodukts, wodurch die schon von Ägypten vernachlässigte Infrastruktur in beträchtlichen Verfall geraten sei, berichtet Julian Ozanne, der zum Thema Wahlen bemerkt: »Schon jetzt ist klar, daß sie erst einmal aufgeschoben und vielleicht auf den St.-Nimmerleinstag verlegt werden.«

Vielen Palästinensern war nicht zum Feiern zumute. »Die Bestimmungen des Abkommens haben selbst die äußerst gemäßigten Palästinenser alarmiert, die nun befürchten, daß Israels Kontrolle in den Gebieten noch weiter gefestigt wird«, schreibt Lamis Andoni. Saeb Erekat, ein palästinensischer Unterhändler, kommentierte: »Offensichtlich zielt dieses Abkommen auf die Reorganisierung der israelischen Besatzung und nicht auf ihre allmähliche Beendigung.« Selbst Faisal Husseini, ein enger Vertrauter Arafats, meinte, das Abkommen sei »definitiv nicht der Beginn, auf den unser Volk gehofft hat«. Zentristische Palästinenserführer wie der ehemalige Vorsitzende der Verhandlungsdelegation, Haidar Abdel Schafi, kritisierten erneut die PLO-Führung, weil sie ein Abkommen akzeptiert habe, das Israel erlaube, sich weitere Ländereien zu Siedlungszwecken anzueignen, die »Annektierung und Judaisierung« der ausgeweiteten Region Jerusalem voranzutreiben und die »wirtschaftliche Hegemonie« über die Palästinenser beizubehalten. Besonders erbost waren die Palästinenser über das ihrer Meinung nach »schäbige Verhalten der PLO-Führung, die u. a. jene Palästinenser ignorierte, die siebenundzwanzig Jahre lang unter der Besatzung gelitten haben, und statt dessen Exilanten aus Tunis an die Macht brachte«, meldet Youssef Ibrahim. PLO-Vertreter wurden »von palästinensischen Jugendlichen mit Steinen beworfen, als sie in amerikanischen Jeeps nach Jericho hineinfuhren«. Arafats vorläufige Liste seiner Regierungsmitglieder zeigt, daß er »entschlossen ist, an loyalen Anhängern und Mitgliedern der palästinensischen Diaspora festzuhalten«, berichtet Ozanne aus Jerusalem. Nur zwei Mitglieder stammen direkt aus den besetzten Gebieten, allerdings sind Faisal Husseini und Zakaria al-Agra Gefolgsleute Arafats.[327]

Das alles war zu erwarten.

Eine ganz andere Frage ist, ob die Parteien gut beraten sind, die Abkommen von Oslo und Kairo zu akzeptieren. Für die USA und Israel stellt das kein Problem dar, denn sie haben ihre wesentlichen Ziele erreicht. Für die Palästinenser ist die Sachlage etwas vielschichtiger. Zwar müssen sie ihre Hoffnung auf nationale Selbstbestimmung und Unabhängigkeit erst einmal aufgeben, doch könnten realistische Alternativen noch sehr viel schlimmer aussehen.

Angesichts der Macht der Vereinigten Staaten wäre die Weigerung, die Abkommen zu akzeptieren, nur ein weiterer Beweis für die Wertlosigkeit solcher »Fanatiker« und »Feiglinge«, die damit alles, was ihnen noch zugestanden werden könnte, verwirkt haben und sich dem Diktat der Mächtigen mit Fug und Recht beugen müssen. Davon abgesehen jedoch können die Abkommen den Palästinensern helfen, einige von der Militärverwaltung errichteten Hindernisse auf dem Weg zu eigenständiger Entwicklung beiseitezuräumen. Das ist keine geringfügige Sache, gehen die Bestimmungen doch über die von Rubinstein befürchtete »Autonomie eines Kriegsgefangenenlagers« hinaus, indem sie den Palästinensern die Regelung bestimmter wirtschaftlicher Angelegenheiten ermöglichen. Inwieweit das ihrer Wirtschaft nützt, kann nicht mit Sicherheit gesagt werden, weil die ökonomischen Daten und Fakten geheim sind, doch ein Hinweis läßt sich Äußerungen des israelischen Finanzministers entnehmen, der in einem Interview mit der *New York Times* bemerkte, daß »Israel einen Teil der Steuerzahlungen, die es kürzlich aus den besetzten Gebieten erhalten hat, für die Finanzierung der palästinensischen Zivilverwaltung verwenden wird ... wodurch den Palästinensern für die nächsten zehn Jahre einige hundert Millionen Dollar zusätzlich zur Verfügung stehen würden«.[328] Eine von Israel beaufsichtigte »starke Polizeikraft«, die sich aus Palästinensern rekrutiert, wäre schlimmstenfalls das Gegenstück zur Südlibanon-Armee, die die Bevölkerung unterdrückt und terrorisiert. Doch könnte sich herausstellen, daß die palästinensische Polizei gegen die Bevölkerung weniger hart vorgeht als das israelische Militär, und die von Siedlern verursachten Verwüstungen zurückgehen. Und obwohl die Abkommen darüber nichts sagen, könnte die Siedlungstätigkeit in den besetzten Gebieten verlangsamt und die geplante Integration in die israelische Wirtschaft zumindest teilweise ausgesetzt werden.

Viele Themen sind noch diskussionsfähig – allerdings nicht innerhalb eines Rahmens, in dem »Realismus« als das definiert wird, was Israel und die USA verlangen und jede kritische Analyse von vornherein als »fanatisch« und »feige« denunziert wird, weil doch nur »Extremisten« auf beiden Seiten diese Abkommen in Frage stellen können.

Wieder einmal ist erkennbar, daß die Bereinigung der Geschichte im Dienst der Mächtigen und Privilegierten die Wahrnehmung entscheidend wichtiger Entwicklungen verhindert hat. Solange diese Art der geistigen Kontrolle aufrechterhalten wird, sind die Aussichten für Frieden und Gerechtigkeit nicht allzu glänzend.

Allerdings ist es von nicht geringer Bedeutung, daß auch in diesem Fall große Teile der amerikanischen Bevölkerung, wenngleich unorganisiert und daher politisch einflußlos, sich der Kontrolle entzogen und mehrheitlich – etwa im Verhältnis von 2 zu 1 – für einen palästinensischen Staat ausgesprochen haben. Ein historischer Fehler der PLO bestand darin, daß sie in ihrer Blütezeit, als sie noch internationales Ansehen und den Rückhalt der eigenen Bevölkerung genoß, kein Interesse daran zeigte, zur Bevölkerung anderer Länder direkten Kontakt aufzunehmen und in den USA um Unterstützung zu werben, um so die Barrieren der herrschenden Doktrin niederzureißen, wie das in den Fällen von Indochina und Lateinamerika möglich war. Mit entsprechender Organisation hätte die öffentliche Meinung eine Veränderung der US-Politik in Richtung auf den internationalen Konsens bewirken können, der doch immerhin von so mächtigen Interessenvertretern wie den Ölkonzernen befürwortet wurde. Noch jetzt sind die Türen nicht zugeschlagen, ist der Kampf um die langfristige Bedeutung der Abkommen von Oslo und Kairo nicht vorüber. Bemühungen, die Rechte der Palästinenser zu verteidigen, könnten sich an gleichgesinnten Kräften in Israel orientieren und diese wiederum stärken. Es gibt gemeinsame Interessen der Bevölkerungen der arabischen Länder, Israels und der USA. Internationale Solidarität muß nicht unbedingt ein leeres Schlagwort bleiben.

Der geachtete Leiter der palästinensischen Delegation, Haidar Abdel Schafi, hat bei einem am 22. Juli 1993 in Bethlehem gehaltenen Vortrag zu diesem Thema einige wichtige Bemerkungen gemacht. Er versprach sich vom »Friedensprozeß« nicht sehr viel, weil dieser die Möglichkeit ausschloß, daß »die Palästinenser während der Übergangsperiode der politisch bestimmende Faktor sein müssen«. Ihm ging es um etwas anderes:

»Die Verhandlungen lohnen den Kampf nicht. Von entscheidender Bedeutung ist die Transformation unserer Gesellschaft. Alles andere bleibt folgenlos ... Wir müssen uns dazu entschließen, unsere ganze Kraft und all unsere Ressourcen zu nutzen, um unsere kollektive Führung und die demokratischen Institutionen zu entwickeln, denn nur so können wir unsere Ziele erreichen und die Zukunft bewältigen ... Wir müssen uns dringend unseren inneren Lage annehmen und unsere Gesellschaft organisieren, um jene negativen Aspekte, unter denen sie seit Generationen leidet und die der Hauptgrund für die Verluste sind, welche unsere Feinde uns beigebracht haben, endlich zu beseitigen.«[329]

Die arabische Welt steht vor einem Wendepunkt in ihrer Geschichte. Sie verfügt über reiche kulturelle und geistige Ressourcen. Noch verfügt sie auch über reiche materielle Ressourcen, insbesondere Erdöl, das jedoch nur noch einige Generationen lang vorhält. Werden diese Ressourcen dazu verwendet, den Westen und die mit ihm verbündeten lokalen Eliten zu bereichern, dürfte die Bevölkerung in der Region in absehbarer Zukunft eine Tragödie ungeahnten Ausmaßes erleben. Werden sie aber genutzt, um die Grundlage für eine nachhaltige Entwicklung zu schaffen, sieht die Zukunft vielversprechender aus. Eine Vorbedingung für ernstgemeinte Schritte in diese Richtung ist die Abkehr von autoritären und repressiven Strukturen, die Herausbildung einer Atmosphäre von Toleranz und freier Meinungsäußerung, die Beteiligung der Bevölkerung an politischen Entscheidungen und mithin, nehmt alles nur in allem, die Entwicklung zu einer inhaltlichen Demokratie.

Allerdings darf damit nicht mehr allzu lange gewartet werden, sonst ist der Zeit- und Wendepunkt verpaßt.

ANMERKUNGEN

Siglen der von Chomsky zitierten Zeitschriften

AP: Associated Press – BG: Boston Globe – CSM: Christian Science Monitor – FT: Financial Times – LAT: Los Angeles Times – NYT: New York Times – WP: Washington Post – WSJ: Wall Street Journal

Fußnoten

[1] Vgl. Leon Wieseltier, *New Republic*, 23. Sept. 1981 und Robert W. Tukker, »Lebanon: The Case for the War«, *Commentary*, Okt. 1982.

[2] Richard Ben Cramer, *Philadelphia Inquirer*, 30. Juni 1982, wiederabgedr. in *The Israeli Invasion of Lebanon* (Claremont Research and Publications, New York 1982), eine nützliche Sammlung von Presseauszügen aus den Monaten Juni und Juli 1982. Zum Umfang des israelischen Einsatzes von Clusterbomben in dicht besiedelten Gebieten vgl. Warren Richey, *Christian Science Monitor*, 2. Nov. 1982, mit einem Bericht über die Untersuchungen von Munitionsexperten der internationalen Friedenstruppen. Ärzte in Beirut berichteten, daß andere Antipersonenwaffen wie etwa Phosphorbomben ähnlich verheerende Auswirkungen hatten, wobei die meisten Opfer durch die massive Bombardierung seitens der See-, Land- und Luftstreitkräfte selbst hervorgerufen wurden.

[3] Man konnte natürlich nicht wissen, daß auch ein amerikanischer Marinesoldat (David L. Reagan) durch diese von den USA gelieferten Bomben getötet werden würde; vgl. Michael Kennedy, *Los Angeles Times*, 2. Okt., sowie *Time*, 11. Okt. 1982.

[4] Am 5. August 1982 berichtete Thomas Friedman in der *New York Times* über die »wahllose« Bombardierung von West-Beirut durch israelische Flugzeuge, Kanonenboote und Artillerie. Die Herausgeber tilgten das Wort »wahllos«, weil es nicht zum Bild paßte, das wir uns von unserem Verbündeten machen sollten. Diese Skrupel kannte die *Washington Post* nicht. Vgl. Alexander Cockburn, *Village Voice*, 21. Sept. 1982, der Details erwähnt, darunter auch Friedmans Vorwurf an die Herausgeber, ihnen fehle der Mut, »unseren Lesern und de-

nen, die sich bei Ihnen beschweren könnten, zu sagen, daß die Israelis fähig sind, eine ganze Stadt wahllos zu bombardieren«. Auch in dieser Zeit zeigte sich die *New York Times* sehr um Israels guten Ruf besorgt.

5   Amos Perlmutter bezeichnet »die Zerstörung des palästinensischen Nationalismus in jeder Form« als eines von »Begins mit brennendstem Ehrgeiz verfolgten Zielen« (*Foreign Affairs*, Herbst 1982). Das gilt allerdings auch für Begins Vorgänger, die zumeist leugneten, daß dieser Nationalismus überhaupt existierte, während sie zugleich auf die Vernichtung seiner Manifestationen bedacht waren. Zum Feldzug gegen die palästinensische Kultur in den besetzten Gebieten vgl. Chomsky, *Towards a New Cold War* (i f.: *TNCW*, Pantheon, New York 1982), S. 277f.
6   Haim Baram von *Haolam Haze*, zit. n. *Manchester Guardian Weekly*, 12. Sept. 1982.
7   *Economist*, 11. Sept. 1982.
8   Nachweise in *TNCW*, Kap. 9-12.
9   Positiv hervorzuheben ist auf jeden Fall die hebräisch-sprachige Presse in Israel. Ich habe mich in großem Maß auf die Arbeiten nachdenklicher und mutiger israelischer Journalisten gestützt, die bei der Berichterstattung über unangenehme Tatsachen, die ihr Land und ihre Regierung betreffen, ungewöhnliche Maßstäbe gesetzt haben. Meines Wissens gibt es in keinem Land etwas Vergleichbares. Vgl. auch *TNCW*, S. 450 und Robert Friedman, »The West Bank's brave reporters«, *Middle East International*, 4. März 1983. Ich bin einigen israelischen Freunden, vor allem Israel Schahak, dankbar für die Versorgung mit Material aus diesen Quellen und für viele kluge Kommentare.
10 UPI, *Boston Globe*, 26. Sept. 1982.
11 *New York Times*, 6. Nov. 1982; *Time*, 11. Okt. 1982. [Vgl. auch Chomsky, *Offene Wunde Nahost*, Europa Verlag, 2., veränd. Aufl. 2003, S. 189ff.]
12 Die Einstufungen stammen vom International Institute of Strategic Studies (Hauptsitz in London); *Time*, 11. Okt. 1982. Die Israelis schätzen sich selbst als drittmächtigste Militärkraft ein. Vgl. etwa Dov Jirmiah, *Yoman Hamilchama Scheli* (*My War Diary*, Privatdr., Tel Aviv 1983), ein wichtiger Bericht über den Libanonkrieg.
13 Bernard D. Nossiter, *NYT*, 27. Juni 1982.
14 *BG*, 27. Juni, 9. Juni 1982.
15 Nadav Safran, *Israel: the Embattled Ally* (Harvard, Cambridge, 1978), S. 576, 110. Safran verrenkt sich ganz außerordentlich, um Israel in günstigem Licht erscheinen zu lassen; vgl. *TNCW*, Kap. 13.
16 G. Neal Lendenmann, »The Struggle in Congress over Aid Levels to Israel«, *American-Arab Affairs*, Winter 1982/83; *BG*, 26. Sept. 1982.

[17] Einen Versuch, die tatsächliche Höhe der amerikanischen Leistungen zu bestimmen, unternimmt Thomas Stauffer im *Christian Science Monitor* vom 29. Dez. 1981. Zu Details der offiziellen Angaben vgl. Josef Priel, *Davar*, 10. Dez, 1982 sowie Ignacio Klich, *South*, Feb. 1983.

[18] Bernard Weinraub, *NYT*, 26. Mai 1982.

[19] »Senate OK's foreign aid plan with $2.6b for Israel«, *WP-BG*, 18. Dez. 1982.

[20] Ian S. Lustick, »Israeli Politics and American Foreign Policy«, *Foreign Affairs*, Winter 1982/83; Amanda Mitchison, »Gift horses«, *New Statesman*, 4. Feb. 1983.

[21] Vgl. »Israel: Foreign Intelligence and Security Services«, wiederabgedr. in *Counterspy*, Mai/Juni 1982, eines der Dokumente, die von amerikanischen Journalisten aus dem Iran nach ihrer Freilassung aus der besetzten amerikanischen Botschaft mitgebracht wurden. Angesichts der Umstände ist die Authentizität des Dokuments ungewiß, obwohl sein Charakter und die darauf bezogenen Auseinandersetzungen eher für seine Echtheit sprechen. Auch Isser Harel, vormals Chef des Geheimdienstes Mossad, hielt das Dokument für authentisch, seinen Inhalt jedoch für »antisemitisch ... einseitig und bösartig« und »dilettantisch«. Er sah darin einen Versuch der CIA, »die Geschichte umzuschreiben«; Juval Elizur, *Boston Globe*, 5. Feb. 1982, der ein Interview mit *Ma'ariv* zitiert.

[22] *New Outlook* (Tel Aviv), Mai/Juni 1975; Peled berichtet von einem Besuch in den USA.

[23] So Flapan, Herausgeber der Zeitschrift *New Outlook*, bei einer Konferenz in Washington, Okt. 1979; zit. n. Merle Thorpe jr., Präsident der Foundation for Middle East Peace, anläßlich einer Anhörung vor einem Unterkomitee (Europa/Naher Osten) des Komitees für äußere Angelegenheiten im Repräsentantenhaus, 97. Kongreß, Erste Sitzungsperiode, 16. Dez. 1981 (U.S. Government Printing Office, Washington 1982, S. 143).

[24] Zum politischen Einfluß der von ihm so genannten »Israel-Lobby« vgl. Seth Tillman, *The United States in the Middle East* (Indiana, Bloomington, 1982). Tillman gehörte zum Stab des Senatskomitees für Außenpolitik.

[25] Vgl. dazu Leon Hadar, »Labour of Love«, *Jerusalem Post*, 2. März 1982: »Neben der gut organisierten amerikanisch-jüdischen Gemeinde war die Arbeiterbewegung eine hauptsächliche Quelle der Unterstützung für Israel.« Das gilt, was immer die einfachen Mitglieder denken mögen, für die Bürokratie.

[26] Vgl. Stephen Zunes, »Strange Bedfellows«, *Progressive*, Nov. 1981. Er weist darauf hin, daß leidenschaftliche Unterstützung für Israel durchaus mit einem heftigen Antisemitismus Hand in Hand ge-

hen kann. Vgl. auch Richard Bernstein, »Evangelicals Strengthening Bonds With Jews«, *NYT*, 6. Feb. 1983, sowie J. A. James, »Friends in need«, *Jerusalem Post*, 20. Jan. 1983. Bernstein und James erörtern den »möglichen Einfluß« dieser Fundamentalisten auf die amerikanische Politik und das umfangreiche Netz von Medien, über das sie verfügen. Die israelische Zeitung *Davar* vom 23. Jan. 1983 berichtet über den Temple Mount Fund, »der in Israel und den USA ansässig ist und von christlichen Extremisten finanziert wird«. Angeblich will diese Stiftung einige zehn Millionen Dollar für jüdische Siedlungen im Westjordanland spenden (*Israleft News Service*).

27 Zit. n. Amnon Kapeliuk, *Israel: la fin des mythes* (Albin Michel, Paris 1975), S. 219. Dieses Buch eines herausragenden israelischen Journalisten ist die beste Darstellung der israelischen Regierungspolitik von 1967 bis 1973. In den USA hat sich bislang kein Verlag getraut, eine Übersetzung zu veröffentlichen.

28 Zit. n. Zunes, »Strange Bedfellows«.

29 Vgl. etwa *Pro-Arab Propaganda in America: Vehicles and Voices; a Handbook* (Anti-Defamation League of B'nai Brith, 1983); Thomas Mountain, »Campus anti-Zionism«, *Focus* (Brandeis University), Feb. 1983, sowie viele Handzettel und Flugblätter, zumeist nicht gekennzeichnet, die von den sie verteilenden Studenten oftmals der ADL zugeschrieben werden.

30 Benny Landau, *Ha'aretz*, 28. Juli 1981; Tillman, *The United States in the Middle East*, S. 65.

31 Nathan und Ruth Ann Perlmutter, *The Real Anti-Semitism in America* (Arbor House, New York 1982), S. 72, 111, 116, 136, 133f., 159, 125, 231. Das Buch enthält auch jene Art der Verleumdung von Kritikern israelischer Politik, die man in solchen Kreisen mittlerweile erwartet, und die man ebensowenig kommentieren muß wie kommunistische Parteiliteratur.

32 Abba Eban, *Congress Bi-Weekly*; 30. März 1973, aus einer Rede vom 31. Juli 1972.

33 Christopher Sykes, *Crossroads to Israel: 1917–1948* (Indiana, Bloomington 1965), S. 247.

34 Interview in *Jewish Post & Opinion*, 19. Nov. 1982. Der Interviewer, Dale V. Miller, interpretiert Wiesel ganz richtig und, wie es scheint, zustimmend, wenn er meint, zur Kritik seien »nur die Israelis selbst berechtigt«.

35 Safran, *Israel*, S. 571.

36 Zit. n. Joyce und Gabriel Kolko, *The Limits of Power* (Harper & Row, New York 1972), S. 242.

37 Zu diesem Punkt vgl. meinen Aufsatz »What directions for the disarmament movement?« in Michael Albert und David Dellinger (Hg.),

Beyond Survival: New Directions for the Disarmament Movement (South End, Boston 1983).
38 Zit. n. Gabriel Kolko, *The Politics of War* (Random House, New York 1968), S. 188, aus Winston Churchill, *Triumph and Tragedy* (Houghton-Mifflin, Boston 1953), S. 249. Ein neuerer Beitrag ist das Buch von Lawrence S. Wittner, *American Intervention in Greece* (Columbia, New York 1982). Ansonsten bleibt das oben erwähnte zweibändige Werk der Kolkos (*Limits of Power*) trotz neuerer Forschungen ein unverzichtbarer Beitrag zum Verständnis der Kriegs- und Nachkriegsepoche. Da die Kolkos sich jedoch außerhalb der etablierten Orthodoxien bewegen, gilt es als Verstoß gegen die akademische Ethik, sich auf ihre Werke zu beziehen.
39 Wittner, *American Intervention*, S. 119, 88.
40 Ebd., S. 1, 149, 154, 296; sowie die von Wittner beigebrachten Dokumente.
41 Ebd., S. 80, 232.
42 Vgl. dazu *TNCW*, Kap. 2 und 11 und die dort zitierte Literatur.
43 *NYT*, 6. Aug. 1954; weitere Zitate in *TNCW*, S. 99.
44 Zit. n. *TNCW*, S. 457, aus *MERIP Reports*, Mai 1981; vgl. auch *Journal of Palestine Studies*, Frühjahr 1981. Die Quelle ist ein aufgrund des Gesetzes zur Informationsfreiheit erlangtes Memorandum.
45 Verantwortlich für diese Operationen war Verteidigungsminister Pinchas Lavon, der später Generalsekretär der Histradut (der sozialistischen Arbeitergewerkschaft) wurde. Dem geachteten israelischen Journalisten Nahum Barnea zufolge gab Lavon Befehle aus, die »sehr viel schwerwiegender« waren als jene, die zu den Terroraktionen in Ägypten führten. So soll er u. a. angeordnet haben, »die Wasserquellen im Gazastreifen und den entmilitarisierten Zonen zu vergiften« (*Davar*, 26. Jan. 1979). Ob diese Befehle tatsächlich ausgeführt wurden, bleibt unklar. Der damit beauftragte Avri el-Ad beschreibt sie in seinem Buch *Decline of Honor* (Regnery, Chicago 1976). Vgl. Livia Rokach, *Israel's Sacred Terrorism* (AAUG, Belmont 1981), die Auszüge aus den Tagebüchern des damaligen israelischen Premierministers Mosche Scharett bringt. Zu der darauf folgenden politisch-militärischen Krise (der »Affäre Lavon«) vgl. Joram Peri, *Between Battles and Ballots: Israeli Military in Politics* (Cambridge 1983), eine wichtige Untersuchung, die viele Illusionen zerstört.
46 »Issues Arising Out of the Situation in the Near East«, freigegeben 12/10/81, bezieht sich auf NSC 5801/1 vom 24. Jan. 1958.
47 Michael Bar-Zohar, *Ben-Gurion: A Biography* (Delacorte, New York 1978), S. 261f.
48 Bar-Zohar, S. 315f. Desgl. Peri, *Between Battles and Ballots*, S. 80. Es wurde angenommen, daß der israelische Angriff auf das ameri-

kanische Spionageschiff *Liberty* der Besorgnis entsprang, die USA könnten den Plan für den Angriff auf die Golanhöhen entdecken. Vgl. James Ennes, *Assault on the Liberty* (Random House, New York 1979). Vgl. auch Richard K. Smith, *U. S. Naval Institute Proceedings*, Juni 1978, der beschreibt, wie »die israelischen Piloten [und später die Torpedoboote] das große, schwerfällige und verteidigungsunfähige Schiff ... mit größter Leichtigkeit angriffen«. Zweifellos war der Angriff kein Irrtum, sondern »Bestandteil von Israels Kriegsplan ... die fremden Mächte im Unklaren zu lassen«, um »den möglichen Druck seitens der Supermächte, ein Waffenstillstandsabkommen zu schließen, bevor Israel die für seine Sicherheit als notwendig erachteten Gebiete besetzen konnte« zu vermeiden. Das ist angesichts der Tatsachen über den Waffenstillstand eine sehr freundliche Interpretation.

49   Vgl. *TNCW*, S. 315 und die dort zitierten Quellen. Vgl. auch die in Anm. 9 zitierte CIA-Studie, in der es u. a. heißt: »Die Israelis haben in großem Umfang verdeckte politische, ökonomische und paramilitärische Aktionsprogramme durchgeführt – v. a. in Afrika.« In seinem Bericht (»Labour of Love«) über die amerikanischen Gewerkschaftsführer bemerkt Leon Hadar, daß sie »von Israels Erfolg, Beziehungen zu insbesondere afrikanischen Entwicklungsländern aufzubauen, um den sowjetischen Einfluß zurückzudrängen«, nachhaltig beeindruckt waren. Diese Unterstützung für Mobutu und seinesgleichen ist allerdings nicht überraschend.

50   UPI, *BG*, 16. Mai 1982; dort heißt es: »In Amerika produzierte Hubschrauber und Ersatzteile wurden, wie das Handelsministerium bekanntgab, während des erbitterten Kriegs gegen die Aufständischen trotz eines Handelsembargos von Israel an Rhodesien (das heutige Zimbabwe) geliefert.« Die Zeitung *Davar* (17. Dez. 1982) zitiert den Chef der südafrikanischen Militärindustrie: Israels »technologische Unterstützung ermöglicht es Südafrika, das wegen seiner Rassenpolitik verhängte Waffenembargo zu umgehen«. Ähnliches ist in *Jediot Ahronot* (29. Okt. 1981) zu lesen, die sich auf die Londoner *Times* beruft. Die von Rabin und der Arbeiterpartei geführte israelische Regierung knüpfte Mitte der siebziger Jahre engere Verbindungen zu Südafrika, die nach wie vor herzlich sind, weil, so erklärte der israelische Minister für Industrie und Handel, Gidon Pat kürzlich in Pretoria, »Israel und Südafrika zu den dreißig wirklich demokratischen Staaten, die es auf der Welt gibt, gehören«. Auch Gad Jaakovi lobte in einem Interview des israelischen Fernsehens die Beziehungen zu Südafrika, berichtet Joav Karni, der hinzufügt, daß Jaakovi in Schweden oder Großbritannien dadurch seine Mitgliedschaft in der sozialdemokratischen Partei verloren hätte, während die israelische Ar-

beiterpartei daran nichts Anstößiges fand. (Joav Karni: »Dr. Shekel and Mr. Apartheid«, *Jediot Ahronot*, 13. März 1983.) Vgl. dazu auch *TNCW*, S. 293f.; Israel Schahak, *Israel's Global Role* (AAUG, Belmont 1982); Benjamin Beit-Hallahmi, »South Africa and Israel's Strategy of Survival«, *New Outlook* (Tel Aviv), April/Mai 1977; ders., »Israel and South Africa 1977-1982: Business As Usual – And More«, *New Outlook*, März 1983; Uri Dan, »The Angolan Battlefield«, *Monitin*, Januar 1982; Carole Collins, *National Catholic Reporter*, 22. Jan. 1982.

51 Vgl. *TNCW*, S. 290f. und die dort zitierten Quellen; Schahak, *Israel's Global Role*; Ignacio Klich, *Le Monde diplomatique*, Okt. 1982, Feb. 1983; *Washington Report on the Hemisphere* (Council on Hemispheric Affairs), 22. Juni 1982; *Latin America Weekly Report*, 6. Aug., 24. Sept., 17. u. 24. Dez. 1982; *El Pais* (Spanien), 8.-10. März 1983; Steve Goldfield, Jane Hunter und Paul Glickman, *In These Times*, 13. April 1983. Kürzlich wurde berichtet, daß der Kibbuz Beit Alpha (Mapam) Ausrüstungsgegenstände an die chilenische Armee geliefert habe (*Ha'aretz*, 7. Jan. 1983), um der US-Regierung zu helfen, das vom Kongreß verhängte Verbot zu umgehen. Auch sind israelische Militärberater in Chile aktiv. Das neue Regime in Guatemala, das für schreckliche Massaker verantwortlich ist, gibt an, es sei mit Hilfe seiner vielen israelischen Militärberater an die Macht gekommen; der ebenso schlimme Vorgänger, Lucas Garcia, bekundete ganz offen seine Bewunderung für Israel als »Modell«. Zu dem Regime von Rios Montt vgl. Allan Nairn, »The Guns of Guatemala«, *New Republic*, 11. April 1983 (der die Verbindungen zu Israel verschweigt, die in dieser Zeitung auch gar nicht diskutiert werden könnten). Vgl. ferner einen unveröffentlichten Aufsatz von Benjamin Beit-Hallahmi, »Israel's support for Guatemala's military regimes«, der auch Informationen aus der israelischen Presse enthält. Zu Israels Waffenverkäufen in Spannungsgebiete der Dritten Welt, wo die USA offiziell nicht aktiv werden dürfen, vgl. *SOUTH*, April 1982. Diese Waffenverkäufe machen mittlerweile ein Drittel der gesamten israelischen Industrieexporte aus (*Dvar Haschavua*, 27. Aug. 1982).

52 Vgl. Michael Klare in Leila Meo (Hg.), *U. S. Strategy in the Gulf* (AAUG, Belmont 1981).

53 Vgl. Michael Klare, *Beyond the »Vietnam Syndrome«* (Institute for Policy Studies, Washington 1981).

54 Anzeige in der *New York Times*, 13. Okt. 1982; Joseph Churba, Leserbrief, *NYT*, 21. Nov. 1982. Vgl. auch Steven J. Rosen, *The Strategic Value of Israel*, AIPAC Papers on U. S. – Israel Relations, 1982. AIPAC ist die offizielle pro-israelische Lobby-Organisation in Washington.

55 Thomas L. Friedman, »After Lebanon: The Arab World in Crisis«, *NYT*, 22. Nov. 1982.

[56] Mobutu ist nicht der einzige Diktator, der diese Idee hatte. In einem Interview mit der linksgerichteten Zeitung *Al Hamischmar* vom 29. Dez. 1981, war auch Imelda Marcos von den Philippinen, die Gattin des Diktators Marcos, darum bemüht, das ramponierte Image in den USA mit Hilfe Israels und amerikanischer Juden aufzupolieren.

[57] Tamar Golan, *Ma'ariv*, 1. Dez. 1982; Reuter, *BG*, 20. Jan. 1983; UPI, *NYT*, 22. Jan. 1983.

[58] *NYT*, 6. Dez. 1982.

[59] Susan Morgan, *CSM*, 14. Dez. 1982; »Guatemala: Rightists on the warpath«, *Latin America Weekly Report*, 4. März 1983.

[60] Eins von vielen Beispielen im Artikel von Marlise Simons, *NYT*, 14. Dez. 1982. Sie zitiert katholische US-Missionare, die berichten, daß in jüngster Zeit »gefangengenommene Bauern oder Anhänger der Sandinisten gefoltert und verstümmelt wurden«. Somozas Nationalgarde war in der U. S. Army School of the Americas in der Panama-Kanalzone ausgebildet worden.

[61] Charles Maechling jr., »The Murderous Mind of the Latin Military«, *LAT*, 18. März 1982. Maechling weist darauf hin, daß die Verstrickung der USA in den lateinamerikanischen Staatsterrorismus bereits unter Kennedy begann, als das lateinamerikanische Militär eine neue Aufgabe bekam und statt der »Verteidigung der Hemisphäre« zu dienen nun die »innere Sicherheit« schützen sollte. Die Auswirkungen waren katastrophal, doch sind die Zusammenhänge in den USA kaum bekannt.

[62] Vgl. *TNCW*, S. 429 und Kap. 13 sowie die dort zitierten Quellen.

[63] Joav Karni, »The secret alliance of the ›Fifth World‹«, *Jediot Ahronot*, 22. Nov. 1981. Vgl. auch *TNCW*, S. 292f.

[64] Leslie H. Gelb, »Israel Said to Step Up Latin Role, Offering Arms Seized in Lebanon«, *NYT*, 17. Dez. 1982.

[65] Vgl. dazu Chomsky, *For Reasons of State* (Pantheon, New York 1973; dt. *Aus Staatsräson*, Suhrkamp, Frankfurt/M. 1974), S. 51.

[66] Adam Clymer, *NYT*, 27. Juni 1982; Gesamttext in *Le Monde*, 11. Juni; *CSM*, 11. Juni 1982.

[67] Quellen in John Cooley, *Green March, Black September* (Frank Cass, London 1973), S. 161f,; sowie Chomsky, *Peace in the Middle East?* (Pantheon, New York 1974), S. 140.

[68] Mit Ausnahme eines Berichts von John Cooley (*CSM*, 17. Juli 1972) scheint die US-Presse diese bedeutsame Diskussion unter israelischen Kommandeuren ignoriert zu haben. Zu der von Cooley erwähnten Legende, Israel sei bei seiner Entstehung ein »David« gewesen, der vom »Goliath« arabische Welt bedroht wurde, vgl. Simcha Flapan, *Zionism and the Palestinians* (Barnes & Noble, New York 1979), S. 317f.

[69] *Jediot Ahronot*, 26. Juli 1973; vgl. auch *Peace in the Middle East?*, S. 142.

70   Vgl. Chomsky, »Israel and the New Left«, in Mordecai S. Chertoff (Hg.), *The New Left and the Jews* (Pitman, New York 1971), sowie *Peace in the Middle East?*, Kap. 5, wo ich einige der bemerkenswerten Beiträge von Irving Howe, Seymour M. Lipset und anderen diskutiere.
71   Unter diesen Personen befinden sich einige, die, wie z. B. die Drittgenannte, zu den schärfsten Kritikern der arabischen Staaten und der PLO gehörten. Richtig ist allerdings, daß keiner von ihnen den üblichen Maßstäben der Servilität gegenüber dem israelischen Propagandasystem entspricht. Im übrigen wurden meine Vorträge zum Nahostkonflikt fast ausschließlich von kleinen Studentengruppen oder einigen Fakultätsmitgliedern organisiert.
72   *Jewish Post & Opinion*, 5. Nov. 1982.
73   Jerusalem Domestic Television Service, 24. Sept. 1982; wiederabgedr. in *The Beirut Massacre* (Claremont Research and Publications, New York 1982) vom Foreign Broadcast Information Service (FBIS) der US-Regierung.
74   Amos Oz, »Has Israel Altered its Visions?«, *NYT Magazine*, 11. Juli 1982. Über die falsche Darstellung dieser Ereignisse in der akademischen Literatur mit Bezug auf Safran, *Israel*, vgl. *TNCW*, S. 331.
75   Zu den höchst seltenen Darstellungen der Ereignisse in der US-Presse gehört der Artikel von Korrespondenten des *Christian Science Monitor* (*CSM*, 4. Juni 1982), desgl. Cecilia Blalock, *CSM*, 22. Juni 1982, sowie Philip Geyelin, *WP* (*Manchester Guardian Weekly*, 20. Juni 1982. Ferner Anthony Pearson, *Conspiracy of Silence* (Quartet, New York 1978) und James Bamford, *The Puzzle Palace* (Houghton Mifflin, Boston 1982). Richard K. Smith (*U. S. Naval Institute Proceedings*) weist darauf hin, daß der einzig vergleichbare Zwischenfall dieser Art der japanische Angriff von 1937 auf das US-Kanonenboot *Panay* gewesen sei, bei dem es drei Tote gab. Die Japaner hätten sich hinterher, verglichen mit den Israelis, auf der persönlichen wie der Regierungsebene sehr viel entgegenkommender gezeigt. Smith schließt, daß Nationen keine Freunde haben, sondern nur Interessen, doch übersieht er, daß die Japaner nicht auf die Kollaboration der amerikanischen Intelligenz rechnen konnten, die die Israelis offenbar als gegeben annahmen.
76   Beispiele dafür bietet fast jeder Artikel oder Kommentar zum Thema in der *New Republic*, so etwa Michael Walzer, »The new terrorists«, 30. Aug. 1975 oder David Pryce-Jones, »The Palestinian pattern«, 8. Nov. 1982. Interessant in diesem Zusammenhang ist die Tatsache, daß es in Palästina eine vorzionistische jüdische Gemeinschaft gab, die vor allem aus anti-zionistischen orthodoxen Juden bestand, deren Führerschaft in späteren Jahren die PLO bei ihrer Forderung nach einem säkular-demokratischen Staat in Palästina unterstützte. Demzufolge war fast die gesamte einheimische Bevölkerung anti-zionistisch.

77 Jon Kimche, *There Could Have Been Peace* (Dial, New York 1973), S. 306.
78 Die Resolution wurde von Israel, Ägypten, Jordanien und dem Libanon und 1972 von Syrien mit der Bedingung akzeptiert, daß die »Rechte« der Palästinenser anerkannt werden müßten. Vgl. dazu Fred J. Khouri, »The Arab-Israeli conflict« in P. Edward Haley und Lewis W. Snider (Hg.), *Lebanon in Crisis* (Syracuse Univ. Press, 1979).
79 *U. S. Department of State Bulletin* (5. Jan. 1970), zit. n. Khouri, op. cit., S. 299.
80 Tillman, *The United States in the Middle East*, S. 223f.
81 Ebd., S. 276f.; Hervorhebung im Original.
82 Vgl. dazu *Peace in the Middle East?* sowie *TNCW*.
83 Vgl. z. B. Tom Hayden, *The American Future* (South End, Boston 1980), der die Verweigerungshaltung unterstützt, und dabei in etwa die Position der israelischen Arbeiterpartei einnimmt, jedoch in seiner Verteidigung der Libanon-Invasion weit darüber hinausgeht.
84 Zitate und Quellen in *TNCW*, S. 249, 438.
85 *Foreign Affairs*, Frühjahr 1981.
86 Thomas R. Stauffer, *CSM*, 13. Jan. 1982.
87 Eine genaue Analyse der technischen Aspekte des Problems bietet Jehoshua Schwarz, »Water Resources in Judea, Samaria, and the Gaza Strip« in Daniel J. Elazar (Hg.), *Judea, Samaria, and Gaza: Views on the Present and Future* (American Enterprise Institute, Washington 1982). Desgl. Thomas R. Stauffer, *CSM*, 20. Jan. 1982. Weitere Hinweise in *TNCW*, S. 447. Vgl. auch David Elstein und Sharon Goulds, *New Statesman*, 10. Juli 1981 und *Middle East International*, 31. Juli 1981; *Business Week*, 20. Dez. 1982, wo eine israelische Schätzung zitiert wird, der zufolge im Jahr 2000 die erwartete Nachfrage die Vorräte übersteigen wird.
88 Schwarz, op. cit. Vgl. Stauffer, *CSM*, 20. Jan. 1982 und *Middle East International*, 30. Juli 1982 über die von ihm so genannte »Falle des Litani«.
89 *Economist*, 11. Sept. 1982; Zvi Barel, *Haaretz*, 9. Sept. 1982.
90 Vgl. »Talking Points«, *NYT*, 9. Sept. 1982.
91 Kapeliuk, *Israel*, S. 23; Jitzhak Rabin, Interview (»1983: New Opportunities for Peace«), *Trialogue*, Winter 1983.
92 *NYT*, 1. Nov. 1982. Lewis, einer der prononciertesten Kritiker der neueren israelischen Politik, unterstützt offenbar im wesentlichen die Positionen der Arbeiterpartei.
93 Die frühere Premierministerin Golda Meir nannte Begins Friedensplan eine »konkrete, schreckliche Gefahr« für Israel und beschuldigte Begin, unhaltbare Zugeständnisse zu machen. Mordechai Gur sprach sich in scharfer Form gegen die Fortsetzung des Friedensprozesses

mit Ägypten aus, weil Sadat eine Rückkehr zu den Grenzen von vor 1967 verlangen würde. Vgl. *BG*, 1. Juni 1978; *Ma'ariv*, 11. Okt. 1981; *Israeli Mirror*, London.

[94] Amos Perlmutter, *NYT*, 17. Mai 1982.
[95] Kapeliuk, *Israel*, S. 220, 21. Kapeliuk sagt, Ben-Gurions Äußerung »kenne in Israel jedes Kind«.
[96] *NYT*, 6. Sept. 1982.
[97] David Ben-Gurion, *Memoirs* (World, New York 1970), S. 118.
[98] Flapan, *Zionism and the Palestinians*, S. 134, der eine Rede vom 12. Okt. 1936 zitiert. Zum palästinensischen Nationalismus vgl. die hervorragende zweibändige Studie von Jehoschua Porath, *The Emergence of the Palestinian-Arab National Movement, The Palestinian Arab National Movement* (Frank Cass, London 1974, 1977).
[99] Kapeliuk, *Israel*, S. 32.
[100] *London Sunday Times*, 15. Juni 1969. Ein längerer Auszug in Cooley, *Green March, Black September*, S. 196f. Zum palästinensischen Nationalismus vgl. Porath, op. cit.
[101] Kapeliuk, *Israel*, S. 32.
[102] Cooley, op. cit., S. 197.
[103] Flapan, *Zionism and the Palestinians*, S. 83.
[104] Vgl. dazu *TNCW*, S. 231, wo ein offizielles Regierungsdokument zitiert wird. Wie bereits bemerkt, soll dieser Staat den Auffassungen der Arbeiterpartei zufolge Teile des Westjordanlands einschließen.
[105] Arnold Forster, Leserbrief, *NYT*, 20. Dez. 1982.
[106] Die Sozialistische Internationale hat sich oftmals der Verweigerungshaltung Israels und der USA angeschlossen und dafür scharfe Kritik von israelischen Friedensgruppen erhalten. Vgl. *TNCW*, S. 270f.
[107] Zit. n. Tillman, *The United States in the Middle East*, S. 143, aus *NYT*, 6. Aug. 1978.
[108] Vgl. *TNCW*, S. 442, wo die israelische Zeitschrift *Emda* vom Dez. 1974 zitiert wird.
[109] K. Amnon (Amnon Kapeliuk), »The 1976 elections in the territories«, *Al Hamischmar*, 16. April 1982.
[110] Vgl. *TNCW*, S. 269.
[111] Vgl. *The Dawn (Al Fadschr)*, Jerusalem, 3. Sept. 1982.
[112] Die Ergebnisse wurden im Magazin *Time* (24. Mai 1982) veröffentlicht.
[113] »Israeli Soldiers Kill Arab Youth in the West Bank«, *NYT*, 19. Dez. 1982. Im Bericht heißt es, daß Samir Ghazal Taflak in die Brust geschossen wurde, als, einem Armeesprecher zufolge, israelische Soldaten »auf die Füße von Jugendlichen feuerten, die einen israelischen Bus mit Steinen beworfen hatten, wobei eine Scheibe zu Bruch ging«. Hunderte von Studenten protestierten gegen eine Ausgangssperre, die

über ein von 12 000 Menschen bewohntes Lager verhängt worden war, nachdem Jugendliche israelische Fahrzeuge mit Steinen beworfen hatten. »Den Quellen zufolge schwenkten die Studenten die Fahne der PLO und Fotos ihres Führers Jassir Arafat.« »Vor sieben Wochen war ein Vierzehnjähriger aus Nablus von einem Bewohner der nahegelegenen Siedlung Elon Moreh erschossen worden, nachdem er dessen Wagen mit Steinen beworfen hatte.«

[114] Vgl. dazu *TNCW*, S. 445, wo Berichte und Proteste der israelischen Presse zitiert werden.
[115] Trudy Rubin, *CSM*, 18. Nov. 1982; vgl. auch *NYT* vom selben Tag.
[116] Robert I. Friedman, »West Bank Bombings«, *Nation*, 25. Dez. 1982; *Middle East International*, 21. Jan. 1983.
[117] *Haaretz*, 1. Okt. 1982; *Action Alert*, American-Arab Anti-Discrimination Committee (ADC), 27. Okt. 1982. Im Januar 1983 erhielt die Tochter, nach einer Intervention des US-Außenministeriums, ein Visum; ADC Bi-Weekly Report, 31. Jan.-11. Feb. 1983.
[118] *New Outlook*, Juni/Juli 1982.
[119] Danny Rubinstein, *Davar*, 15. Nov. 1982. Einen Tag zuvor lieferte David Richardson in der anglophonen Zeitung *Jerusalem Post* einen optimistischen Bericht.
[120] Michael Precker, »A maverick view of the West Bank; Begin's former administrator calls for a role for the Palestinians«, *BG*, 19. Dez. 1982.
[121] Uri Avneri, *Haolam Haze*, 13. Okt. 1982.
[122] Ein detaillierter Überblick über Milsons Tätigkeit findet sich in *Only Do Not Say That You Did Not Know*, einer Veröffentlichung des israelischen Komitees für Solidarität mit der westjordanischen Bir-Zeit-Universität, die von Milson drei Tage nach seiner Amtsübernahme zunächst für zwei Monate und dann wiederholt geschlossen und nach ihrer Wiedereröffnung unter Druck gesetzt wurde. Die Publikation gilt als »Schwarzbuch der Aktionen der Zivilverwaltung« in den besetzten Gebieten. Sie wurde am 5. Juni 1982 veröffentlicht, um den fünfzehnten Jahrestag der israelischen Besatzung und zugleich die Eröffnung von Israels »Aggressionskrieg gegen die palästinensische Bevölkerung im Libanon« zu markieren.
[123] Zvi Barel, *Haaretz*, 20. und 27. Aug. 1982.
[124] Aussage von Merle Thorpe jr., dem Präsidenten der Foundation for Middle East Peace, 16. Dez. 1981 (vgl. Kap. 1, Anm. 11). Neben Thorpe sagten noch die anderen Mitglieder der Untersuchungsgruppe aus, zwei ehemalige Beamte des US-Außenministeriums und der ehemalige Handelsminister und Präsident des Jüdischen Weltkongresses Philip Klutznick.
[125] Norman Kempster, *LAT*, 29. Sept. 1982; Charles Hoffman, *Jerusalem Post*, 30. Jan. 1983. In der neuen, von den Dorfligen herausgegebenen

arabischen Zeitung heißt es, daß die Ligen »für die nationalen Ziele arbeiten, die durch direkte Verhandlungen zwischen Israel und den Palästinensern erreicht werden sollen: die Beendigung der Besatzung und die Erlangung des Rechts auf Selbstbestimmung« (*Israel & Palestine*, Bd. V, Nr. 110, 1982, dort Zitate aus *Ha'aretz* und der *Jerusalem Post*, 17. Juni 1982).

[126] Abba Eban, »Obstacles to Autonomy«, *New Outlook*, Juni/Juli 1982.

[127] Pryce-Jones, »The Palestinian pattern«.

[128] Kapeliuk, *Israel*, S. 281, der aus einem Interview mit Eric Rouleau in *Le Monde*, 19. Feb. 1970, zitiert.

[129] Kimche, *There Could Have Been Peace*, S. 288f.

[130] Amos Elon, *Ha'aretz*, 13. Nov. 1981; wiederabgedr. in *Israleft News Service* (Jerusalem), 17. Nov. 1981.

[131] Vgl. Kimche, op. cit., S. 286f.

[132] Vgl. die Kommentare von General Haim Bar-Lev, Kabinettsmitglied der Regierungen Meir und Rabin, in der Zeitschrift *Ot*, 9. März 1972, zit. n. *TNCW*, S. 460.

[133] Edward Witten, »Cold Silence«, *Ha'aretz*, 6. Jan. 1983.

[134] Vgl. *Peace in the Middle East?*, S. 120-122.

[135] Henry Kissinger, *The White House Years* (Little, Brown & Co., Boston 1976), S. 1279, 1291. Zu diesem seltsamen Dokument vgl. auch *TNCW*, Kap. 6 und S. 406. Kissingers Unfähigkeit, zu begreifen, was im Nahen Osten vor sich geht, ist geradezu monumental. Vgl. zum zweiten Band seiner Memoiren, *Years of Upheaval* (Little, Brown & Co., Boston 1982), die Rezension von James E. Akins in *American-Arab Affairs*, Sommer 1982. Akins, von 1973 bis 1976 US-Botschafter in Saudi-Arabien, schreibt: »Die wirklich tragische Konsequenz des Watergate-Skandals ist, daß Präsident Nixon nicht mehr stark genug war, seinen Außenminister zu beeinflussen. Geschwächt und abgelenkt durch innenpolitische Querelen, ließ er Kissinger gewähren, der den Nahost-Friedensplan seines eigenen Präsidenten ruinierte. Ohne Watergate wäre es möglich, ja wahrscheinlich gewesen, daß Nixon einen gerechten und dauerhaften Frieden erreicht hätte und die Welt heute sehr viel sicherer wäre.«

[136] Vgl. dazu Tillman, *The United States in the Middle East*, Kap. 6: »Die offizielle Haltung der Sowjetunion bekräftigte seit 1948 das Existenzrecht Israels und seit 1967 das Recht Israels auf eine gesicherte nationale Existenz innerhalb der Grenzen von vor 1967, wie von der UN-Resolution 242 gefordert.« Die Sowjetunion war sogar bereit, für Sicherheitsgarantien zu sorgen.

[137] Charles William Maynes (Herausgeber von *Foreign Policy*), *BG*, 15. Juni 1982.

[138] Einige Beispiele in *Multinational Oil Corporations and U. S. Foreign Policy*, Report to the Committee on Foreign Relations, U. S. Senate, 2. Jan. 1975 (U. S. Government Printing Office, Washington 1975, Tl. III, Abschn. VII).

[139] *Ha'aretz*, 25. Juni 1973; *Jediot Ahronot*, 16. Sept. 1973. Zit. n. Kapeliuk, *Israel*, S. 49f, zusammen mit einer Reihe gleichlautender Bewertungen durch israelische Generäle (unter ihnen Scharon), Geheimdienstspezialisten, Orientalisten usw.

[140] Amos Perlmutter, Michael Handel und Uri Bar-Joseph, *Two Minutes Over Baghdad* (Vallentine, Mitchel & Co., London 1982), S. 33f. Die Autoren sind der Auffassung, daß Sadats Kriegsziele wegen der Drohung mit nuklearer Vergeltung durch Israel begrenzt waren. Diese Drohung habe zudem die USA bewogen, in großem Umfang konventionelle Waffen nach Israel zu liefern. Mehr dazu in *TNCW*, S. 321, 458. Die UdSSR hat »ganz offensichtlich Präsident Sadats Entscheidung für den Krieg nicht unterstützt«, meinen Barry M. Blechman und Douglas M. Hart, »The Political Utility of Nuclear Weapons«, *International Security*, Bd. 7, Nr. 1, 1982.

[141] *Jerusalem Post*, 13. Nov. 1981. Zur arabischen Initiative vom Januar 1976, an die sich in den USA keiner mehr zu erinnern scheint (selbst Tillman läßt sie in seiner ansonsten sorgfältigen Untersuchung *The United States and the Middle East* unerwähnt) vgl. *TNCW*, S. 267, 300, 461.

[142] Vgl. dazu *TNCW*, S. 268.

[143] *Jerusalem Post*, 15. Nov. 1976; *Davar*, 21. Nov. 1976; *Israleft News Service*, 1. Dez. 1976.

[144] Bernard Gwertzman, *NYT*, 21. Aug. 1977.

[145] *NYT*, 21. März 1977.

[146] Tillman, *The United States and the Middle East*, S. 213. Tillman gibt einen ausführlichen (wenngleich nicht vollständigen) Überblick über die z. T. sehr expliziten Annäherungsbestrebungen der PLO. Vgl. auch meine Artikel in *New Politics* (Winter 1975/76 und Winter 1978/79), sowie *TNCW*, Kap. 9 und 13.

[147] David Hirst, *Manchester Guardian Weekly*, 7. Aug. 1977.

[148] Elie Eliachar, zit. n. Merle Thorpe in der oben erwähnten Aussage vor dem Kongreß. Mattitjahu Peled, Interview, *Hotam*, 28. Jan. 1983. Das Programm von Basel erwähnte nicht direkt einen »jüdischen Staat«, sondern sprach von einer nationalen »Heimstatt«. Die Geschichte der Ausbeutung der Charta wäre ein interessantes Forschungsprojekt, das zu einigen Überraschungen führen könnte.

[149] Tillman, op. cit., S. 217, 271f., 238.

[150] Leserbrief, *NYT*, 12. Jan. 1982.

[151] Vgl. *TNCW*, S. 321; desgl. John K. Cooley,»The Palestinians«, in Haley und Snider (Hg.), *Lebanon in Crisis*, S. 28f., der Sadat zu diesem Zusammenhang zitiert.
[152] Zit. n. Amnon Kapeliuk, *Le Monde diplomatique*, Aug. 1982, aus *Ma'ariv*, 5. Dez. 1975.
[153] *New Republic*, 29. Nov. 1982.
[154] Beispiele gibt es genug. So schreibt etwa Theodore Draper:»Selbst Mr. Sadat hat Israels Existenz zugegebenermaßen nicht akzeptiert, bevor er sich zur Reise nach Jerusalem entschied« und selbst dann sah sein Programm »den Frieden gemäß den extremsten arabischen Bedingungen vor und ließ nur jene Extremisten unberücksichtigt, die sich mit nichts als der totalen Zerstörung des Staates Israel zufriedengeben wollten« (*NYT Book Review*, 17. Mai 1981; ein längeres Zitat in *TNCW*, S. 460). Oder der Politologe Mitchell Cohen von der City University of New York:»Die palästinensische Nationalbewegung hat immer darauf beharrt, keinem Kompromiß und keiner Teilung zuzustimmen, was zu der Zerstörung von 1948 und in Beirut 1982 beigetragen hat.« (*New Republic*, 25. Okt. 1982.) Oder Arthur P. Mendel, Professor für Geschichte an der Universität Michigan: Es sei jetzt wahrscheinlich,»daß Hussein [von Jordanien] Sadats Beispiel folgt und mit Israel jenen Kompromiß aushandelt, den die meisten Israelis und Palästinenser (im Gegensatz zur PLO) seit langem befürworten« (Leserbrief, *NYT*, 10. Okt. 1982). Oder Kenneth Jacobson, Leiter der Middle Eastern Affairs, für die Anti-Defamation League:»Tatsächlich ist die PLO das Haupthindernis für den arabisch-israelischen Frieden, weil sie von ihrer ideologischen Verpflichtung, Israel zu vernichten, noch nie auch nur ein Jota abgerückt ist ...« (*CSM*, 13. Juli 1982). Oder Jitzhak Rabin:»Kernstück des israelisch-arabischen Konflikts war und ist die Tatsache, daß außer Ägypten kein arabischer Führer bereit war, sich mit der Existenz Israels als eines lebensfähigen, unabhängigen jüdischen Staats – wie immer seine Grenzen verlaufen mögen – abzufinden« und auch Ägypten habe bis 1977 keine Bereitschaft gezeigt. So schreibt Rabin in der *Harvard International Review* (Sept./Okt. 1982), während er in *Davar* (Nov. 1976), allerdings vor einem israelischen Publikum, Sadats Initiative von 1971 erwähnt. Schließlich Max Frankel:»Die unerwarteten Eroberungen von 1967 und die Weigerung der Araber, das Land im Rahmen eines Friedensvertrags zurückzufordern, haben die Bulldozer-Politik von Begin und Scharon hervorgerufen.« (*NYT*, 15. Nov. 1982.) Die Beispiele ließen sich beliebig vermehren.
[155] *NYT*, 20. Juni 1982. Viele Beiträge wurden (so wie dieser) weit nach den zahlreichen arabischen Initiativen verfaßt.

[156] »... Sadat war der erste arabische Führer, der, ein Jahr nach dem Amtsantritt, in der berühmten Antwort [vom Februar 1971] auf [UN-Unterhändler] Dr. Jarrings Memorandum seine Bereitschaft erklärte, mit Israel Frieden zu schließen« (*Ha'aretz*, 8. Okt. 1981). Vier Tage nach Sadats »Initiative ... zur Lösung des Nahostproblems« präsentierte Gunnar Jarring »seinen berühmten Bericht vom 8. Februar 1971 ... auf den Ägypten mit einer positiven Antwort reagierte« (Ghali Shoukri, *Egypt: Porträt of a President*, Zed press, London 1981, S. 50f.) Vgl. Mordechai Gur: »Im Februar 1971 sagte Sadat, er sei zum Friedensschluß mit Israel bereit.« (*Ma'ariv*, 11. Okt. 1981; *Israeli Mirror*.)

[157] Eric Pace, »Anwar el-Sadat, the Daring Arab Pioneer of Peace With Israel«, *NYT*, 7. Okt. 1981.

[158] Mark Helprin, »American Jews and Israel: Seizing a New Opportunity«, *NYT Magazine*, 7. Nov. 1982.

[159] Flapan, *Zionism and the Palestinians*, S. 116.

[160] Wie von Amnon Kapeliuk notiert, vgl. *Le Monde diplomatique*, Juli 1982. Vgl. auch Schulamit Har-Even, *Ha'aretz*, 30. Juni 1982 (wiederabgedr. in *Palestine/Israel Bulletin*, Sept. 1982); ferner B. Michael, *Ha'aretz*, 22. Juni 1982, der den offiziellen Armeesprecher zitiert. Noch ein eher zufällig herausgegriffenes Beispiel: Bei einem einzigen israelischen Luftangriff auf Beirut im Juli, noch vor den massiven Bombardierungen, starben 209 Personen, »die meisten davon Zivilisten« (Robert Fisk, *London Times*, 13. Juli 1982).

[161] Kapeliuk, *Israel*, S. 41.

[162] Vgl. dazu B. Michael, *Ha'aretz*, 16. Juli 1982. Er zitiert offizielle Polizeistatistiken als Korrektiv zur Behauptung Ariel Scharons, die Zahl der Opfer habe sich auf 1392 belaufen – eine Zahl, die u. a. 285 israelische Soldaten, 392 Araber aus den besetzten Gebieten und 326 Terrorismusopfer nicht spezifizierter Herkunft aus verschiedenen anderen Ländern umfaßte. In der *New York Times* (29. Aug. 1982) wiederholte Scharon diese Angaben: »Seit 1965 sind bei terroristischen Angriffen der PLO gegen unser Volk 1392 Zivilisten gestorben und 6400 verwundet worden.« In der israelischen Presse ist man durchaus bereit, den Wahrheitsgehalt von Scharons Aussagen zu überprüfen, nicht jedoch in den USA.

[163] *Migvan* (Arbeiterpartei), Okt./Nov. 1982. Das Zitat stammt von Aluf Hareven (Van Leer Institut) aus einer Debatte über »Zionismus – 82« an der Universität von Tel Aviv.

[164] Vgl. dazu *TNCW*, S. 458f.

[165] Vgl. oben, Anm. 133.

[166] Israels Außenminister Schamir konstatierte: »Selbst der Vorschlag einer Anerkennung Israels durch Saudi-Arabien ist nicht neu.« Der Plan forderte eine zweistaatliche Regelung innerhalb der Grenzen

von vor 1967, bei gleichzeitiger Anerkennung des Existenzrechts aller Staaten in der Region. Viele führende Persönlichkeiten der Arbeiterpartei lehnten den Plan ab: Chaim Herzog mahnte, der Plan stamme von der PLO, Schimon Peres, der Parteivorsitzende, bemerkte, daß der Vorschlag »Israels Existenz« direkt gefährde (*Ha'aretz*, 10. Aug. 1981; *Israeli Mirror*).
Vgl. zu den Vorgängen auch Norman Kempster, *LAT-BG*, 10. Aug. 1981, sowie den kurzen Bericht in der *NYT* vom selben Tag.

[167] Daniel Bloch, *Davar*, 13. Nov. 1981.

[168] Joel Marcus, *Jediot Ahronot*, 6. Nov. 1981.

[169] Vgl. *Palestine/Israel Bulletin*, April 1982, dort Zitate aus *Haolam Haze*, 3. Feb., und *Jerusalem Post*, 1. Feb. 1982.

[170] »How Syria's Peace Plan Was Swept under the Carpet«, *Ha'aretz*, 12. Feb. 1982; *Israeli Mirror*.

[171] So z. B. Amos Oz, »Has Israel Altered its Visions?« *NYT Magazine*, 11. Juli 1962. Man vergleiche damit das Porträt von Mark Helprin, ebenfalls in dieser Nummer des Magazins. Vgl. auch Oz, »From Jerusalem to Cairo«, *Encounter*, April 1982. Der Artikel zeigt, wie raffiniert man die historischen Tatsachen umgehen kann. Oz behauptet, es gebe »keine Symmetrie« zwischen Israel und der PLO, weil diese »der *militanten* Position in Israel gleicht«, nämlich derjenigen, die »die Identität des palästinensischen Problems außer acht läßt«. (Er vergißt dabei jedoch, daß die »militante« Position in Israel die dominierende ist.) Im Hinblick auf die PLO und auf Sadat unterschlägt er deren frühere Verständigungs- und Friedensinitiativen und kann so die Pose des tragischen Opfers aufrechterhalten, das gern Friedensverhandlungen führte, wenn sich die arabische Seite nicht auf ihre Militanz versteift hätte.

[172] *Jerusalem Post*, 6. März 1981. Rabin, damals Premierminister, räumte die Tatsachen ein, erklärte jedoch, die Boote seien vor der angekündigte Geste gekapert worden und würden jetzt von der PLO als Vorwand benutzt, sich aus den Verhandlungen zurückzuziehen. Schimon Peres, damals Verteidigungsminister, verweigerte eine Stellungnahme.

[173] Vgl. *TNCW*, S. 458. Dort wird Livia Rokachs wichtige Studie *Israel's Sacred Terrorism* (AAUG, Belmont 1980) zitiert, die ihrerseits auf Scharetts Tagebuch (*Joman Ischi*, Hebr., Ma'ariv 1979) beruht.

[174] Tillman, *The United States in the Middle East*, S. 215-218. Findley war das ranghöchste republikanische Mitglied im Nahost-Subkomitee des Repräsentantenhauses. Außer einem Kurzbericht am 27. Nov. 1978 brachte die *NYT* keine weiteren Meldungen dazu. Tillman meint, die PLO sei angesichts ausbleibender amerikanischer Reaktionen auf seine Zeichen der Verhandlungswilligkeit und aus Verärgerung über das Camp-David-Abkommen und Ägyptens Separatfrieden mit Israel zur Politik der Drohungen und vermehrten Terrors zurückgekehrt.

[175] *Israel & Palestine* (Paris), Juli/Aug. 1982: Breschnews Äußerung stammt von seiner Rede auf dem 26. Kongreß der KPdSU im Februar 1981. Vgl. auch Schmuel Segev, *Ma'ariv*, 2. März 1983. Auf dem Treffen des PLO-Nationalrats in Algier (Feb. 1983) wurde diese Position erneut bekräftigt. Außer Zitaten von Arafat und Sartawi in einem Artikel von Lally Weymouth (*BG*, 21. Dez. 1982) habe ich kaum Hinweise in der US-Presse gefunden.

[176] *Israel & Palestine*, Juli/Aug. 1982. Sartawis Beziehungen zur PLO waren stürmisch. Arafat verteidigte den eher Gemäßigten regelmäßig gegen die »Radikalen«, mit denen er des öfteren so stark in Konflikt geriet, daß er sich zeitweilig aus dem Nationalrat zurückzog, ohne daß man immer wußte, was eigentlich passiert war. Einige PLO-Vertreter meinten, Arafat sei nicht gegen Sartawis Ideen an sich, sondern fürchte, daß dessen Auftritt Diskussionen auslösen könnte, die die ganze Konferenz platzen ließen und seinen eigenen still-heimlichen Versuchen, mehr Zustimmung für seine Gespräche mit Israel zu erlangen, schadeten.

Am 10. April 1983 wurde Sartawi bei einem Treffen der Sozialistischen Internationale in Portugal ermordet. Zu dem Attentat bekannte sich die Gruppe Abu Nidal, die seit einem Jahrzehnt Krieg gegen die PLO führte. Abu Nidal war im Oktober 1973 von einem Militärtribunal der Fatah zum Tode verurteilt worden, weil man ihn beschuldigte, mehrere PLO-Mitglieder in Europa umgebracht zu haben. Auch die Morde an Said Hammami (London 1978) und Naim Khader (Brüssel 1981) gehen auf das Konto dieser Gruppe, die ebenfalls mörderische Anschläge auf Synagogen und jüdische Einrichtungen in Wien und (möglicherweise) Frankreich verübte. 1982 wurde in London auf den israelischen Botschafter, Schlomo Argov, ein Anschlag verübt, und dieser Funken setzte den Libanonkrieg in Gang. Philippe Boggio, der Abu Nidals Lebens- und Todesspuren gefolgt ist, beschreibt ihn als »gefährlichen ... Agitator, der besser als jede Armee die natürlicherweise zwiespältigen Beziehungen der PLO zur übrigen Welt zerstören kann« und dessen Aktivitäten seit den frühen siebziger Jahren darauf gerichtet waren, die Bemühungen der PLO, alle ihre Fraktionen zur Aufgabe der terroristischen Handlungen zu bewegen, zu unterminieren. Die PLO hat ihn beschuldigt, ein israelischer Agent zu sein, da seine Operationen »häufig den israelischen Interessen auf indirekte Weise nützen«. Allgemein wird angenommen, daß er vom Irak, bisweilen auch von Syrien unterstützt wird, wo sich seine Büros und offensichtlich auch beträchtliche Geldquellen befinden. Philippe Boggio, *Le Monde*, 13. u. 14. Okt. 1982; *Manchester Guardian Weekly*, 31. Okt. 1982.

[177] *Migvan* (Monatszeitschrift der Arbeiterpartei), Aug. 1982.

[178] Flapan, *Zionism and the Palestinians*, S. 70ff. Innerhalb des Mainstream habe, so Flapan, Mosche Scharett (damals Schertok) diese Einstellung abgelehnt und gesagt, es sei sinnlos zu leugnen, daß es sich bei der Führung um die »rechtmäßige Vertretung« der Palästinenser handle, mit der man folglich verhandeln müsse (S. 149f.)
[179] *Al Hamischmar*, 10. Jan. 1983 (*Israeli Mirror: Middle East International*, 4. Feb. 1983).
[180] *NYT*, 11. Feb. 1983. Detaillierte Berichte finden sich in der hebräischen Presse. Noch bevor Grunzweig getötet wurde, war die Demonstration gewalttätig angegriffen worden. Als Demonstranten die Verwundeten und den bereits Toten zum Krankenhaus brachten, gab es erneute Übergriffe und Schläge, denen auch die herbeigeeilten Ärzte ausgesetzt waren. Viele Teilnehmer, darunter Kämpfer aus Eliteeinheiten der Armee, wurden als Verräter – »Arafats Kinder« – beschimpft. Journalisten, die Zeugen dieser Krawalle wurden, fühlten sich an die Anfänge der Hitlerzeit erinnert. Vgl. dazu Schulamit Har-Even, *Jediot Ahronot*, 14. Feb.; Baruch Meiri, *Ma'ariv*, 13. Feb.; Dan Ben Amotz, *Koteret Raschit*, 23. Feb.; Eliahu Salpeter, *Ha'aretz*, 14. Feb.; Amnon Dankner, *Ha'aretz*, 11. u. 18. Feb. 1983.
[181] Mordechai Nisan, »Judaism and Politics«, *Jerusalem Post*, 18. Jan. 1983. Nisan lehrt an der Hebräischen Universität, wo er jüdischen Studenten aus Amerika, die nach Jerusalem kommen, um ihre Wurzeln zu entdecken, die moralischen Grundlagen des Zionismus beibringt. Zu seiner Unterstützung des Terrorismus vgl. *American Zionist*, Mai/Juni 1976, zit. in. *TNCW*, S. 304.
[182] Joachim Prinz, *Wir Juden*, Berlin 1934, S. 150-157. [Aus dem Englischen rückübersetzt; d. Ü.]
[183] Amos Oz, *Davar*, 3. u. 17. Dez. 1982. Oz und andere nehmen die Ansichten dieses Mannes durchaus ernst. Vgl. etwa Boaz Evron, »The Nightmares of C« (so heißt er im Interview von Oz), *Davar*, 4. Feb. 1983. Evron widerlegt die Ansichten Punkt für Punkt, als hielte er sie für eine seriöse Argumentation.
[184] Menachem Horowitz, *Ha'aretz*, 6. Feb. 1983; *Ha'aretz*, 7. Dez. 1982 (*Israeli Mirror; Middle East International*, 4. Feb. 1983).
[185] AP, *BG*, 6. Feb. 1983; Jack Nelson, *LAT-BG*, 23. Feb. 1983; *NYT*, 24. Feb. 1983; *Economist*, 8. Jan. 1983; Ned Temko, John Yemma, *CSM*, 17. März 1983; desgl. William Beecher, *BG*, 28. u. 29. Jan. 1983, über entsprechende Besorgnisse der US-Regierung.
[186] Ze'ev Schiff, *Ha'aretz*, 31. Dez, 1982; 7. Jan. 1983 (*Israeli Press Briefs*). Vgl. auch Thomas L. Friedman, »Syrian Army Said to Be Stronger Than Ever, Thanks to Soviets«, *NYT*, 19. März 1983.
[187] Zur weiteren Erörterung dieses Themas vgl. Chomsky, »What Directions for the Disarmament Movement?«, in Albert und Dellinger

(Hg.), *Beyond Survival*, sowie die kürzere Version in *Michigan Quarterly Review*, Herbst 1982. Desgl. Chomsky, »Priorities for averting the holocaust«, *Guardian* (London), 12. Juli 1982; ders., »The United States and Israel: A Case Study for the Disarmament Movement«, *END Papers Special*, Spokesman Pamphlet Nr. 81 (Nottingham), 1982, sowie die kürzere Version in *MERIP Reports*, Sept./Okt. 1982. Ebenso Artikel von Eqbal Achmed und Joseph Gerson in *New England Briefs for Middle East Peacework*, Winter 1983. Zur Rolle des Nahen Ostens in der gegenwärtigen US-Atomstrategie vgl. Christopher Paine, »Rapid Deployment and Nuclear War«, *MERIP Reports*, Jan. 1983. Ähnliche Ideen hat Daniel Ellsberg entwickelt; vgl. seinen Aufsatz »Call to Mutiny« in E. P. Thompson und Dan Smith, *Protest and Survive* (Monthly Review, New York 1981).

[188] Zit. n. William Quandt in seinem Aufsatz über die Libanonkrise von 1958 in Barry M. Blechman, Stephen S. Kaplan u. a., *Force Without War: U. S. Armed Forces as a Political Instrument* (Brookings Institution, Washington 1978).

[189] Joram Peri, *Between Battles and Ballots*, S. 244; James E. Ennes, *Assault on the Liberty*, S. 78; Richard K. Smith, »The Violation of the ›Liberty‹«; Barry M. Blechman und Douglas M. Hart, »The Political Utility of Nuclear Weapons«, *International Security*, Bd. 7, Nr. 1, 1982.

[190] Ned Temko, *CSM*, 2. Dez. 1982; Claudia Wright, *New Statesman*, 18. Juni 1982.

[191] AP, »Soviet Embassy Heavily Damaged by Israeli Shells«, *NYT*, 8. Juli 1982.

[192] *NYT, CSM*, 2. Dez. 1982. Aus den Berichten wird nicht deutlich, ob sich der von Perle beschriebene Zwischenfall während des Libanonkriegs oder davor ereignete.

[193] J. Michael Kennedy, *LAT*, 23. Sept. 1982.

[194] Sammy Smooha und Don Peretz, »The Arabs in Israel«, *Journal of Conflict Resolution*, Sept. 1982. Die Zahlen sind abgerundet, so daß sie zusammen nicht immer 100 Prozent ergeben.

[195] Zu einer Analyse dieser Kosten vgl. Zvi Kassler, »The True Costs of the Lebanon War«, *Koteret Raschit*, 23. Feb. 1983. Bis zum Krieg von 1967 betrugen Israels Militärausgaben etwa 10 Prozent des Bruttosozialprodukts, im Krieg selbst stiegen sie auf 18 Prozent und während des Kriegs von 1973 auf 33 Prozent an. Danach fielen sie wieder und lagen Ende 1978 bei unter 25 Prozent, um dann wieder beständig zu steigen und im Libanonkrieg 36,6 Prozent zu erreichen. Es wird erwartet, daß sie auf dieser Höhe bleiben oder sogar noch wachsen.

[196] Oded Jinon, »Strategy for Israel in the 1980s«, *Kivunim*, Feb. 1982, veröff. von der Informationsabteilung der Zionistischen Weltorganisation. Engl. Teilübers. in *Journal of Palestine Studies*, Sommer/Herbst

1982, vollst. Übers. in Israel Schahak, *The Zionist Plan for the Middle East* (AAUG, Belmont 1982). Vgl. dazu auch meine in Anm. 9 zitierten Aufsätze sowie die Beiträge in *Middle East International*, 16. Juli 1982 und *Inquiry*, Aug. 1982; ferner Alexander Cockburn und James Ridgway, *Village Voice*, 27. Juli 1982; Georges Corm, »La Balkanisation du Proche-Orient«, *Le Monde diplomatique*, Jan. 1983. Zum Gesamtkomplex vgl. Edward Said, *Covering Islam* (Pantheon, New York 1981), S. 137ff.

[197] Amos Elon, *Ha'aretz*, 14. Mai 1982.

[198] In diesem Zusammenhang sei auf die Bemerkung des Zionismus-Historikers Ben Halpern verwiesen, der zufolge die Entscheidung von 1942, als Ziel einen jüdischen Staat anzusteuern, »in vielfacher Weise jener Vorstellung von Souveränität entsprach, die von den Revisionisten schon lange gefordert worden war«. Die Revisionisten waren die Vorläufer von Begins Herut-Partei. (Halpern, *The Idea of the Jewish State*, Harvard, Cambridge 1969; S. 39.)

[199] Ze'ev Schiff, »The Israeli interest in the Iraq-Iran war«, *Ha'aretz*, 2. Juni 1982; David Nyhan, *BG*, 21. u. 23. Okt.: Robert Levey, *BG*, 22. Okt. 1982.

[200] *Panorama*, BBC-1 um 20.10, 1. Feb. 1982. Zitat aus der Transkription.

[201] Vgl. dazu *TNCW*, S. 455f. sowie Kap. 11 und die dort zitierten Quellen. Israels enge Verbindungen zum Iran des Schahs sind vor allem von Uri Lubrani offengelegt worden. Ihm zufolge hat »die gesamte politische Führungsschicht Israels« den Iran besucht, hochrangige Vertreter der Arbeiterpartei (die ein warmherziges Verhältnis zur berüchtigten Geheimpolizei SAVAK entwickelten) ebenso wie Führer des Likud. Lubrani selbst gehörte der Arbeiterpartei an. In der vorstaatlichen Periode war er Mitglied der Militärtruppe der Haganah (Palmach), danach Sekretär des Außen- und späteren Premierministers Mosche Scharett, unter Ben-Gurion Berater in arabischen Angelegenheiten und in den sechziger Jahren hoher Beamter der Regierung von Levi Eschkol. Dann diente er als Botschafter in Äthiopien und Uganda, bevor er in den Iran ging, wo er das Schah-Regime unterstützte. Er stand den amerikanischen Botschaftern Richard Helms und William Sullivan nahe. Mosche Arens, Nachfolger von Scharon als Verteidigungsminister, empfahl Lubrani für die neue Position eines Koordinators israelischer Aktivitäten im Libanon, zu dem er von Begin dann auch ernannt wurde. (Schmuel Segev, *Ma'ariv*, 22. April 1983.)

[202] Boaz Evron, »Castle of Sand«, *Jediot Ahronot*, 9. Aug. 1982; *Israeli Mirror*.

[203] Daniel J. Elazar (Hg.), *Judea, Samaria, and Gaza*.

[203] Vgl. dazu *Peace in the Middle East?* sowie *TNCW*, Kap. 9.
[205] Joram Peri, »From Coexistence to hegemony«, *Davar*, 1. Okt. 1982.
[206] Vgl. Anthony H. Cordesman, *Armed Forces Journal*, 20. Okt. 1977. Weil er es wagte, diese Frage aufzuwerfen, wurde Cordesman von der ADL als »anti-israelisch und anti-jüdisch« denunziert. Vgl. Tillman, *The United States in the Middle East*, S. 155.
[207] Daniel Bloch, *Davar*, 13. Nov. 1981 (*Israeli Mirror*).
[208] Wolf Blitzer, »Opening salvoes in Israel aid battle«, *Jerusalem Post*, 4. März 1983.
[209] Amos Perlmutter, Michael Handel, Uri Bar-Joseph, *Two Minutes Over Baghdad* (Vallentine, Mitchell & Co., London 1982). Der größte Teil des Buches beschäftigt sich mit dem Angriff auf den irakischen Reaktor, was die Autoren für eine höchst verdienstvolle Tat halten.
[210] Eintrag vom 1. Okt. 1955, zit. n. Rokach, *Israel's Sacred Terrorism*.
[211] Vgl. Buch der Richter 16, 30.
[212] Jaakov Scharett, »A Great Danger is Coming«, *Davar*, 3. Nov. 1982.
[213] »Emil and the murderers«, *Davar*, 13. Feb. 1983.
[214] Yehezkel Dror, *Crazy States* (Heath Lexington Books, Lexington 1971).
[215] Zu weiteren, hier nicht angegebenen Quellen vgl. Chomsky, *Deterring Democracy*, Kap. 1; *Year 501* [dt.: *Wirtschaft und Gewalt*], Kap. 2.
[216] Vgl. dazu *Year 501*, Kap. 7; ferner Stephen Rabe, *The Road to OPEC* (Texas, 1982) und David Painter, *Oil and the American Century* (Johns Hopkins, 1986).
[217] Rabe, op. cit., S. 64. Die Erdölpolitik zit. n. Gabriel Kolko, *The Politics of War* (Random House, 1968), S. 302; Painter, op. cit., S. 59; Jeffry Frieden, »The Economics of Intervention«, *Comparative Studies in Society and History* 31.55-80, 1989. Zu den Methoden, mit denen die Grundsätze in die Tat umgesetzt wurden, vgl. *Multinational Oil Corporations and U. S. Foreign Policy (MNOC)*, Report to the Committee on Foreign Relations, U. S. Senate, 2. Jan. 1975. Weitere Hinweise in *TNCW*.
[218] Nathan Godfried, *Bridging the Gap between Rich and Poor: American Economic Development Policy Toward the Arab East 1942-1949* (Greenwood, 1987), S. 158f. Zum Leih-Pacht-System vgl. *MNOC*, S. 36f.
[219] Sam Pope Brewer, »Iran is Reported Subversion Free«, *NYT*, 2. Dez. 1956; *NYT*, 30. Aug. 1960; zit. n. William Dorman und Mansour Farhang, *The U. S. Press and Iran* (California, 1987), S. 77, 72. Vgl. dazu auch *Necessary Illusions*, Anh. V.3.
[220] Mark Gasioworski, »The 1953 Coup d'Etat in Iran«, *International Journal of Middle East Studies* 19 (1987), S. 265. William Quandt, »Lebanon, 1958, and Jordan, 1970«, in Barry Blechman und Stephan Kaplan (Hg.), *Force Without War* (Brookings Institution, Washington 1978), S. 247, 238.

[221] Vgl. dazu *Deterring Democracy*, Kap. 6.
[222] Vgl. dazu Chomsky, *Neue Weltordnungen* (Europa, Hamburg 2004), S. 144ff. Ferner Godfried, op. cit., der einen genauen Überblick bietet.
[223] Godfried, op. cit., S. 152f., 68, 134, 109.
[224] Zu den Briten und Dulles vgl. William Stivers, *Supremacy and Oil* (Cornell, 1982), S. 28, 34; ders., *America's Confrontation with Revolutionary Change in the Middle East* (St. Martin's, 1986), S. 20f.
[225] John Blair, *The Control of Oil* (Pantheon, 1976). Blair ist Analyst des internationalen Erdölkartells für die Federal Trade Commission.
[226] Dilip Hiro, »The Gulf between the rulers and the ruled«, *New Statesman and Society*, 28. Feb. 1993.
[227] Macmillan (*At the End of the Day*, Harper & Row, 1973) zit. n. Michael Bishku, *Middle East Policy* I.4, 1992.
[228] Douglas Little, »Cold War and Covert Action: the US and Syria, 1945-1958«, *Middle East Journal*, Winter 1990. Steven Freiberger, *Dawn Over Suez* (Ivan Dee, 1992).
[229] Godfried, op. cit., S. 152f.
[230] Freiberger, op. cit.
[231] NSC 5801/1, 24. Jan. 1958; *FRUS* 1958, Bd. XII, zum Nahen Osten S. 17ff. (Washington, 1993). Bericht des British Joint Intelligence Committee vom 20. Feb. 1958. Zit. n. Irene Gendzier, *Notes from a Minefield* (Ms., 1993), dem auch die oben folgenden Bemerkungen über den Libanon entnommen sind.
[232] Gesprächsmemorandum des US-Außenministeriums.
[233] AP, »McNamara: US near war in '67«, *BG*, 16. Sept. 1983; Donald Neff, *Warriors for Jerusalem* (Simon & Schuster, 1984). Eine detaillierte Untersuchung der diplomatischen Hintergründe und der auf den Libanonkrieg folgenden diplomatischen Bemühungen findet sich bei Norman Finkelstein, »To Live or Perish« (Ms., 1993).
[234] Avi Shlaim, *Collusion across the Jordan* (Columbia, 1988), S. 364. Zur politischen Wasserproblematik des Westjordanlands gibt es mittlerweile eine umfangreiche Literatur; vgl. insbes. Miriam Lowi, »Bridging the Divide«, *International Security* (Sommer 1993) sowie dies., *Water and Power* (Cambridge, 1994).
[235] Haim Gvirtzman, *Ha'aretz*, 16. Mai 1993; Interview mit Israel Zamir in *Al Hamischmar*, 12. März 1993, übers. von Israel Schahak, »Collection: the settling ideology and its opponents«, April 1993. Zu Stauffer vgl. David Francis, *CSM*, 17. Sept. 1993.
[236] Amnon Levi, *Hadaschot*, 28. Juli 1993. Vgl. auch Ethan Bronner, *BG*, 29. Juli u. 1. Aug. 1993 sowie meinen Artikel im *Z magazine*, Sept. 1993.
[237] Chris Hedges, *NYT*, 31. Juli 1993. Zur »Großen Lüge« vgl. Abraham, *Lies of Our Times* (Okt. 1993). Robert Fisk untersucht im *Independent*

v. 27. Feb. 1994 anhand des Massakers von Hebron die obwaltende Doppelmoral.
[238] Conor Cruise O'Brien, *Independent*, 20. Aug. 1993.
[239] AP, *BG*, 22. Mai 1992. AP, *BG*, 21. Sept.; *FT*, 17. Nov. 1993. AP, *BG*, 11. März; *FT*, 22. u. 23. März 1994.
[240] Jules Kagian, *Middle East International*, 17. Dez. 1993; *Middle East Justice Network*, Feb./März 1994. Zum Hintergrund und Status der UN-Resolution 194 vgl. Thomas und Sally Mallison, *The Palestine Problem in International Law and World Order* (Longman, 1986), Kap. 4.
[241] Paul Lewis, *NYT*, 19. März; Neff zit. n. Jules Kagian, *Middle East International*, 1. April 1994.
[242] William Quandt, *Peace Process* (Brookings Institution und Univ. of California, 1993), S. 417f.
[243] Painter, op. cit., S. 208f. Zitate von Charles Lindblom und Benny Temkin.
[244] Kommentar, *NYT*, 31. Aug. 1993.
[245] Rubinstein, *Ha'aretz*, 23. u. 24. Okt. 1991.
[246] Chagai Porschner, *Davar*, 12. Nov. 1992; »Kav La'oved« (Arbeiter-Hotline), Rundbrief, März 1993; Podiumsdiskussion, »Die sozialen Rechte palästinensischer Arbeiter in Israel«, 6. Mai 1993. Pressemitteilung von Dr. Jael Renan vom Exekutivkomitee der Kav La'oved, 27. Juni 1993. Am 12. Jan. 1994 reichte Kav La'oved bei den israelischen Gerichten eine Klage auf Rückerstattung von einer Milliarde Dollar ein, die aus ohne Gegenleistung einbehaltenen Versicherungsbeiträgen stammte. Zudem forderte Kav La'oved, den palästinensischen Arbeitern in Israel die vollen Rechte einzuräumen; vgl. den Rundbrief vom Feb. 1994. Dem von der Regierung eingelegten Widerspruch schloß sich die PLO an, die den Betrag ihren Verwaltungsorganisationen zukommen lassen wollte. Rubik Rosenthal, *Ha'aretz*, 25. Feb. 1994; Israel Schahak, *From the Hebrew Press*, VI.5, Mai 1994.
[247] Peace Now, *The Real Map: A Demographic and Geographic Analysis of the Population of the West Band and Gaza Strip*, Report Nr. 5, Nov. 1992 (Übers. aus dem Hebräischen). Schiff, *Ha'aretz*, 2. April 1993; Israel Schahak, »Collection«, April 1993 (vgl. Anm. 239).
[248] Schragay, *Ha'aretz*, 9. u. 13. Juli 1993; übers. von Israel Schahak.
[249] Michael Jansen, *Middle East International*, 28. Aug. 1993.
[250] Details finden sich bei Awad Mansur, *Clever Concealment* (Palestine Human Rights Information Center, Jerusalem, Feb. 1994); der Bericht beruht weitgehend auf Mitteilungen und Dokumenten der israelischen Presse und Regierung.
[251] Coon, *Town Planning Under Military Occupation* (Al-Haq, Ramallah 1992), S. 158, 203, 193. Dazu auch der Wirtschaftswissenschaftler Ais-

ling Byrne, »West Bank road plans leave nothing to negotiate«, *Middle East International*, 25. Juni 1993.

[252] Ausführliche Einzelheiten bei Jossi Beilin, *Mehiro schel Ihud* (Revivim, 1985; Auszüge im Nachwort von *Deterring Democracy*).

[253] David Hoffman, »Israel's $10 Billion Nevermind«, *WP Weekly*, 21.-27. Juni; Julian Ozanne, Jerusalem, *FT*, 23. Sept. 1993.

[254] Friedman, *NYT*, 28. Juli 1991.

[255] Quandt, *Peace Process*, S. 573-576 (Anm.). Vgl. Chomsky, *Necessary Illusions*, Anh. IV.4; desgl. Nabeel Abraham, »The ›Conversion‹ of Chairman Arafat«, *American-Arab Affairs* 31, Winter 1989/90.

[256] Aharon Barnea, *Hadaschot*, 31. Jan. (Israel Schahak, Jerusalem, Report Nr. 116, 9. Feb. 1993). Mahanaimi, *Ha'olam Haze*, 1. Aug.; Amir Oren, *Davar*, 13. Aug. (Schahak, Report Nr. 121, 15. Aug.; *Middle East International*, 10. Sept. 1993).

[257] Nahum Barnea, *Jediot Ahronot*, 24. Feb. 1989.

[258] *Hadaschot*, 14. Feb.; Friedman, *NYT*, 12. März 1989.

[259] Eine anhand israelischer Presseberichte und persönlicher Erfahrungen verfaßte Darstellung der Intifada ist mein Aufsatz »Scenes from the Uprising«, *Z magazine*, Juli 1988; ferner *Necessary Illusions*, Anh. IV.2. Es gibt dazu eine umfangreiche Literatur, u. a. Z. Lockman und J. Beinin (Hg.), *Intifada* (South End, 1989); Joost Hiltermann, *Behind the Intifada* (Princeton, 1991); Patricia Strum, *The Women are Marching* (Lawrence Hill, 1992). Zu früheren Jahren vgl. die Darstellungen und Quellen in *Peace in the Middle East?*, *Fateful Triangle* und *TNCW*. Des weiteren Geoffrey Aronson, *Creating Facts* (Institute for Palestine Studies, 1987). Dazu kommen detaillierte Berichte in der israelischen Presse, die Berichte von Al-Haq und anderen Menschenrechtsgruppen und weitere Quellen.

[260] Zur Chronologie vgl. *Middle East Journal*, Frühjahr 1988; Anwalt Avigdor Feldman, *Hadaschot*, 1. Jan. 1988.

[261] Wahlplan der israelischen Regierung, Jerusalem, 14. Mai 1989; der offizielle Text wurde über die israelische Botschaft in Washington verteilt (»Israeli Government Election Plan«) und im *Journal of Palestine Studies* (Herbst 1989) abgedruckt. Einen Monat zuvor hatte der israelische Premierminister einen Vier-Punkte-Plan mit etwas anderen Bedingungen veröffentlicht. Vgl. *Jerusalem Post*, 14. April 1989. Kritisch dazu Norman Finkelstein, *Middle East Report (MERIP)*, #158, Mai/Juni 1989.

[262] Aaron David Miller, Mitglied des Politischen Planungsstabs im US-Außenministerium, Ansprache, Center for Strategic and International Studies, 7. Dez. 1989, einen Tag nach der offiziellen Verkündigung des Baker-Plans. *American-Arab Affairs* 31, Winter 1989/90. Auch andere

Teilnehmer lobten die »Initiative Schamirs vom 14. Mai«, erwähnten aber nur die Vorkehrungen für die Wahlen (Helena Cobban).

263 Thomas Friedman, *NYT*, 19. Okt. 1989. Zu Bakers Fünf-Punkte-Plan vgl. Daniel Williams, *LAT*, 29. Okt.; Pressemitteilung des US-Außenministeriums, 6. Dez.; Friedman, *NYT*, 7. Dez. 1989. Die wenigen Verweise auf Bakers Plan waren irreführend, weil die Bedingungen des Plans von Schamir und Peres, auf die er sich bezieht, in den Mainstream-Medien noch gar nicht erörtert worden waren. Quandt (*Peace Process*, S. 391) schreibt: »Der wichtigste dieser Punkte [des Baker-Plans] besagte, daß die Palästinenser jede Position, die sich auf den Friedensprozeß bezog, in die Verhandlungen einbringen konnten.« Das ist falsch: Der Plan beschränkte die Palästinenser explizit auf die Erörterung der Umsetzung der israelischen Vorschläge. Auch Quandt läßt die israelische Position unerwähnt. Zu dieser vgl. den Beitrag von Mattitjahu Peled in Phyllis Bennis und Michel Moushabeck (Hg.), *Altered States: a Reader in the New World Order* (Olive Branch Press, Interlink, 1993).

264 Lionel Barber und Alan Friedman, *FT*, 3. Mai 1991. AP, 20. Dez. 1989 u. 9. Feb. 1990. Die offizielle Antwort des US-Außenministeriums auf eine Anfrage von Senator Daniel Inouye, 26. Jan. 1990. Vgl. *Deterring Democracy*, Kap. 5 u. 6. Weitere Materialien in Alan Friedman, *Spider's Web* (Bantam Books, 1993).

265 *NYT*, 30. Okt. u. 22. Sept. 1991.

266 Atherton, »The Shifting Sands of Middle East Peace«, *Foreign Policy*, Frühjahr 1992. Ein weiteres bezeichnendes Beispiel dafür, was passiert, wenn lokale Akteure versuchen, eigene Pläne in die Tat umzusetzen, war das Schicksal des Friedensplans der mittelamerikanischen Präsidenten (der »Arias-Plan«), den die Regierung Reagan mit Mißfallen betrachtete. Konventionellerweise wird behauptet, der Plan sei erfolgreich umgesetzt worden. Das ist nachweislich falsch. Vielmehr konnten die USA ihn erfolgreich vereiteln, was zum großen Teil auch daran lag, daß die US-Medien sich weigerten, auch nur über die grundlegendsten Tatsachen zu berichten. Eine detaillierte Darstellung dieser Vorgänge findet sich in *The Culture of Terrorism, Necessary Illusions* und *Deterring Democracy*.

267 Cobban, *CSM*, 12. März; Lewis, *NYT*, 15. März 1991. Khalidi, *Journal of Palestine Studies*, Herbst 1991. Eine andere Sichtweise bieten meine Artikel im *Z magazine*, Okt. u. Dez. 1991.

268 Friedman, *NYT*, 4. Nov.; Haberman, *NYT*, 10. u. 17. Nov. 1991. Zu Friedmans Berichterstattung vgl. *Necessary Illusions*, bes. Anh. V.4.

269 James Bakers »Letter of Assurance to the Palestinians«, 18. Okt. 1991; Quandt, *Peace Process*, Anh. M.

[270] Gazit, *Jediot Ahronot*, April 1992, zit. n. Israel Schahak, *Middle East International*, 19. März 1993.
[271] *Hadaschot*, 12. Juli 1993.
[272] *Jediot Ahronot*, 11. Juni 1993.
[273] Zu Indyk vgl. Greg Sheridan, »Our Man in the White House«, *The Weekend Australian*, 30./31. Jan. 1993.
[274] Rubinstein, *New Outlook* (Tel Aviv), Jan./Feb. 1993; desgl. Julian Ozanne, *FT*, 15. Feb. 1993. Middle East Watch (New York), Bd. 5, Themenbereich 4, *Palestinian Deportees*, Aug. 1993. Akiva Eldar und Eitan Rabin, *Ha'aretz*, 31. Dez. 1992. Zum rechtlichen Hintergrund vgl. Angela Gaff, *An Illusion of Legality*, Occasional Paper Nr. 9, Al-Haq (Ramallah), 1993.
[275] Jaari, *NYT*, 27. Jan. 1993; Chaim Cooper, *Israel Schelanu* (amerik. Wochenzeitschrift in hebräischen Sprache), 22. Jan. 1993. Eine korrekte Darstellung gab Alexander Cockburn, *LAT*, 7. Feb. 1993.
[276] Peter Grier, *CSM*, 18. März 1993.
[277] Vgl. dazu *Peace in the Middle East?*, Kap. 5, sowie oben, Kap. 1.
[278] *NYT*, 31. Aug. 1993; Friedman fügt hinzu, daß diese westlichen Liberalen mittlerweile abtrünnig geworden seien. Zu weiteren Beispielen dieser Art vgl. *Letters from Lexington*, Kap. 18.
[279] Quandt, *Peace Process*, S. 266.
[280] Zu Details vgl. Montague Kern, *Television and Middle East Diplomacy: President Carter's Fall 1977 Peace Initiative* (Center for Contemporary Arab Studies, Georgetown, Occasional Papers Series, 1983). Vgl. auch *Necessary Illusions* (dt. *Media Control*, Europa Verlag, 2003), Kap. 4.
[281] Joel Brinkley, *NYT*, 8. Sept.; Cowell, 12. Dez. 1989.
[282] Clyde Haberman, *NYT*, 30. Aug. 1993.
[283] Vgl. u. a. Chomsky, *Pirates and Emperors*, Kap. 2; großenteils wiederabgedruckt in Edward Said und Christopher Hitchens, *Blaming the Victims* (Verso 1988). Das Buch erhielt, obwohl es kritisch war, tatsächlich einige Rezensionen, wobei mein Beitrag in der Mainstream-Presse bis hin zum *Journal of Palestine Studies* beträchtlichen Zorn auslöste. Vgl. auch *Necessary Illusions*, Anh. V.4; dort auch Quellen für das Folgende.
[284] Szep, *BG*, 3. Sept.; *NYT*, 5. Sept.; Friedman, *NYT* Week in Review, 5. Sept.; Sciolino, 12. Sept.; Lewis, 13. Sept. 1993. Die Beiträge beziehen sich auf die palästinensische Nationalcharta (vgl. dazu oben, Kap. 2, S. 84 f.), deren Geschichte noch interessante, bislang unaufgearbeitete Aspekte enthält.
[285] Quellen sind persönliche Interviews im Westjordanland, April 1988, Israel Schahaks regelmäßig erscheinende Berichte, persönliche Gespräche, israelische und palästinensische Quellen.

[286] Rubinstein, Schalev u. a., *Ha'aretz*, 24., 25. u. 27. Aug. 1993. Haetzni, *Ma'ariv*, 29. Aug. 1993.
[287] Toledano, Andoni, *Middle East International*, 28. Aug. 1993 (der Beitrag von Toledano übern. aus *Ha'aretz*, 13. Aug.).
[288] Youssef Ibrahim, *NYT*, 25. Aug. 1993. Zur Bandbreite der palästinensischen Reaktionen in den besetzten Gebieten, Flüchtlingslagern und anderswo vgl. Lamis Andoni, *CSM*, 30. Aug. u. 2. Sept.; Landoni, Julian Ozanne, James Whittington, *FT*, 1. Sept. 1993. Youssef Ibrahim, *NYT*, 30. Aug. 1993, konzentriert sich auf die »unter syrischer Vormundschaft in Damaskus lebenden« Palästinenser. Chris Hedges berichtete, daß »bei einem zweistündigen Rundgang [durch das Flüchtlingslager Becca in Jordanien] kein Photo oder Porträt des Vorsitzenden zu sehen war«; *NYT*, 10. Sept. 1993.
[289] Ein extremes Beispiel bietet die Titelgeschichte von Youssef Ibrahim in der *NYT Week in Review* vom 12. Sept., die poetische Evokation »eines Volks, das aus der Wildnis seiner eigenen Geschichte auftaucht ... und nun, definiert durch das Land, das sie [die Palästinenser] Heimat nennen ... zusammen mit ihren alten Feinden, den Israelis, in ein neues Zeitalter eintreten« – auch wenn sich nur der Geist »gewandelt hat, und nicht die Landkarten«.
[290] Harrison, *NYT*, 10. Sept.; Greenway, *BG*, 9. Sept. 1993 (Greenway ist Mitherausgeber des *Boston Globe*).
[291] *Jediot Ahronot*, 2. Sept.; Israel Schahak, »The Real Significance of the Oslo Agreement«, Report Nr. 125, 10. Sept. 1993. Anthony Flint, *BG*, 17. Sept. 1993.
[292] Kommentar, Beilin, Friedman, *NYT*, 31. Aug. 1993. Der Abkommensentwurf wurde in Israel von *Jediot Ahronot* veröffentlicht, 31. Aug.; die englische Version von der *NYT*, 1. Sept. 1993. Friedman, Interviews in der israelischen Presse, April 1988. Vgl. dazu *Necessary Illusions*, Anh. V.4, sowie *Letters from Lexington*, Kap. 18.
[293] Eine unmittelbare und meiner Ansicht nach richtige Interpretation bietet Edward Said, »Arafat's Deal«, *Nation*, 20. Sept. 1993; vgl. auch Schahak, »The Real Significance of the Oslo Agreement«.
[294] *NYT*, 10. Sept. 1993.
[295] Rafael Man hat in *Ma'ariv* vom 9. Sept. den Text präsentiert und erörtert. Eine Version der Nachrichtenagentur Reuters im *Boston Globe* beginnt mit den Worten: »Die Regierung Israels *und die PLO* ...«, wobei die hervorgehobenen Worte den in Israel und den USA veröffentlichten Texten hinzugefügt waren; *BG*, 19. Sept. 1993.
[296] Die Interpretation stammt von Azmi Bischara, Philosophieprofessor an der Universität Bir Zeit, im Rahmen einer scharfsinnigen Analyse des Abkommens; Radiointerview mit David Barsamian vom 21. Sept. 1993.

[297] *Davar*, 15. Sept. 1993.
[298] *Report on Israeli Settlement in the Occupied Territories* 3.5, Sept. 1993, Foundation for Middle East Peace. Efraim Davidi, *Davar*, 9. März; Schiff, *Ha'aretz*, 5. März; Fishman, *Hadaschot*, 5. März; Rubinstein, *Ha'aretz*, 5. März 1993. Diese und weitere Quellen zit. n. Israel Schahak, Report Nr. 118, 9. März 1993.
[299] Roy, »Separation or Integration«, *Middle East Journal* 48.1, Winter 1994.
[300] Alex Fishman u. a., *Hadaschot*, 19. Nov. 1993. *The Other Front* (Jerusalem), 23. Feb. 1994.
[301] Roy, *CSM*, 4. April 1994; Ford, *CSM*, 1. April; Clyde Haberman, *NYT*, 29. März 1994.
[302] AP, *BG*, 25. Feb. 1994. Usher, *Middle East International*, 18. März 1993. Frühere verdeckte Operationen seit 1988 werden in Berichten von Menschenrechtsorganisationen untersucht, z. B. Middle East Watch, *A License to Kill*, Aug. 1993.
[303] Benzamin, *Ha'aretz*, 3. u. 5. Sept.; vgl. Schahak, »The Real Significance of the Oslo Agreement«.
[304] Benzamin, *Ha'aretz*, 3. Dez. 1993.
[305] Oded Lifschitz, *Al Hamischmar*, 14. Sept.; Gazit, *Ha'aretz*, 8. Sept. 1993.
[306] Peres, *Moked* (TV), 1. Sept.; zit. n. *News from Within* (Jerusalem), 5. Sept. Interview mit Rabin, *Jerusalem Post International Edition*, 16. Okt.; *Jediot Ahronot*, 3. Okt. 1993.
[307] Nathan Krystall, *News from Within*, Okt. 1993. Clyde Haberman, *NYT*, 17. Nov.; Joel Greenberg, *NYT*, 26. Nov.; Aruri, *CSM*, 29. Dez. 1993.
[308] Hillel Cohen, »There is smoke, there is fire«, *Kol Ha'ir*, 12. Nov.; Zvi Gilat, »Burning and crying«, *Jediot Ahronot*, 9. Nov.; Amit Gurevitz, *Ha'olam Haze*, 17. Nov. Mosche Zigadon, *Jeruschalajim*, 15. Okt. 1993. Schahak, *WP*, 13. April 1994.
[309] Torpschtein, *Ha'aretz*, 22. Nov. 1993; Denkner, *Ha'aretz*, 9. Jan. 1994 (übers. von Israel Schahak); Ford, *CSM*, 16. März 1994. Zu Greueltaten von Siedlern in Hebron seit Mitte der siebziger Jahre vgl. *Fateful Triangle*, S. 270, sowie die Verweise in Anm. 263.
[310] Greenberg, *NYT*, 3. April 1994, ebenso 11. u. 22. März. Horovitz, *FT*, 24. März 1994.
[311] Clyde Haberman, *NYT*, 25. März; Graham Usher, *Middle East International*, 1. April 1994.
[312] Clyde Haberman, *NYT*, 11. April; AP, *BG*, 11. April 1994.
[313] Peter Ford, *CSM*, 16. März 1994. B'Tselem, *The Interrogation of Palestinians During the Intifada*, März 1992. Bericht und Pressemitteilung des Internationalen Roten Kreuzes von 1992 zit. n. Briefing Paper,

Lawyers Committee for Human Rights, Middle East, 23. Feb. 1993. Zur Situation allgemein vgl. Emma Playfair (Hg.), *International Law and the Administration of Occupied Territories: two decades of Israeli occupation of the West Bank and Gaza Strip* (Clarendon Press, Oxford 1992).

[314] Baram, *Middle East International*, 1. April; Alon Hadar, *Kol Ha'ir*, 18. März 1994.

[315] *Report*, Nov. 1993; Bill Hutman, *Jerusalem Post* 12. Okt. u. 11. Nov.; AP, *BG*, 21. Okt.; Esther Goldberscht, *Ma'ariv*, 21. Okt. 1993. Gur, *Jerusalem Post*, 18. Okt., zit. n. Jan de Jong und John Tyler, *Challenge* (Israel), Nov./Dez. 1993.

[316] Sela, *Davar*, 30. Nov. (übers. von Israel Schahak); Bill Hutman, *Jerusalem Post*, 21. Dez. 1993.

[317] De Jong und Tyler, op. cit.; *Hadaschot*, 8. Okt.; Jair Fidel, *Hadaschot* (Beilage), 29. Okt. 1993.

[318] Nirit Zach, »New immigrants directed to the settlements«, *Hadaschot*, 21. Nov. 1993. In *Challenge* (Jan./Feb. 1994) Zitate aus einer israelischen Radiosendung vom 11. Jan. und aus *Jediot Ahronot* vom 12. Jan. *Report on Israeli Settlements*, Feb. 1994. Gur, ebd., und Peter Ford, *CSM*, 18. März 1994. Rabin, *Ha'aretz*, 9. Dez. 1993. Vgl. auch *Clever Concealment*.

[319] Jerach Tal u. a., *Ha'aretz*, 24. Dez. 1993. *Report on Israeli Settlement*, März 1994, dort Zitat aus *Jediot Ahronot* vom 20. Aug. 1993.

[320] Lewis, *NYT*, 16. Sept. 1993.

[321] *NYT*, 10. Sept. 1993; *Jewish Post*, 18. Dez. 1991.

[322] Rubinstein, *Ha'aretz*, 30. Aug., wiederabgedr. in *The Other Front* (Jerusalem), 1. Sept. 1993. *FT*, 4. Sept. 1993.

[323] Richard Bernstein, »For Jews in America, a Time For New Hope and New Fear«; Rosenthal, *NYT*, 3. Sept. Safire, *NYT*, 2. Sept. 1993.

[324] Lamis Andoni, *CSM*, 2. Sept. 1993.

[325] Israelisches Verteidigungsministerium, *Jerusalem Post*, 15. Feb. 1985, zit. n. Coon, op. cit., S. 30.

[326] *Davar*, 17. Feb. 1993 (übers. von Zachary Lockman); *Middle East Report (MERIP)*, Sept./Okt. 1993.

[327] Peter Waldman und Robert Greenberger, »Palestinians Stay in Israel's Orbit Under Accord; Arab States Locked Out of Near-Captive Market«, *WSJ*, 2. Mai; »Framework for Peace«, *NYT*, 5. Mai; Marlise Simons, *NYT*, 30. April; Thomas Friedman, *NYT*, 3. Mai; Ozanne, *FT*, 5. Mai; Andoni, *CSM*, 5. Mai; Clyde Haberman, *NYT*, 26. April; Ibrahim, *NYT*, 6. Mai; Ozanne, *FT*, 4. Mai 1994.

[328] Steven Greenhouse, *NYT*, 30. Sept. 1993.

[329] *News from Within*, Alternative Information Center, Jerusalem, 5. Aug. 1993.

Editorische Nachbemerkung

Der Text dieses Buchs ist eine Kompilation aus zwei Publikationen Noam Chomskys: Die Einführung sowie die Kapitel 1 bis 3 entsprechen den Kapiteln 1 bis 3 und 7 aus *Fateful Triangle* (1983; 2., aktualisierte Aufl. 1999), Kapitel 4 ist der dritte Teil von *World Orders Old and New* (1994), dessen erste zwei Teile bereits unter dem Titel *Neue Weltordnungen* im Europa Verlag erschienen sind. Zusammen mit *Offene Wunde Nahost*, der ersten Teilübersetzung von *Fateful Triangle* gibt dieser Band Chomskys Sichtweise der Genese und Fortschreibung des Nahostkonflikts in umfassender Weise wieder, wobei *Keine Chance für Frieden* sich vor allem auf die Entstehung der >besonderen Beziehung< zwischen Israel und den USA sowie den Friedensprozeß, der zu den Osloer Verträgen führte, konzentriert und damit die aus Chomskys Sicht verfehlte, weil einseitig auf Machtpolitik beruhende, Nahostdiplomatie der Vereinigten Staaten dokumentiert. Obwohl die Kapitel – abgesehen vom Vorwort – älteren Datums sind, haben sie an Aktualität nichts eingebüßt. Gerade jetzt, nach dem Tod des langjährigen, von den USA und Israel (um das mindeste zu sagen) wenig geliebten Palästinenserführers, muß sich erweisen, ob er tatsächlich nicht nur die treibende Kraft, sondern, wie von den Gegnern noch in den Nachrufen behauptet, auch das eigentliche Hindernis auf dem Weg zum Palästinenserstaat war, von dem immer noch niemand wirklich weiß, wie er, sollte es, wann auch immer, zur Gründung kommen, geographisch und politisch beschaffen sein wird.

Michael Haupt
Januar 2005

Kurze Chronologie des Nahost-Konflikts (1880-2005)

Ab 1880
Beginn der ersten jüdischen Einwanderungswelle (*Alija*), mit der vor allem durch Pogrome verfolgte Juden aus Osteuropa in Palästina eintreffen.

29.-31. August 1897
Erster Zionistenkongreß in Basel. Theodor Herzl (*Der Judenstaat*, 1896), der Begründer des Zionismus, fordert >eine gesicherte Heimstätte< in Palästina für das jüdische Volk.

6./7. April 1903
Massaker an Juden in Kischinjow (Bessarabien; heute Hauptstadt Moldawiens); 45 Tote.

Ab 1904
Beginn der zweiten Einwanderungswelle. In Rußland verfolgte und diskriminierte Juden wandern nach Palästina aus.

April 1909
Gründung von Tel Aviv.

Mai 1916
Sykes-Picot-Abkommen zwischen Frankreich und Großbritannien, das die Teilung Palästinas vorsieht.

2. November 1917
Deklaration des britischen Außenministers Balfour. Die britische Regierung unterstützt die politischen Ziele der zionistischen Bewegung. Das führt zu einer intensivierten zionistischen Aufbauphase und Widerständen in der arabischen Bevölkerung.

7. November 1918
Briten und Franzosen sichern der arabischen Bevölkerung die Unabhängigkeit zu, äußern sich jedoch nicht zur politischen Zukunft Palästinas.

Januar 1919
Beginn der dritten *Alija*. In einem Abkommen vereinbaren Chaim Weizmann und der Haschimitenführer Faisal Ibn Hussein eine enge Zusammenarbeit.

19.-26. April 1920
Als Ergebnis der Konferenz von San Remo werden Palästina, Transjordanien und der Irak Mandatsgebiete von Großbritannien und Syrien, während Frankreich der Libanon übertragen wird.

1. Juli 1920
Beginn der britischen Zivilverwaltung in Palästina. Dort leben jetzt 600 000 Palästinenser und 70 000 Juden.

Mai 1921
Antibritischer Aufstand der Araber in Palästina.

15. Mai 1923
Die Briten trennen das Ostjordanland als >Emirat Transjordanien< von Palästina ab.

1924
Beginn der vierten *Alija*.

August 1929
16. Zionistenkongreß in Zürich. Gründung der *Jewish Agency for Palestine* als Interessenvertretung der palästinensischen Juden gegenüber der britischen Mandatsregierung.
Schwere antijüdische Unruhen in Palästina, die laut einer Kommission des Völkerbunds in der zionistischen Siedlungsbewegung begründet liegen. Allein in Hebron werden 60 Juden umgebracht.

Ab 1929
Fünfte Alija. Seit 1933 zunehmende Auswanderung deutscher Juden, vor allem aufgrund der Verfolgung durch das NS-Regime.

April 1936
Beginn des arabischen Aufstands in Palästina nach der Zerschlagung einer gegen die Briten gerichteten Massendemonstration in Jaffa. Der Aufstand währt (mit Unterbrechungen) bis 1939.

Mai 1939
Änderung der britischen Palästina-Politik. Vorgesehen sind die Unabhängigkeit Palästinas und die Beschränkung der jüdischen Einwanderung.

Ab 1942
Die Wannsee-Konferenz wird zum Ausgangspunkt für die umfassende und systematische Vernichtung (Schoah) des europäischen Judentums durch die Nationalsozialisten.

6.-11. Mai 1942
Zionistische Biltmore-Konferenz in New York. Gefordert werden u. a. die Aufhebung der britischen Einwanderungsbeschränkungen vom Mai 1939 und ein jüdisches Gemeinwesen in Palästina.

22. März 1945
Gründung der Arabischen Liga in Kairo.

22. März 1946
Ende der britischen Mandatsherrschaft in Transjordanien.

25. Mai 1946
Das >Emirat Transjordanien< wird unter König Abdallah I. zum >Haschimitischen Königreich Jordanien<.

22. Juli 1946
Extremistische Zionisten verüben einen Sprengstoffanschlag auf das King-David-Hotel in Jerusalem (Sitz der britischen Mandatsverwaltung). Es gibt 90 Tote.

18. Februar 1947
Großbritannien bringt die Palästina-Frage vor die Vereinten Nationen. Auf wachsenden internationalen Druck hin entschließt sich die britische Regierung, ihr Mandat niederzulegen.

29. November 1947
Die UN-Vollversammlung verabschiedet die Resolution 181 (II), in der die Teilung Palästinas in einen jüdischen und einen arabischen Staat sowie die Internationalisierung Jerusalems vorgesehen wird. Da der jüdische Staat mehr als 56 Prozent der Gesamtfläche Palästinas umfassen soll, wird der Teilungsplan von den arabischen Staaten abgelehnt. In der Folge kommt es zu bewaffneten Auseinandersetzungen zwischen Juden und Palästinensern.

18. Dezember 1947
Vergeltungsoperation der jüdischen Palmach gegen das palästinensische Dorf Khissas (10 Tote).

9. April 1948
Massaker von Deir Jassin durch die zionistischen Untergrundorganisationen Irgun und LEHI (Stern-Gruppe). Über 250 Dorfbewohner werden umgebracht. Beginn einer massenhaften Flucht und Vertreibung von Palästinensern.

14. Mai 1948
Proklamation des Staates Israel durch David Ben-Gurion.

15. Mai 1948
Einmarsch arabischer Truppen in israelisches Territorium; Beginn des ersten Arabisch-Israelischen Kriegs.

11. Dezember 1948
Verabschiedung der UN-Resolution 194, die für die palästinensischen Flüchtlinge das Recht auf Rückkehr oder Entschädigung vorsieht.

15. Januar 1949
Sieg Israels im ersten Arabisch-Israelischen Krieg. Israel kontrolliert 77 Prozent der Gesamtfläche Palästinas. Über 650 000 palästinensische Araber werden zu Flüchtlingen, die sich zumeist im Gaza-Streifen niederlassen, der ägyptischer Militärverwaltung unterstellt wird.

11. Mai 1949
Israel wird Mitglied der Vereinten Nationen.

8. Dezember 1949
Gründung des UN-Hilfswerks für Palästina-Flüchtlinge im Nahen Osten (UNRWA).

6. Januar 1950
David Ben-Gurion erklärt Jerusalem (das zwischen Israel und Jordanien geteilt ist) zur Hauptstadt Israels.

20. Juli 1951
Ermordung König Abdallahs von Jordanien durch einen Palästinenser.

Oktober 1953
Vergeltungsaktion der von Ariel Scharon kommandierten >Einheit 101< gegen das palästinensische Dorf Qibija.

26. Januar 1954
Mosche Scharett Nachfolger Ben-Gurions als Ministerpräsident (bis Juni 1955).

28. Februar 1955
Israelischer Militärangriff gegen den Gaza-Streifen.

28. Oktober 1956
Massaker von Kafr Kassem; 49 Palästinenser werden von israelischen Soldaten erschossen.

29. Oktober-8. November 1956
Zweiter Arabisch-Israelischer Krieg. Nach der Verstaatlichung des Suezkanals durch den ägyptischen Staatspräsidenten Gamal-Abdel Nasser besetzen israelische Truppen (in Absprache mit Großbritannien und Frankreich) den Gaza-Streifen und die Sinai-Halbinsel (Sinai-Feldzug).

März 1957
Abzug der israelischen Truppen aufgrund eines US-amerikanisch/sowjetischen Ultimatums.

September/Oktober 1959
Jassir Arafat gründet mit Khalil al-Wazir (Abu Dschihad) die Organisation Al-Fatah.

28. Mai-2. Juni 1964
Gründung der PLO (Palästinensische Befreiungsorganisation) in Ostjerusalem.

1. Dezember 1965
Teddy Kollek wird Bürgermeister von Jerusalem

16. Mai 1967
Nasser erzwingt den Abzug der UN-Friedenstruppen aus dem Sinai und dem Gaza-Streifen.

5.-10. Juni 1967
Dritter Arabisch-Israelischer Krieg (Junikrieg, Sechstagekrieg). Israel besetzt den Gaza-Streifen, das Westjordanland, die Halbinsel Sinai bis zum Suezkanal, die syrischen Golanhöhen und Ostjerusalem. In der Folge verstärken Al-Fatah und andere radikale Palästinenserorganisationen ihre Angriffe gegen Israel.

28. Juni 1967
Annektion Ost-Jerusalems durch Israel; scharfe internationale Proteste.

22. November 1967
Verabschiedung der UN-Resolution 242, in der Israel zum Rückzug aus den besetzten Gebieten und zu einer gerechten Regelung der Flüchtlingsproblematik aufgefordert wird.

1.-4. Feruar 1969
Fünfte Sitzung des Palästinensischen Nationalrats in Kairo. Arafat wird zum Vorsitzenden der PLO gewählt.

17.-29. September 1970
Bürgerkrieg in Jordanien (Schwarzer September). Die palästinensischen Aktivisten versuchen, einen Staat im Staate zu schaffen und werden daraufhin von jordanischen Truppen vertrieben. Die Guerillakämpfer verlegen ihre Stützpunkte in den Libanon.

20. September 1970
Tod Nassers. Nachfolger als ägyptischer Ministerpräsident wird Anwar as-Sadat.

August 1973
Die politischen Organisationen der Palästinenser in den von Israel besetzten Gebieten schließen sich zur Palästinensischen Nationalen Front zusammen.

6.-25. Oktober 1973
Vierter Arabisch-Israelischer Krieg (Jom-Kippur-Krieg), ausgelöst durch Angriffe ägyptischer und syrischer Truppen. Der UN-Sicher-

heitsrat fordert in der Resolution 338 die sofortige Feuereinstellung und die Umsetzung der Resolution 242.

21. Dezember 1973 - 9. Januar 1974
Nahostfriedenskonferenz in Genf unter der Schirmherrschaft der Vereinten Nationen.

Anfang Juni 1974
Die PLO zeigt erstmals Bereitschaft, eine teilstaatliche Lösung für einen zukünftigen palästinensischen Staat zu akzeptieren.

3. Juni 1974
Jitzhak Rabin wird Ministerpräsident Israels.

28.-30. Oktober 1974
Arabische Gipfelkonferenz in Rabat. Die PLO wird als einzig legitime Vertreterin des palästinensischen Volks anerkannt.

13. November 1974
Rede Jassir Arafats vor der UN-Vollversammlung.

22. November 1974
Die UN-Vollversammlung fordert in der Resolution 3236 die Anerkennung des Rechts der Palästinenser auf nationale Souveränität und Unabhängigkeit.

April 1975
Beginn des Bürgerkriegs im Libanon (bis 1990).

März 1976
Schwere Unruhen im Westjordanland, die sich gegen die israelische Besatzung richten.

10. September 1976
Der israelische Außenminister Jigal Allon legt den Allon-Plan vor.

17. Mai 1977
Machtwechsel in Israel. Die Arbeiterpartei verliert die Macht an eine konservative Koalition unter Führung des Likud-Blocks. Neuer Ministerpräsident ist Menachem Begin, Außenminister (bis 1979) Mosche Dajan.

November 1977
Friedensoffensive des ägyptischen Staatspräsidenten Anwar as-Sadat.

Dezember 1977
Kairoer Friedenskonferenz, an der Israel, Ägypten und die USA teilnehmen.

15. März 1978
Nach dem Anschlag palästinensischer Guerillas auf einen israelischen Bus besetzt die israelische Armee den Südlibanon.

19. März 1978
Der UN-Sicherheitsrat verabschiedet die Resolution 425, in der Israel zum Rückzug aus dem Libanon aufgefordert wird.

8. April 1978
Gründung der israelischen Friedensorganisation Schalom Achschav (Peace Now, Frieden jetzt).

13. Juni 1978
Rückzug Israels aus dem Libanon. Im Südlibanon wird ein von Major Saad Haddad geführtes Regime der Rechts-Milizen errichtet und von Israel unterstützt.

17. September 1978
Unterzeichnung des Abkommens von Camp David durch Ägypten, Israel und die USA. Ausgehandelt wurden Rahmenbedingungen zur Lösung des Nahostkonflikts und eines israelisch-ägyptischen Friedensvertrags.

10. Dezember 1978
Verleihung des Friedensnobelpreises an Menachem Begin und Anwar as-Sadat.

26. März 1979
Der Friedensvertrag zwischen Israel und Ägypten wird in Washington unterzeichnet. Israel verpflichtet sich zur Räumung der Sinai-Halbinsel bis zum 25. April 1982.

1. März 1980
Einstimmige Verurteilung der israelischen Siedlungspolitik in den besetzten Gebieten durch den UN-Sicherheitsrat.

6. Oktober 1981
Sadat wird in Kairo von islamistischen Extremisten ermordet. Neuer ägyptischer Staatspräsident wird Hosni Mubarak.

14. Dezember 1981
Die Knesset beschließt die juristische Annektion der Golanhöhen.

Juni 1982
Fünfter Arabisch-Israelischer Krieg (Libanonkrieg). Die israelische Armee marschiert in den Libanon ein, um die PLO militärisch und politisch zu zerschlagen.

6. September 1982
Größte Friedensdemonstration in der Geschichte Israels.

14. September 1982
Noch vor seinem Amtsantritt wird der libanesische Staatspräsident Baschir Gemayel von (offiziell) unbekannten Attentätern ermordet.

16./17. September 1982
Phalangisten (christliche Milizen) verüben in den palästinensischen Flüchtlingslagern Sabra und Schatila (Ost-Beirut) ein Massaker.

23. September 1982
Amin Gemayel wird libanesischer Staatspräsident.

8./9. Dezember 1987
Beginn des palästinensischen Volksaufstands gegen die israelische Besatzung (>Erste Intifada<).

31. Juli 1988
Jordanien verzichtet auf seinen Souveränitätsanspruch auf das Westjordanland.

15. November 1988
In Algier proklamiert der Palästinensische Nationalrat einen unabhängigen palästinensischen Staat in den von Israel besetzten Gebieten.

2. August 1990
Einmarsch irakischer Truppen in Kuwait.

17. Januar - 28. Februar 1991
Zweiter Golfkrieg. Streitkräfte westlicher Alliierter unter Führung der USA beenden die irakische Besetzung Kuwaits.

30. Oktober - 1. November 1991
Madrider Friedenskonferenz unter der Schirmherrschaft der USA und der Sowjetunion, an der mit Ausnahme der PLO (die auf israelischen Druck hin ausgeschlossen wurde) alle am Nahostkonflikt beteiligten Parteien (Israel, Syrien, Libanon sowie eine jordanisch-palästinensische Delegation) teilnehmen.

23. Juni 1992
Sieg der Mitte-Links-Koalition bei den israelischen Parlamentswahlen. Ministerpräsident wird Jitzhak Rabin, Außenminister Schimon Peres.

Ab Januar 1993
Geheimverhandlungen zwischen Israel und der PLO (Oslo-Kanal).

25. Juli 1993
Nach Attacken von palästinensischen Guerillas auf israelische Truppen im Südlibanon antwortet Israel mit schweren Luftangriffen auf den Libanon. Am 31 Juli kommt es nach US-amerikanischen Vermittlungen zum Waffenstillstand.

13. September 1993
Unterzeichnung der Osloer Prinzipienerklärung (Grundlage zur Errichtung einer palästinensischen Selbstverwaltung in den besetzten Gebie-

ten) durch den PLO-Vertreter Machmud Abbas und Israels Außenminister Schimon Peres. Handschlag zwischen Arafat und Rabin vor dem Weißen Haus.

13. Oktober 1993
Nachdem die Knesset und der Zentralrat der PLO der Prinzipienerklärung zugestimmt haben, beginnen israelisch-palästinensische Verhandlungen über die Selbstverwaltung des Gaza-Streifens und Jerichos.

2. November 1993
Nachfolger Teddy Kolleks als Bürgermeister von Jerusalem wird Ehud Olmert.

25. Februar 1994
Massaker in Hebron: Der jüdische Siedler Baruch Goldstein erschießt 29 Palästinenser.

April 1994
Anschläge der Hamas und des Islamischen Dschihad in Israel. Daraufhin Abriegelung der besetzten Gebiete.

4. Mai 1994
Unterzeichnung des Oslo-I-Abkommens durch Arafat und Rabin.

2. Juli 1994
Arafat errichtet im Gaza-Streifen die erste palästinensische Selbstverwaltung.

26. Oktober 1994
Unterzeichnung des Friedensvertrags zwischen Israel und Jordanien.

10. Dezember 1994
Verleihung des Friedensnobelpreises an Jassir Arafat, Jitzhak Rabin und Schimon Peres.

24. September 1995
Vereinbarung der erweiterten palästinensischen Selbstverwaltung im Oslo-II-Abkommen.

4. November 1995
Ermordung Jitzhak Rabins durch einen israelischen Extremisten.

20. Januar 1996
Wahlen zum Palästinensischen Legislativrat im Westjordanland und im Gaza-Streifen. Arafat wird Präsident.

Februar/März 1996
Anschläge von Hamas und dem Islamischen Dschihad durch Selbstmordattentäter.

11. - 27. April 1996
Israelische Operation gegen Hisbollah-Milizen im Südlibanon. In Kana werden über 100 Zivilisten getötet.

29. Mai 1996
Der Vorsitzende des Likud, Benjamin Netanjahu, wird neuer Ministerpräsident Israels.

2. August 1996
Die israelische Regierung beschließt die Aufhebung des Baustopps für jüdische Siedlungen in den Palästinensergebieten.

26. Februar 1997
Ein israelischer Kabinettsausschuß beschließt den Bau der Siedlung Har Homa südlich von Jerusalem. Es kommt zu längerwährenden Unruhen.

1. April 1998
Das israelische Kabinett akzeptiert die Resolution 425 des UN-Sicherheitsrats, in der die vollständige Räumung libanesischen Staatsgebiets gefordert wird.

13. Oktober 1998
Nach dem Rücktritt von David Levi wird Ariel Scharon israelischer Außenminister.

17. Mai 1999
Ehud Barak (Vorsitzender der Arbeiterpartei) wird zum neuen Ministerpräsidenten Israels gewählt.

20.-24. Mai 2000
Rückzug der israelischen Armee aus dem Südlibanon.

11.-25. Juli 2000
Verhandlungen zwischen Barak und Arafat in Camp David, die ergebnislos abgebrochen werden.

28. September 2000
Der Besuch Ariel Scharons auf dem Tempelberg in Jerusalem führt zum Ausbruch der Zweiten Intifada (>Al-Aqsa-Intifada<).

20. Januar 2001
George W. Bush wird neuer Präsident der USA.

6. Februar 2001
Der Likud-Block unter Ariel Scharon erhält bei den Parlamentswahlen in Israel die Mehrheit.

7. März 2001
Amtsantritt der israelischen Regierung unter Ministerpräsident Scharon,

der eine Koalition mit der Arbeiterpartei eingegangen ist. Außenminister wird Schimon Peres.

21. Mai 2001
Abschlußbericht der von Ex-Senator George Mitchell (USA) geführten Untersuchungskommission über die Ursachen der Gewaltwelle im Nahen Osten. Forderungen: Die Israelis sollen den Ausbau der Siedlungen stoppen, die Palästinenser gegen Gewalt und Terror vorgehen.

11. September 2001
Anschlag islamischer Extremisten auf das World Trade Center in New York und das Pentagon. Israelische Truppen rücken in Dschenin und Jericho ein.

26. September 2001
Arafat und Peres treffen sich zu Gesprächen über die Verwirklichung des Waffenstillstands.

7. Oktober - 13. November 2001
Unter britischer und amerikanischer Führung Angriffe der Nordallianz auf Afghanistan. Vertreibung der Taliban-Milizen. Einsetzung von Hamid Karzai als Interimspräsident.

10. November - 12. Dezember 2001
Neue Welle der Gewalt in Israel und Palästina, vor allem durch Selbstmordattentate von Hamas-Aktivisten.

3. Januar 2002
Israel bringt im Roten Meer ein Schiff auf, die *Karine-A*, die israelischen Angaben zufolge Waffen vom Iran zum Gaza-Streifen bringen sollte. Der amerikanische Sondergesandte Zinni trifft in Israel ein, um Gespräche mit Scharon und Arafat zu führen.

18. Januar 2002
Die israelische Armee umstellt Arafats Amtssitz in Ramallah mit Panzern.

24. Februar 2002
Friedensplan des saudischen Kronprinzen Abdallah für eine Normalisierung der israelisch-palästinensischen Beziehungen. Vorgesehen ist u. a. der Rückzug Israels auf auf die Positionen vor dem Sechstagekrieg von 1967.

27. Februar - 14. März 2002
Nach partieller Wiederbesetzung der Flüchtlingslager Dschenin und Balata durch israelische Truppen erneute Gewaltausbrüche. Am 4. März Beginn massiver israelischer Bombardements, vor allem im Gaza-Streifen.

27. März - 21. April 2002
Hamas-Selbstmordattentat in Netanja, bei dem 28 Israelis sterben. Scharon ordnet massive Vergeltung an (>Operation Defensive Wall<). Partielle Zerstörung von Arafats Amtssitz; zahlreiche Opfer bei der Besetzung der Flüchtlingslager von Nablus und Dschenin. Palästinenser sprechen von einem Massaker. Weitere Selbstmordattentate der Hamas.

29. März 2002
Verabschiedung des saudischen Friedensplans durch die Arabische Liga auf dem Gipfeltreffen in Beirut.

2. Mai 2002
Nachdem Arafat der Verhaftung von fünf PFLP-Aktivisten zugestimmt hat, kann er seinen zerstörten Amtssitz verlassen.

17. Juni 2002
Israelische Truppen beginnen mit der Errichtung einer Sperranlage (>Mauer<) im Norden der Westbank.

24. Juni 2002
Präsident Bush stellt seinen Nahost-Friedensplan vor: Die Israelis sollen den Ausbau jüdischer Siedlungen in den besetzten Gebieten stoppen, die Palästinenser ihre politische Führung auswechseln.

18./19. September 2002
Nach zwei weiteren islamistischen Selbstmordattentaten wird Arafats Amtssitz bis auf das Büro zerstört; in vielen palästinensischen Städten Ausgangssperre. Massenproteste im Westjordanland.

4. November 2002
Die Arbeiterpartei verläßt nach einem Streit über die Unterstützung von Siedlungen die Koalition mit Scharon, der vorgezogene Neuwahlen ankündigt.

5. Januar 2003
Zwei simultane Selbstmordattentate in Tel-Aviv. Israel antwortet mit Angriffen auf Ziele im Gaza-Streifen.

28. Januar 2003
Wahlsieg des Likud-Blocks in Israel; Scharon bildet Koalition mit rechtsgerichteten Parteien.

20. März 2003
Beginn des von den USA und Großbritannien geführten Kriegs gegen den Irak. Eroberung Bagdads am 9. April, Kapitulation von Tariq Aziz am 25. April.

29. April 2003
Das palästinensische Parlament wählt den Reformpolitiker Machmud Abbas zum neuen Ministerpräsidenten und billigt sein Kabinett.

30. April 2003
Die Regierung Bush lanciert als Nahost-Friedensplan die >Roadmap<, die in drei Phasen zu einer dauerhaften Zwei-Staaten-Lösung führen soll. (1. Unterbindung aller Angriffe auf Israel sowie Rückzug der Israelis aus allen seit September 2000 besetzten Gebieten. 2. Konferenz, die zur Gründung eines palästinensischen Staats führen soll. 3. Endgültige Klärung von Statusfragen.)

25. Mai 2003
Das israelische Kabinett billigt mit knapper Mehrheit die >Roadmap<, lehnt ein Rückkehrrecht für palästinensische Flüchtlinge jedoch ab.

3. Juni 2003
Treffen von Bush mit Scharon und Abbas in Aqaba.

6. Juni 2003
Die Hamas bricht die Gespräche mit Abbas über den Friedensplan ab, weil dieser gegenüber Scharon und Bush zuviele Zugeständnisse gemacht habe.

19. Juni 2003
Im Westjordanland beginnt die israelische Armee mit der Räumung einer illegalen jüdischen Siedlung.

29. Juni 2003
Hamas und Islamischer Dschihad rufen eine vorläufige dreimonatige Waffenruhe aus. Bedingung: Einstellung aller israelischen Operationen gegen diese Organisationen und Aufhebung der Blockaden in den Palästinensergebieten. In der Nacht zum 30. Juni beginnt die israelische Armee mit dem Rückzug ihrer Truppen aus dem Gaza-Streifen.

31. Juli 2003
Fertigstellung des ersten Abschnitts der Sperranlage an der Grenze zum Westjordanland. Die Mauer soll, so die israelische Regierung, der Sicherheit Israels vor allem gegen Sprengstoffattentäter dienen.

August 2003
Wiederholt gezielte Raketenangriffe der israelischen Armee im Gazastreifen auf Führer der radikalen Hamas-Bewegung. Daraufhin geht die Führung in den Untergrund.

3. September 2003
Arafat bezeichnet in einem Interview die >Roadmap< wegen der ständigen Militärangriffe Israels für gescheitert.

6. September 2003
Rücktritt des (gemäßigten) palästinensischen Ministerpräsidenten Machmud Abbas wegen ständiger Konflikte mit Jassir Arafat. Nachfolger ist Achmed Kurei.

11. September 2003
Nach mehreren Selbstmordanschlägen palästinensischer Attentäter fordern Mitglieder der israelischen Regierung mit zunehmendem Nachdruck die Ausweisung Arafats, der das Sicherheitskabinett am Abend zustimmt. Die Entscheidung trifft weltweit auf Ablehnung.

15. September 2003
Im UN-Sicherheitsrat scheitert eine Resolution, in der Israel aufgefordert wird, die Entscheidung zur Ausweisung Arafats zurückzunehmen, am Veto der USA.

19. September 2003
Die UN-Vollversammlung stimmt einer Resolution, Israel solle nicht mit der Ausweisung Arafats drohen, zu (133 Ja-Stimmen, 4 Nein-Stimmen, 15 Enthaltungen).

4. Oktober 2003
Selbstmordattentat einer Palästinenserin in einem Restaurant in Haifa. 19 Israelis sterben, 55 werden verwundet. Neue Drohungen gegen Arafat.

7. Oktober 2003
Vereidigung einer palästinensischen Notstandsregierung unter Achmed Kurei.

10. Oktober 2003
Einsatz der israelischen Armee gegen das Flüchtlingslager Rafah. Sieben Palästinenser sterben, ca. 40 werden schwer verwundet.

20. Oktober 2003
Weiterhin Einsätze der israelischen Luftwaffen gegen Hamas-Mitglieder im Gazastreifen.

3. November 2003
Bei einer Umfrage unter EU-Bürgern halten 59 Prozent der Befragten (Deutschland: 65 Prozent) Israel für eine größere Bedrohung für den Weltfrieden als Nordkorea und den Iran.

15. November 2003
Bei Anschlägen auf zwei Synagogen in Istanbul sterben an die 20 Personen.

26. November 2003
In London treffen sich israelische und palästinensische Politiker zu zweitägigen Friedensgesprächen.

1. Dezember 2003
Verabschiedung der >Genfer Friedensinitiative< für den Nahen Osten, die allerdings kein offizielles Dokument darstellt und von Arafat und der Fatah ebenso abgelehnt wird wie von der israelischen Regierung.

8. Dezember 2003
Die UN-Vollversammlung hat den Internationalen Gerichtshof eingeschaltet, der die Rechtmäßigkeit der von Israel errichteten Trennmauer untersuchen soll.

2. Februar 2004
Ariel Scharon plant die Räumung sämtlicher jüdischer Siedlungen im Gazastreifen.

11. Februar 2004
Bei einer israelischen Militäraktion im Gazastreifen sterben 15 Palästinenser. Die Aktion richtete sich gegen Mitglieder der Hamas.

18. Februar 2004
Protest mehrerer tausend Siedler in Jerusalem gegen Räumungspläne der Regierung.

22. Februar 2004
Bei einem Selbstmordanschlag in einem Jerusalemer Bus sterben neun Israelis. Daraufhin wurde das Haus der Familie des Attentäters von der israelischen Armee zerstört.

14. März 2004
Scharons Pläne zum Rückzug aus dem Gazastreifen stoßen im israelischen Kabinett auf starken Widerstand.

22. März 2004
Der Hamas-Führer Achmed Jassin ist bei einem gezielten Angriff der israelischen Luftwaffe im Gazastreifen getötet worden. Die Aktion stößt international auf Zurückhaltung bis Kritik.

14. April 2004
US-Präsident Bush begrüßt Scharons Rückzugspläne ebenso wie dessen Vorhaben, bestimmte Siedlungen im Westjordanland aufrechterhalten zu wollen. Daraufhin forderte Arafat den vollständigen Rückzug aus den besetzten Gebieten.

17. April 2004
Abdelasis el-Rantissi, Nachfolger des Hamas-Führers Achmed Jassin, wird ebenfalls durch einen Raketenangriff getötet.

21. April 2004
Entlassung des israelischen Atomspions Mordechai Vanunu. Der vom Geheimdienst Mossad 1986 entführte Vanunu verbüßte 19 Jahre Haft.

3. Mai 2004
Ariel Scharon findet mit seinen Rückzugsplänen keine Mehrheit bei den Mitgliedern der Likud-Partei.

6. Mai 2004
Bush relativiert die Unterstützung der US-Regierung für Scharons Pläne: Israel müsse die UN-Resolutionen von 1967 und 1973 beachten und sich aus den 1967 besetzten Gebieten zurückziehen.

6. Juni 2004
Marwan Barghuti, Chef der Fatah-Bewegung im Westjordanland, ist von einem israelischen Gericht wegen mehrfachen Mordes und >Mitgliedschaft in einer terroristischen Vereinigung< zu einer fünffach lebenslänglichen Freiheitsstrafe verurteilt worden.

30. Juni 2004
Der Oberste Gerichtshof in Israel hat beim Bau der Sperranlage Änderungen an der Grenze zum Westjordanland angeordnet, um die Benachteiligung von etwa 35000 Palästinensern zu verhindern.

9. Juli 2004
Der Internationale Gerichtshof in Den Haag hat in einem Gutachten den Bau der Sperranlage zum Schutz vor palästinensischen Angriffen als illegal bezeichnet. Die israelische Regierung lehnte die Zuständigkeit des IGH für diese Frage ab.

18. Juli 2004
Ariel Scharon hat die in Frankreich lebenden Juden zur Einwanderung nach Israel aufgefordert.

20. Juli 2004
Eine Resolution der UN-Vollversammlung fordert (mit 150 gegen 6 Stimmen) Israel auf, dem Gutachten des IGH zu folgen und die Sperranlage abzureißen.

30. August 2004
Zwei Selbstmordanschläge von Hamas-Mitgliedern auf Busse im israelischen Beerscheba.14. September 2004
Indirekte Todesdrohungen Ariel Scharons gegen Jassir Arafat.

30. September 2004
Israelische Militäraktion im nördlichen Gazastreifen. Mindestens 32 Palästinenser sterben.

Mitte Oktober 2004
Scharon verfügt in der Knesset derzeit über keine Mehrheit. Erwogen wird eine Koalition mit der stärksten Oppositionskraft, der Arbeiterpartei.

25. Oktober 2004
Jassir Arafat darf zum ersten Mal nach zwei Jahren seinen Amtssitz in Ramallah verlassen, um sich in einem Krankenhaus behandeln zu lassen.

28. Oktober 2004
Schlechter Gesundheitszustand Arafats, der zur Behandlung nach Frankreich ausgeflogen wird. Statt seiner leitet ein dreiköpfiges Komitee die Regierungsgeschäfte, das aus Achmed Kurei, Machmud Abbas und Salim Saanun (Vorsitzender des palästinensischen Nationalrats) besteht.

1. November 2004
Selbstmordanschlag auf einen Markt im Zentrum von Tel Aviv. Es gibt mindestens 4 Tote und 30 Verletzte.

3. November 2004
Bei den US-amerikanischen Präsidentschaftswahlen gewinnt Amtsinhaber George W. Bush gegen seinen Herausforderer John Kerry.

4. November 2004
Dramatische Verschlechterung des Gesundheitszustands von Arafat.

11. November 2004
Tod Jassir Arafats in einem Krankenhaus in Paris. Zu seinem Nachfolger wurde Machmud Abbas ernannt. Neuer Führer der Fatah-Bewegung wird Faruk Kaddumi.

12. November 2004
Jassir Arafat wird in Ramallah beigesetzt.

24. November 2004
Baschar al-Assad, der Präsident Syriens, erklärt sich dazu bereit, die Friedensverhandlungen mit Israel ohne Vorbedingungen wieder aufzunehmen.

25. November 2004
Der in Israel inhaftierte Palästinenserführer Marwan Barghuti will bei den Präsidentschaftswahlen im Januar kandidieren, zieht seine Zusage jedoch einen Tag später zugunsten von Machmud Abbas zurück.

1. Dezember 2004
Die Hamas-Bewegung hat erneut dazu aufgerufen, die für den 9. Januar vorgesehenen Präsidentschaftswahlen zu boykottieren.
Ariel Scharons Koalitionsregierung ist endgültig auseinandergebrochen. Angestrebt wird jetzt ein Bündnis mit der Arbeiterpartei.

11. Dezember 2004
Likud und Arbeiterpartei haben Zustimmung zu Koalitionsverhandlungen signalisiert.

20. Dezember 2004
Der Siedlerrat, die Vertretung aller im Westjordanland und im Gazastreifen lebenden Juden, ruft zum Widerstand gegen die Rückzugspläne Scharons auf.

10. Januar 2005
Bei den Präsidentschaftswahlen hat Machmud Abbas über 60 Prozent der Stimmen erhalten. Die Wahlbeteiligung lag bei 75 Prozent.

Auf den folgenden Seiten bitten wir um Aufmerksameit
für einige Titel aus unserem Programm:

Die Chomsky-Edition
IM EUROPA VERLAG

ISBN 3-203-76015-0

ISBN 3-203-76016-9

ISBN 3-203-76007-X

ISBN 3-203-76018-5

ISBN 3-203-76017-7

ISBN 3-203-76012-6

ISBN 3-203-76008-8

ISBN 3-203-76010-X

ISBN 3-203-76013-4

ISBN 3-203-76011-8

ISBN 3-203-78041-0

ISBN 3-203-76009-6

EUROPA VERLAG

Profit darf nicht das einzige Ziel sein

ISBN 3-203-75543-2

Es ist die ureigenste Aufgabe jedes Unternehmens, nur seine eigenen Interessen zu verfolgen. Es ist ihm „weder möglich, moralische Gründe anzuerkennen, noch aufgrund dieser davon abzusehen, anderen Schaden zuzufügen". Bakan beschreibt die Entstehung der Konzerne, spricht mit Fachleuten und legt schließlich auch Vorschläge vor, wie die Macht der Konzerne zu begrenzen ist. „Das Ende der Konzerne" entwickelt kein Horrorszenario ohne Ausweg, sondern ist ein Aufruf zur Verteidigung der Menschenrechte und für das couragierte Eintreten gegen die Logik des Profits.

Der Mann, der Carlos zur Strecke brachte

ISBN 3-208-84005-7

Die unglaubliche Biographie eines Agenten
Über 50 Jahre im Kampf mit den Feinden Amerikas
Einblicke in eine filmreife Welt jenseits von Hollywood

Billy Waugh erzählt sein außergewöhnliches Leben schnörkellos: von seinen ersten Einsätzen in Vietnam über seine Jagd nach Carlos im Sudan bis zu seinem letzten Einsatz auf den Hochebenen Afghanistans bei der Suche nach al-Qaeda und Osama bin Laden.

Die Biografie einer großen Familie – spannende deutsche Geschichte

ISBN 3-203-79147-1

Die Mommsens repräsentieren das gesamte deutsche Bürgertum des 19. und 20. Jahrhunderts.
Zur Familie gehörten Monarchisten und Republikaner, Konservative und Liberale, Nationalsozialisten und Widerstandskämpfer, Deutsche und Weltbürger.

„spannend und lesenswert"
Sigrid Löffler über „Die Mommsens"